全国各类高等院校财经管理专业“十三五”规划教材

财经法规与
会计职业道德

主　编　聂延庆　马文君　张　伟
副主编　卢　萌　曹亚晖　李增欣
　　　　汪小华　杨君英

中国商业出版社

图书在版编目(CIP)数据

财经法规与会计职业道德/ 聂延庆,马文君,张伟主编.
—北京:中国商业出版社, 2019.2
ISBN 978-7-5044-8489-5

Ⅰ.①财… Ⅱ.①聂… ②马… ③张… Ⅲ.①财政法-中国-会计-资格考试-教材②经济法-中国-会计-资格考试-教材③会计人员-职业道德-资格考试-教材
Ⅳ. ①D922.2②F233

中国版本图书馆 CIP 数据核字(2014)第 097551 号

责任编辑:蔡凯

中国商业出版社出版发行
010-63180647 www.c-cbook.com
(100053 北京广安门内报国寺 1 号)
新华书店经销
涿州市荣升新创印刷有限公司印刷
*
开本:787×1092 毫米 1/16 印张:16 字数:350 千字
2019 年 2 月第 2 版 2019 年 2 月第 1 次印刷
定价:39.80 元
* * * *
(如有印装质量问题可更换)

前　言

《中华人民共和国会计法》规定，从事会计工作的人员必须取得会计从业资格证书，也就是进入会计行业的“门槛”。

为适应新形势下财会工作的要求，财政部对会计从业资格的要求无论从形式还是内容都作了一些调整，陆续修订了相关管理办法和制度。2012年12月5日财政部部务会议修订通过《会计从业资格管理办法》(中华人民共和国财政部令，第73号)并公布，自2013年7月1日起施行。同时，为了进一步完善会计从业资格考试大纲，促进会计从业资格考试的知识结构科学合理，充分发挥会计从业资格考试在会计市场准入中的作用，根据《会计从业资格管理办法》等有关规定，财政部对2009年修订的会计从业资格考试大纲再次进行了修订，新大纲自2014年10月1日起施行。

为了配合当前开展的会计从业资格考试，满足广大考生参加会计从业资格考试的实际需求，我们结合最新修订的会计从业资格考试大纲的要求，修订编写了《财经法规与会计职业道德》教材。本书紧扣大纲，语言精炼，结构清晰，特色鲜明，难度适中，通俗易懂，可作为高等职业技术学院、高等专科学校、成人高等学校及本科院校的二级职业技术学院的会计专业的专业必修课教材，也可作为经济管理类专业的选修课教材，还可供各层次会计职称考试及会计、审计、财税、金融部门干部培训与自学之用。

本书由秦皇岛职业技术学院聂延庆(第一章第一节、第二节、第三节、第四节，附录)、秦皇岛职业技术学院马文君(第三章)、保定职业技术学院张伟(第二章)担任主编，中国环境管理干部学院卢萌(第五章第一节、第二节)、秦皇岛职业技术学院曹亚晖(第四章第一节、第二节)、秦皇岛职业技术学院李增欣(第一章第五节、第六节)、南通农业职业技术学院汪小华(第五章第三节、第四节)、公安海警学院杨君英(第四章第三节)担任副主编。

本书在编写过程中，参考了一些同类教材和著作，吸收了许多有益的成果，在此表示诚挚的谢意。

由于编者水平有限，研究还不够深入，书中难免存在疏漏之处，恳请广大读者批评指正。

编　者

2019年2月

目 录

■第一章　会计法律制度

【本章提要】

本章要点包括：会计法律制度的构成；会计工作管理体制；会计核算；会计监督；会计机构和会计人员；会计法律责任。

第一节　会计法律制度的构成

一、会计法律制度的概念

会计法律制度，是指国家权力机关和行政机关制定的各种关于会计工作的规范性文件的总称，包括会计法律、会计行政法规和国家统一的会计制度。会计法律制度是我国财经法规的重要组成部分，是调整会计关系的法律规范。

会计作为单位内部的一项经济管理活动，不仅是对单位内部的经济活动进行核算和监督，它还会涉及到国家、其他经济组织、非经济组织和个人，必然会影响有关方面的经济利益。会计机构和会计人员在办理会计事务，以及国家相关部门在行使会计管理职能时所发生的经济关系，称为会计关系。为了调整和规范各种会计关系，国家制定了一系列的会计法律制度。

二、会计法律制度的层次与构成

我国的会计法律制度按照其效力和地位的高低，分为会计法律、会计行政法规和国家统一的会计制度三个层次。

（一）会计法律

会计法律，是指由全国人民代表大会及其常务委员会经过一定立法程序制定的有关会计工作的法律。

我国目前有两部会计法律，即《会计法》和《注册会计师法》。

《会计法》是调整我国经济生活中会计关系的总规范，也是制定其他会计法规的依据，是会计法律制度中层次最高的法律规范，是指导和规范会计工作的最高准则。《会计法》是新中国的第一部会计法律，于1985年1月21日，经第六届全国人民代表大会常务委员会第九次会议通过。现行的《会计法》是于1999年10月31日，经第九届全国人民代表大会常务委员会第十二次会议修订，1999 年 10 月 31 日中华人民共和国主席令第二十四号公布，并规定自 2000 年 7 月 1 日起施行。现行的《会计法》共有七章五十二条，主要对会计工作总的原则、会计核算、公司和企业会计核算的特别规定、会计监督、会计机构和会计人员以及法律责任等方面作了具体的规定。《会计法》第二条规定，我国国家机关、社会团体、公司、企业、事业单位和其他组织都必须依照《会计法》办理会计事务。

为了发挥注册会计师在社会经济活动中的鉴证和服务作用，加强对注册会计师的管理，维护社会公共利益和投资者的合法权益，促进社会主义市场经济的健康发展，国家颁布了《注册会计师法》。该法于 1993 年 10 月 31 日，经第八届全国人民代表大会常务委员会第四次会议通过，1993 年 10 月 31 日中华人民共和国主席令第十三号公布，1994 年 1 月 1 日起施行。《注册会计师法》对注册会计师行业管理体制、注册会计师考试和注册、会计师事务所组织形式和业务范围、法律责任等进行了系统规定，为注册会计师行业发展提供了有力的法律保障。2012 年 3 月 31 日，国务院法制办发布了《中华人民共和国注册会计师法(修正案)(征求意见稿)》，向社会公开征求意见，《征求意见稿》对会计师事务所组织形式、会计师事务所合伙人和股东条件、注册会计师的执业规范和法律责任等进行了完善。

(二)会计行政法规

会计行政法规，是指由国务院制定并发布，或者由国务院有关部门拟订并经国务院批准发布，调整经济生活中某些方面会计关系的法律规范。会计行政法规的制定依据是《会计法》。目前实施的《总会计师条例》和《企业财务会计报告条例》，属于两部重要的会计行政法规。

《总会计师条例》是国务院 1990 年 12 月 31 日以 72 号令发布，并自发布之日起实施的。该条例对总会计师的地位、作用、职责、权限、任免与奖惩等进行了规定。特别明确了全民所有制大、中型企业设置总会计师，总会计师是单位行政领导成员。

《企业财务会计报告条例》是国务院 2000 年 6 月 21 日以第 287 号令颁布并于 2001 年 1 月 1 日实施的。规定了企业财务会计报告的构成、编制、对外提供、法律责任等内容。

(三)国家统一的会计制度

国家统一的会计制度，是指国务院财政部门根据《会计法》制定的关于会计核算、会计监督、会计机构和会计人员以及会计工作管理的制度，包括会计部门规章和会计规范性文件。

会计部门规章，是根据《立法法》规定的程序，由财政部制定，并由部门首长签署命令予以公布的有关会计工作的制度办法。比如 2001 年 2 月 20 日以财政部第 10 号令形式发布的《财政部门实施会计监督办法》;2005 年 1 月 22 日以财政部第 26 号、第 27 号令发布，于同年 3 月 1 日起实施的《会计从业资格管理办法》、《代理记账管理办法》;2006 年 2 月 15 日以财政部第 33 号令签发的修订后的《企业会计准则——基本准则》等。

会计规范性文件，是指主管全国会计工作的行政部门即国务院财政部门以文件形式印发有关会计工作的制度办法。例如，《企业会计制度》、《小企业会计制度》、《行政单位会计制度》、《事业单位会计制度》、《事业单位会计准则(试行)》、《金融企业会计制度》、《民间非营利组织会计制度》、《会计基础工作规范》、《会计人员继续教育规定》、财政部与国家档案局联合发布的《会计档案管理办法》、财政部分别于 2006 年 2 月和 2006 年 10 月以文件形式印发的《企业会计准则——具体准则》(共 38 个)、2014 年 1 月财政部发布的《企业会计准则第 39 号——公允价值计量》及《企业会计准则——应用指南》等。

第二节　会计工作管理体制

会计工作管理体制是划分会计管理工作职责权限关系的制度，包括会计工作管理的组织形式、管理权限的划分、管理机构的设置等内容。

一、会计工作的行政管理

我国会计工作的行政管理遵循的是“统一领导，分级管理”的原则。国务院财政部门主管全国的会计工作，县级以上地方各级人民政府财政部门管理本行政区域内的会计工作。财务会计工作同国家财政收支的关系十分密切，它是财政的一项基础工作。所以，《会计法》规定了会计工作由各级财政部门管理的体制。财政部门履行的会计行政管理职能主要有：

（一）会计准则制度及相关标准规范的制定和组织实施

国家统一的会计制度是在全国范围内实施的会计工作管理方面的规范性文件，主要包括三个方面：一是国家统一的会计核算制度；二是国家统一的会计机构和会计人员管理制度；三是国家统一的会计工作管理制度。

关于国家统一的会计制度的制定权限，会计法规定：“国家统一的会计制度由国务院财政部门根据本法制定并公布；国务院有关部门可以依照本法和国家统一的会计制度制定对会计核算和会计监督有特殊要求的行业实施国家统一的会计制度的具体办法或者补充规定，报国务院财政部门审核批准；中国人民解放军总后勤部可以依照本法和国家统一的会计制度制定军队实施国家统一的会计制度的具体办法，报国务院财政部门备案。”

当前，国务院财政部门制定国家统一的会计制度有助于实现各地区、各部门、各单位在办理会计事务中有统一的制度作依据，保证会计这一信息系统及时、正确地为国民经济计划和管理提供分类科学、口径统一的会计资料。

（二）会计市场管理

会计信息质量以及会计师事务所执业质量直接影响到市场秩序，关系到国家经济秩序和社会公共利益，这就要求必须将会计市场管理纳入财政部门会计管理工作中。我国财政部门对会计市场的管理主要包括会计市场的准入、运行和退出管理。

1. 会计市场准入管理

是指财政部门对会计从业资格的取得、代理记账机构的设立、注册会计师资格的取得及注册会计师事务所的设立等所进行的条件设定。比如，《会计从业资格管理办法》规定，国家实行会计从业资格考试制度，未取得会计从业资格者不得从事会计工作。另外，为了保证注册会计师鉴证作用的发挥，我国法律规定，从事社会审计的人员必须具有注册会计师资格。我国实行注册会计师考试制度，考试成绩合格并从事审计工作两年以上的人员，才可以申请成为注册会计师，注册会计师执行业务，必须加入会计师事务所。

2. 会计市场运行管理

是指财政部门对获准进入会计市场的机构和人员，是否遵守各项法律法规，依据相关准则、制度和规范执行业务的过程及结果所进行的监督和检查。另外，对于获准进入会计市场的机构和人员是否持续符合相关的资格和条件，也属于会计市场运行管理的范畴。

3. 会计市场退出管理

是指财政部门对在执业过程中有违反《会计法》、《注册会计师法》行为的机构和个人进行处罚，吊销其执业资格，强制其退出会计市场。获准进入会计市场的机构和人员，应当持续符合相关的资格条件，并主动接受财政部门的监督检查；不符合相应条件时，审批机关可以撤回行政许可。同时，这些机构或人员还应当严格遵守各项法律法规，依据相关制度、准则、规则执行业务。发生违反会计法、注册会计师法行为的，财政部门有权对其进行处罚，直至吊销其执业资格，强制其退出会计市场。另外，会计市场管理还包括对会计培训市场的管理，其重点是对会计培训的师资、场所、教材、内容、要求及培训质量进行监督和检查，确保培训市场规范有序。

(三)会计专业人才评价

目前，我国已初步形成了包含会计从业资格，初级、中级、高级会计专业技术资格，正高级会计师资格(含全国会计领军人才)的会计人才培养评价体系。

会计从业资格需要通过考试取得，这是会计工作的一种准入机制，主要由各省级财政部门负责组织实施。初级、中级、高级会计专业技术资格也需要通过考试取得。会计专业技术资格考试实际上是对初级、中级和高级会计人才评价的一种方式，具体由财政部门组织实施，人力资源和社会保障部门进行监督指导。截至2010年5月，初、中级会计专业技术资格已成功举办了18次全国性的大规模考试；全国累计报考人数达2571万人，年均报考数为143万人，通过全国统一考试取得会计专业技术资格人数达399万人，其中初级资格为268万人，中级资格为131万人。

为适应培养高级会计人才的需要，早在2007年，财政部就已提出了建立我国正高级会计师资格制度的构想。截至2010年9月，高级会计师共举办了8次考试，全国有26.1万人报名参加考试，有5.9万人通过国家合格标准取得评审资格。高级会计师实行考试与评审相结合的制度，实行会计专业技术资格考试和考评结合制度，有利于建立科学、合理、公正的会计人才评价和选拔机制，在调动广大会计人员学习专业知识的积极性、提高会计人员素质、加强会计工作等方面都发挥了积极的促进作用。

全国会计领军人才培养工程是财政部为贯彻国家人才强国战略、适应经济社会发展需要实施的一项重大人才工程，旨在培养造就一大批高素质、复合型、国际化高端会计人才，提升我国会计人才队伍素质。自2005年工程启动以来，分企业类、行政事业类、注册会计师类和学术类四类，共招收24个班847名学员。经过六年系统、严格的培养，2012年底共有来自注册会计师一期、企业二期和学术一期3个班次的109名学员毕业并获得全国会计领军人才证书。另外，注册会计师行业领军人才作为全国会计领军人才培养工程的一个重要组成部分，六年来共选拔247名学员。在注册会计师领军人才培养过程中，中注协紧密结合行业实际，注重发挥学员的学习主动性，实现在执业中提升。此外，财政部和地方财政部门对先进会计工作者的表彰奖励也属于会计人才评价的范畴。

(四)会计监督检查

会计监督是会计的基本职能，是规范会计秩序，依法打击违法行为，保证会计信息质量，保护国家、投资者、债权人及其他利益相关者利益，维护社会主义经济秩序的重要手段。我国财政部门实施的会计监督检查包括会计信息质量检查和会计师事务所执业质量检查。

1. 对会计信息质量检查

《财政部门实施会计监督办法》规定，国务院财政部门及其派出机构和县级以上地方各级人民政府财政部门（以下统称财政部门）对国家机关、社会团体、公司、企业、事业单位和其他组织（以下统称单位）执行《会计法》和国家统一的会计制度的行为实施监督检查以及对违法会计行为实施行政处罚，以提高会计信息质量。

2. 对会计师事务所执业质量检查

会计师事务所执业质量检查有助于注册会计师客观公正地发挥审计鉴证作用。根据《注册会计师法》，财政部组织实施全国会计师事务所的执业质量检查，并对违反《注册会计师法》的行为实施行政处罚；省、自治区、直辖市人民政府财政部门组织实施本行政区域内的会计师事务所执业质量检查，并依法对本行政区域内会计师事务所或注册会计师违反《注册会计师法》的行为实施行政处罚。

二、会计工作的自律管理

会计工作的自律管理不同于行政管理，它是指相关会计行业协会或组织根据会员一致的意愿，自行制定规则，并据此对各成员进行管理，以促进成员之间的公平竞争和本行业的有序发展。我国目前会计工作的自律管理组织主要有中国注册会计师协会和中国会计学会。

（一）中国注册会计师协会

中国注册会计师协会（简称“中注协”）成立于 1988 年 11 月 15 日，是依据《注册会计师法》和《社会团体登记条例》的有关规定设立的社会团体法人。中注协是注册会计师的全国组织，省、自治区、直辖市注册会计师协会是注册会计师的地方组织。注册会计师应当加入注册会计师协会。

中注协的主要职责是：审批和管理本会会员，指导地方注册会计师协会办理注册会计师注册；拟订注册会计师执业准则、规则，监督、检查实施情况；组织对注册会计师的任职资格、注册会计师和会计师事务所的执业情况进行年度检查；制定行业自律管理规范，对会员违反相关法律法规和行业管理规范的行为予以惩戒；组织实施注册会计师全国统一考试；组织、推动会员培训和行业人才建设工作；组织业务交流，开展理论研究，提供技术支持；开展注册会计师行业宣传；协调行业内、外部关系，支持会员依法执业，维护会员合法权益；代表中国注册会计师行业开展国际交往活动；指导地方注册会计师协会工作；承担法律、行政法规规定和国家机关委托或授权的其他有关工作。

目前，全国具有注册会计师资质的人员超过 25 万人，全行业从业人员超过 30 万人。截至 2013 年 6 月 30 日，中注协有团体会员（会计师事务所）8151 家，其中，有 46 家证券期货资格会计师事务所；个人会员近 20 万人，其中，执业注册会计师近 10 万人，资深会员 684 人，名誉会员 17 人。注册会计师行业服务于包括 2490 余家上市公司在内的 350 万家以上行政、企事业单位。2012 年全行业业务收入达到 509 亿元，并连续多年领先全球行业的增长水平。

中注协最高权力机构为全国会员代表大会，全国会员代表大会选举产生理事会。理事会选举产生会长、副会长、常务理事会，理事会设若干专门委员会和专业委员会。常务理事会在理事会闭会期间行使理事会职权。协会下设秘书处，为其常设执行机构。

(二)中国会计学会

中国会计学会创建于1980年，是财政部所属由全国会计领域各类专业组织，以及会计理论界、实务界会计工作者自愿结成的学术性、专业性、非营利性社会组织。中国会计学会接受财政部和民政部的业务指导、监督和管理，办公地点设在北京市。

中国会计学会的职责范围是：

1. 组织协调全国会计科研力量，开展会计理论研究和学术交流，促进科研成果的推广和运用；

2. 总结我国会计工作和会计教育经验，研究和推动会计专业的教育改革；

3. 编辑出版会计刊物、专著、资料；

4. 发挥学会的智力优势，开展多层次、多形式的智力服务工作，包括组织开展中高级会计人员培养、会计培训和会计咨询与服务等；

5. 开展会计领域国际学术交流与合作；

6. 发挥学会联系政府与会员的桥梁和纽带作用，接受政府和其他单位委托，组织开展有关工作；

7. 其他符合学会宗旨的业务活动。

三、单位会计工作管理

我国财政部门对会计工作的管理是一种外部管理活动，而单位作为法人独立进行的会计工作则属于单位内部的管理活动。单位内部的会计工作管理离不开健全合理、科学完整、行之有效的内部会计管理制度。内部会计管理制度是指，单位根据《会计法》和国家统一的会计制度的规定、结合单位类型和内部管理的需要，遵循一定的原则制定的，用于规范单位内部会计管理工作和会计行为的具体制度和管理方法。

单位会计工作管理的责任主体是单位负责人。单位负责人，是指单位法定代表人或者法律、行政法规规定代表单位行使职权的主要负责人。可见，单位负责人包括两类，一是单位法定代表人(也称法人代表)，是指依法代表法人单位行使职权的负责人，如公司制企业的董事长(执行董事或经理)、国有企业的厂长(经理)、国家机关的最高行政长官等；二是法律、行政法规规定代表单位行使职权的主要负责人，即依法代表非法人单位行使职权的负责人，如个人独资企业的投资人、代表合伙企业执行合伙企业事务的合伙人等。

(一)单位负责人要组织、管理好本单位的会计工作

我国《会计法》规定，单位负责人负责单位内部的会计工作管理，应当保证会计机构、会计人员依法履行职责，不得授意、指使、强令会计机构和会计人员违法办理会计事项，并对本单位的会计工作和会计资料的真实性、完整性负责。

(二)会计人员的选拔任用由所在单位具体负责

1. 会计人员管理

会计人员隶属于所在单位，其选拔任用由所在单位负责。会计人员管理主要包括会计人员从业资格管理、会计人员任职资格管理、会计人员任免管理、会计人员调迁管理、会计人员评优表彰奖惩管理、会计专业技术职务资格管理、会计人员继续教育管理等。根据我国《会计法》和有关法规的规定，财政部门负责会计从业资格管理、会计专业技术职务资格管理、会计

人员评优表彰奖惩管理以及会计人员继续教育管理等，其他方面的管理则由单位负责。

根据《会计法》和相关规定，从事会计工作的人员，必须取得会计从业资格证书；担任单位会计机构负责人（会计主管人员）的，除取得会计从业资格证书外，还应当具备会计师以上专业技术职务资格或从事会计工作3年以上经历；聘任会计专业职务应当通过相应级别的会计专业技术资格考试或考评；担任总会计师应当在取得会计师任职资格后主管一个单位或者单位内一个重要方面的财务工作时间不少于3年。需要说明的是，除总会计师职务之外，会计人员取得相关资格或符合有关任职条件后，能否具体从事相关工作，一般由所在单位自行决定。

2. 内部会计管理制度

各单位应当根据《中华人民共和国会计法》和国家统一会计制度的规定，结合单位类型和管理内容的需要，建立健全相应的内部会计管理制度。各单位制定内部会计管理制度应当遵循下列原则：

（1）应当执行法律、法规和国家统一的财务会计制度；

（2）应当体现本单位的生产经营、业务管理的特点和要求；

（3）应当全面规范本单位的各项会计工作，建立健全会计基础，保证会计工作的有序进行；

（4）应当科学、合理，便于操作和执行；

（5）应当定期检查执行情况；

（6）应当根据管理需要和执行中的问题不断完善。

各单位应当建立会计人员岗位责任制度。主要内容包括：会计人员的工作岗位设置；各会计工作岗位的职责和标准；各会计工作岗位的人员和具体分工；会计工作岗位轮换办法；对各会计工作岗位的考核办法。

各单位应当建立账务处理程序制度。主要内容包括：会计科目及其明细科目的设置和使用；会计凭证的格式、审核要求和传递程序；会计核算方法；会计账簿的设置；编制会计报表的种类和要求；单位会计指标体系。

各单位应当建立内部牵制制度。主要内容包括：内部牵制制度的原则；组织分工；出纳岗位的职责和限制条件；有关岗位的职责和权限。

各单位应当建立稽核制度。主要内容包括：稽核工作的组织形式和具体分工；稽核工作的职责、权限；审核会计凭证和复核会计账簿、会计报表的方法。

各单位应当建立原始记录管理制度。主要内容包括：原始记录的内容和填制方法；原始记录的格式；原始记录的审核；原始记录填制人的责任；原始记录签署；传递、汇集要求。

各单位应当建立定额管理制度。主要内容包括：定额管理的范围；制定和修订定额的依据、程序和方法；定额的执行；定额考核和奖惩办法等。

各单位应当建立计量验收制度。主要内容包括：计量检测手段和方法；计量验收管理的要求；计量验收人员的责任和奖惩办法。

各单位应当建立财产清查制度。主要内容包括：财产清查的范围；财产清查的组织；财产清查的期限和方法；对财产清查中发现问题的处理办法；对财产管理人员的奖惩办法。

各单位应当建立财务收支审批制度。主要内容包括：财务收支审批人员和审批权限；财务收支审批程序；财务收支审批人员的责任。

实行成本核算的单位应当建立成本核算制度。主要内容包括：成本核算的对象；成本核算的方法和程序;成本分析等。

各单位应当建立财务会计分析制度。主要内容包括:财务会计分析的主要内容;财务会计分析的基本要求和组织程序;财务会计分析的具体方法;财务会计分析报告的编写要求等。

第三节　会计核算

会计核算是会计的基本职能之一，是会计工作的重要组成部分。会计核算是以货币为主要计量单位，通过确认、计量、报告等环节，对特定主体的生产经营活动或者预算执行过程进行的反映，它往往贯穿于生产经营和业务活动的全过程。会计核算过程主要包括取得和填制会计凭证、登记会计账簿、编制财务会计报告等。

一、会计信息质量要求

会计信息质量要求，是对企业财务报告中所提供会计信息质量的基本要求，是使财务报告中所提供会计信息对使用者决策有用所应具备的基本特征，其包括真实性、相关性、明晰性、可比性、实质重于形式、重要性、谨慎性和及时性等。

(一)真实性

企业应当以实际发生的交易或者事项为依据进行会计确认、计量和报告，如实反映符合确认和计量要求的各项会计要素及其他相关信息，保证会计信息真实可靠、内容完整。《企业会计制度》规定，会计核算应当以实际发生的交易或事项为依据，如实反映企业的财务状况、经营成果和现金流量。

(二)相关性

企业提供的会计信息应当与财务会计报告使用者的经济决策需要相关，有助于财务会计报告使用者对企业过去、现在或者未来的情况作出评价或者预测。

(三)明晰性

企业提供的会计信息应当清晰明了，便于财务会计报告使用者理解和使用。

(四)可比性

企业提供的会计信息应当具有可比性。《企业会计制度》规定，企业的会计核算应当按照规定的会计处理方法进行，会计指标应当口径一致，相互可比。同一企业不同时期发生的相同或者相似的交易或者事项，应当采用一致的会计政策，不得随意变更;确需变更的，应当在附注中予以说明。不同企业发生的相同或者相似的交易或者事项，应当采用规定的会计政策，以确保会计信息口径一致、相互可比。

(五)实质重于形式

《企业会计制度》规定，企业应当按照交易或事项的经济实质进行会计核算，而不应当仅仅按照它们的法律形式作为会计核算的依据。

(六)重要性

企业提供的会计信息应当反映与企业财务状况、经营成果和现金流量等有关的所有重要交易或者事项。

（七）谨慎性

企业对交易或者事项进行会计确认、计量和报告时，应当保持应有的谨慎，不应高估资产或者收益、低估负债或者费用。

（八）及时性

企业对于已经发生的交易或者事项，应当及时进行会计确认、计量和报告，不得提前或者延后。

二、会计核算的总体要求

（一）会计核算依据

以实际发生的经济业务事项为依据进行会计核算，是对会计核算最基本的要求，也是保证会计资料质量的关键。《中华人民共和国会计法》规定："各单位必须根据实际发生的经济业务事项进行会计核算，填制会计凭证，登记会计账簿，编制财务会计报告。任何单位不得以虚假的经济业务事项或者资料进行会计核算。"

实际发生的经济业务事项，是指各单位在生产经营或预算执行过程中发生的，包括引起或未引起资金增减变化的经济活动。以实际发生的经济业务事项为依据进行会计核算，是保证会计信息质量的前提。没有经济业务事项发生，会计核算的对象也就不存在；以虚假的经济业务事项为对象进行会计核算，生成的会计信息就是缺乏依据的、失真的，并且会产生误导作用，损害会计信息使用者的利益。所以，以虚假的经济业务事项或者资料进行会计核算是违法行为。

（二）对会计资料的基本要求

1. 会计资料必须符合国家统一的会计制度的规定，保证会计资料的真实性和完整性。

会计资料是在会计核算过程中形成的、记录和反映实际发生的经济业务事项的资料，包括会计凭证、会计账簿、财务会计报告和其他会计资料。会计资料是会计核算的重要成果载体，是经营者进行经营管理、投资者作出投资决策、国家有关部门进行宏观调控的重要依据。为了保证会计资料的真实性、统一性，我国政府建立了一系列规章制度，对会计资料进行规范，包括《会计基础工作规范》、《会计档案管理办法》、《企业会计准则—基本准则》及具体准则和应用指南、《企业会计制度》、《金融企业会计制度》、《小企业会计制度》等。

2. 任何单位和个人不得伪造、变造会计凭证、会计账簿和其他会计资料，不得提供虚假的财务会计报告。

伪造会计凭证、会计账簿和其他会计资料，是指以虚假的经济业务事项为前提编造不真实的会计凭证、会计账簿和其他会计资料，即无中生有；变造会计凭证、会计账簿和其他会计资料，是指用涂改、挖补等手段来改变会计凭证、会计账簿等的真实内容，歪曲事实真相的行为，即篡改事实；提供虚假的财务会计报告，是指通过编造虚假的会计凭证、会计账簿及其他会计资料或直接篡改财务会计报告上的数据，使财务会计报告不真实、不完整地反映财务状况和经营成果，借以误导、欺骗财务会计报告使用者的行为，即以假乱真。伪造、变造会计资料和提供虚假财务会计报告的主体为"任何单位和个人"，既包括单位及其工作人员为单位内部的非法目的而实施的伪造、变造会计资料和提供虚假财务报告的行为，也包括为他人伪造、变造会计资料和提供虚假财务会计报告提供方便的行为。

三、会计凭证

会计凭证是记录经济业务事项的发生和完成情况，明确经济责任，并作为记账依据的书面证明，是会计核算的重要会计资料，填制和审核会计凭证是会计核算的首要环节。会计凭证包括原始凭证和记账凭证。

（一）原始凭证

1. 原始凭证的概念和类型

原始凭证是在经济业务事项发生时由经办人员直接取得或者填制，用以表明某项经济业务事项已经发生或完成情况，明确有关经济责任的一种原始凭据，它是会计核算的原始依据。

原始凭证按照来源的不同，可分为外来原始凭证和自制原始凭证两种；按照格式是否一致，可以分为统一印制的具有固定格式的原始凭证如发票、各种结算凭证和各单位印制的无统一格式的内部凭证如领料单、入库单等；按其填写方式可分为一次凭证、累计凭证和汇总原始凭证。自制原始凭证是指由本单位的部门或人员经办内部的经济业务，在执行或完成某项经济业务时所填制的凭证，如商品材料入库时由仓库保管人员填制的入库单、生产部门领用材料的领料单、财会部门将现金存入银行的现金存款单、因公出差填制的差旅费报销单、固定资产折旧计算表、收款收据、限额领料单以及发料凭证汇总表等。

2. 原始凭证的内容

原始凭证主要内容必须具备：凭证名称；填制凭证的日期；填制凭证的单位名称或填制人的姓名；经办人员签名或者盖章；接受凭证的单位名称；经济业务内容；数量、单价和金额。

3. 原始凭证的填制和取得

（1）原始凭证的填制必须符合会计法律制度的规定，做到内容真实、项目完整、填制及时、书写清楚。《会计法》规定，办理经济业务事项的单位和人员，都必须填制或取得原始凭证并及时送交会计机构。这一规定包括两个层面的要求：一是办理经济业务事项时必须填制或取得原始凭证；二是填制或取得的原始凭证必须及时送交会计机构，否则就是违法行为。其中的“及时”一般理解为一个会计结算期。这样就能够保证会计核算工作的正常进行和当期会计资料的真实、完整。

（2）从外单位取得的原始凭证，必须盖有填制单位的公章；从个人取得的原始凭证，必须有填制人员的签名或者盖章。

（3）自制原始凭证必须有经办单位领导人或者其指定的人员签名或盖章。对外开出的原始凭证必须加盖本单位公章。

4. 原始凭证的审核

会计机构、会计人员必须按照国家统一的会计制度的规定对原始凭证进行审核，对不真实、不合法的原始凭证有权不予接受，并向单位负责人报告；对记载不准确、不完整的原始凭证予以退回，并要求按照国家统一的会计制度的规定更正、补充。

（1）金额。凡填有大写和小写金额的原始凭证，大写与小写金额必须相符；购买实物的原始凭证，必须有验收证明；支付款项的原始凭证，必须有收款单位和收款人的收款证明。

（2）联数。一式几联的原始凭证，应当注明各联的用途，只能以一联作为报销凭证。一式几联的发票和收据，必须用双面复写纸（发票和收据本身具备复写纸功能的除外）套写，并连续编号。作废时应当加盖“作废”戳记，连同存根一起保存，不得撕毁。

(3)附件。发生销货退回的，除填制退货发票外，还必须有退货验收证明；退款时，必须取得对方的收款收据或者汇款银行的凭证，不得以退货发票代替收据。职工公出借款凭据，必须附在记账凭证之后。收回借款时，应当另开收据或者退还借据副本，不得退还原借款收据。经上级有关部门批准的经济业务，应当将批准文件作为原始凭证附件；如果批准文件需要单独归档的，应当在凭证上注明批准机关名称、日期和文件字号。

5. 原始凭证错误的更正

对原始凭证错误的更正应遵循如下规定：

(1)原始凭证记载的各项内容均不得涂改；

(2)原始凭证有错误的，应当由出具单位重开或者更正，更正处应当加盖出具单位印章；

(3)原始凭证金额有错误的，不得在原始凭证上更正，应当由出具单位重开；

(4)原始凭证开具单位应当依法开具准确无误的原始凭证，对于填制有误的原始凭证，负有更正和重新开具的法律义务，不得拒绝。

6. 原始凭证的保管

原始凭证作为重要的会计资料，应当按照有关会计档案保管的规定办法进行保管。

(1)对于数量过多的原始凭证，可以单独装订保管，在封面上注明记账凭证日期、编号、种类，同时在记账凭证上注明“附件另订”和原始凭证名称及编号。各种经济合同、存出保证金收据以及涉外文件等重要原始凭证，应当另编目录，单独登记保管，并在有关的记账凭证上相互注明日期和编号。

(2)原始凭证不得外借，其他单位如因特殊原因需要使用原始凭证时，经本单位会计机构负责人、会计主管人员批准，可以复制。向外单位提供的原始凭证复制件，应当在专设的登记簿上登记，并由提供人员和收取人员共同签名或者盖章。

(3)从外单位取得的原始凭证如有遗失，应当取得原开出单位盖有公章的证明，并注明原来凭证的号码、金额和内容等，由经办单位会计机构负责人、会计主管人员和单位负责人批准后，才能代作原始凭证。如果确实无法取得证明的，如火车、轮船、飞机票等凭证，由当事人写出详细情况，由经办单位会计机构负责人、会计主管人员和单位负责人批准后，代作原始凭证。

(二)记账凭证

1. 记账凭证的概念

记账凭证是对经济业务事项按其性质加以归类、确定会计分录，并据以登记会计账簿的凭证。

2. 记账凭证的内容

《会计基础工作规范》规定，记账凭证应当具备以下内容：填制凭证的日期；凭证编号；经济业务摘要；会计科目和方向；金额；记账符号；所附原始凭证的张数；填制凭证人员、稽核人员、记账人员、会计机构负责人、会计主管人员签名或者盖章。收款和付款记账凭证还应当由出纳人员签名或者盖章。需要强调的是，以自制的原始凭证或者原始凭证汇总表代替记账凭证的，也必须具备记账凭证应有的项目。

3. 记账凭证的填制

记账凭证必须以经过审核的原始凭证及有关资料为编制依据。记账凭证在会计核算过程中是非常重要的环节，是会计正确提供信息的关键。

(1)记账凭证编号。填制记账凭证时，应当对记账凭证连续编号。一笔经济业务需要填制两张以上记账凭证的，可以采用分数编号法编写。

(2)记账凭证汇总。记账凭证可以根据每一张原始凭证填制，或者根据若干张同类原始凭证汇总填制，也可以根据原始凭证汇总表填制。但不得将不同内容和类别的原始凭证汇总在一张记账凭证上。

(3)记账凭证附件。除结账和更正错误的记账凭证可以不附原始凭证外，其他记账凭证必须附有原始凭证。一张原始凭证所列支出需要几个单位共同负担的，应当将其他单位负担的部分，开给对方原始凭证分割单进行结算。

(4)记账凭证更正。如果在填制记账凭证时发生错误，应当重新填制。如果是已经登记入账的记账凭证，则按照规定的更正方法进行更正。

(5)记账凭证防改。记账凭证填制完经济业务事项后，如有空行，应当自金额栏最后一笔金额数字下的空行处至合计数上的空行处划线注销。

4. 记账凭证的审核

(1)编制依据是否真实，填写项目是否齐全，金额计算是否正确，书写是否清楚等。

(2)实行会计电算化的单位，对于机制记账凭证也要认真审核，做到会计科目使用正确，数字准确无误。打印出来的机制记账凭证要加盖制单人员、审核人员、记账人员及会计机构负责人、会计主管人员印章或者签字。

(3)审核是否附有原始凭证。

5. 记账凭证的保管

记账凭证作为单位重要的会计档案，也应妥善保管，避免散乱丢失。记账凭证应当连同所附的原始凭证或者原始凭证汇总表，按照编号顺序，折叠整齐，按期装订成册，并加具封面，注明单位名称、年度、月份和起讫日期、凭证种类、起讫号码，由装订人在装订线封签处签名或者盖章。

四、会计账簿

会计账簿是连接会计凭证和财务会计报告的中间环节。会计账簿的主要作用是对会计凭证提供的大量分散数据或资料进行分类归集整理，以全面、连续、系统地记录和反映经济活动情况，是编制财务会计报告、检查、分析和控制单位经济活动的重要依据。

(一)依法设置会计账簿

根据《中华人民共和国会计法》、《会计基础工作规范》等法律的规定，各单位在建账时应做到：

1. 国家机关、社会团体、企业、事业单位和其他经济组织，要按照要求设置会计账簿，进行会计核算。不具备建账条件的，应实行代理记账。

2. 设置会计账簿的种类和具体要求，要符合《中华人民共和国会计法》和国家统一的会计制度的规定。

3. 各单位发生的经济业务应当统一核算，不得违反规定私设会计账簿进行登记、核算。

各单位要依法设置的会计账簿包括：

1. 总账。也称总分类账，是根据会计科目开设的账簿，用于分类登记单位的全部经济业务事项，提供资产、负债、资本、费用、成本、收入和成果等总括核算的资料。总账一般使用订本账。

2. 明细账。也称明细分类账，是根据总账科目所属的明细科目设置的，用于分类登记某一类经济业务事项，提供有关明细核算资料。明细账一般采用活页账。

3. 日记账。是一种特殊的序时明细账，它是按照经济业务事项发生的时间先后顺序，逐日逐笔地进行登记的账簿。包括现金日记账和银行存款日记账。日记账一般使用订本账。

4. 其他辅助账簿。也称备查账簿，是为备忘备查而设置的。在会计实务中，主要包括各种租借设备、物资的辅助登记或有关应收、应付款项的备查簿，担保、抵押备查簿等。

（二）启用与登记会计账簿

1. 会计账簿的启用

启用会计账簿时，应当在账簿封面上写明单位名称和账簿名称。在账簿扉页上应当附“账簿启用及交接表”，内容包括：启用日期，账簿页数，记账人员和会计机构负责人、会计主管人员姓名，并加盖名章和单位公章。记账人员或者会计机构负责人、会计主管人员调动工作时，应当注明交接日期、接办人员或者监交人员姓名，并由交接双方人员签名或者盖章。启用订本式账簿，应当从第一页到最后一页顺序编定页数，不得跳页、缺号。使用活页式账页，应当按账户顺序编号，并须定期装订成册。装订后再按实际使用的账页顺序编定页码，另加目录，记明每个账户的名称和页次。

2. 会计账簿的登记

（1）会计账簿登记必须以经过审核的会计凭证为依据，并符合有关法律、行政法规和国家统一的会计制度的规定。

（2）会计账簿登记时，应当按照连续编号的顺序进行，不得跳行、隔页。

（3）会计账簿记录发生错误或者隔页、缺号、跳行的，应按照规定的方法更正，并由会计人员和会计机构负责人（会计主管人员）在更正处盖章。

（4）实行会计电算化的单位，用计算机打印的会计账簿必须连续编号，经审核无误后装订成册，并由记账人员和会计机构负责人、会计主管人员签字或者盖章。

（5）总账和明细账应当定期打印。发生收款和付款业务的，在输入收款凭证和付款凭证的当天必须打印出库存现金日记账和银行存款日记账，并与库存现金核对无误。

（三）账目核对

账目核对也称对账，是保证会计账簿记录质量的重要程序。

根据《中华人民共和国会计法》的规定，账目核对要做到账实相符、账证相符、账账相符和账表相符。具体来说，就是各单位应当定期将会计账簿记录与实物、款项实有数相互核对，以保证账实相符；将会计账簿记录与会计凭证的有关内容相互核对，以保证账证相符；将会计账簿之间的对应记录相互核对，以保证账账相符；将会计账簿记录与会计报表有关内容相互核对，以保证账表相符。

对账工作每年至少进行一次。

（四）结账

各单位应当按照规定定期结账，不得提前或者延迟。年度结账日为公历年度的每年12月31日，半年度、季度和月度结账日分别为公历年度每半年、每季、每月的最后一天。

1. 结账前，必须将本期内所发生的各项经济业务全部登记入账。

2. 结账时，应当结出每个账户的期末余额。需要结出当月发生额的，应当在摘要栏内注明“本月合计”字样，并在下面通栏划单红线。需要结出本年累计发生额的，应当在摘要栏内注明“本年累计”字样，并在下面通栏划单红线；12 月末的“本年累计”就是全年累计发生额。全年累计发生额下面应当通栏划双红线。年度终了结账时，所有总账账户都应当结出全年发生额和年末余额。

3. 年度终了，要把各账户的余额结转到下一会计年度，并在摘要栏注明“结转下年”字样；在下一会计年度新建有关会计账簿的第一行余额栏内填写上年结转的余额，并在摘要栏注明“上年结转”字样。

五、财务会计报告

(一)财务会计报告的概念与构成

1. 概念

财务会计报告，是指企业和其他有关单位对外提供的、反映单位某一特定日期财务状况和某一会计期间经营成果、现金流量等会计信息的文件。

2. 构成

《企业财务会计报告条例》规定的财务会计报告组成，包括会计报表、会计报表附注和财务情况说明书，其中会计报表包括资产负债表、利润表、现金流量表及相关附表。新的《企业会计准则——基本准则》规定的财务会计报告包括会计报表及其附注和其他应当在财务会计报告中披露的相关信息和资料，其中会计报表至少应当包括资产负债表、利润表、现金流量表等报表。小企业编制的会计报表可以不包括现金流量表。

资产负债表是反映企业在某一特定日期财务状况的报表。资产负债表应当按照资产、负债和所有者权益(或者股东权益)分类分项列示。利润表是反映企业在一定会计期间经营成果的报表，利润表应当按照各项收入、费用以及构成利润的各个项目分类分项列示。现金流量表是反映企业一定会计期间现金和现金等价物(以下简称现金)流入和流出的报表。现金流量表应当按照经营活动、投资活动和筹资活动的现金流量分类分项列示。

会计报表附注是为便于会计报表使用者理解会计报表的内容而对会计报表的编制基础、编制依据、编制原则和方法及主要项目等所作的解释。会计报表附注至少应当包括下列内容：

(1)不符合基本会计假设的说明；

(2)重要会计政策和会计估计及其变更情况、变更原因及其对财务状况和经营成果的影响；

(3)或有事项和资产负债表日后事项的说明；

(4)关联方关系及其交易的说明；

(5)重要资产转让及其出售情况；

(6)企业合并、分立；

(7)重大投资、融资活动；

(8)会计报表中重要项目的明细资料；

(9)有助于理解和分析会计报表需要说明的其他事项。

财务情况说明书至少应当对下列情况作出说明：

(1)企业生产经营的基本情况；

(2)利润实现和分配情况；

(3)资金增减和周转情况；

(4)对企业财务状况、经营成果和现金流量有重大影响的其他事项。

3. 种类

财务会计报告分为年度、半年度、季度和月度财务会计报告。年度、半年度财务会计报告应当包括会计报表、会计报表附注和财务情况说明书。季度、月度财务会计报告通常仅指会计报表，会计报表至少应当包括资产负债表和利润表。

(二)财务会计报告的编制

1. 财务会计报告的编制目标

财务会计报告的编制目标，是向财务会计报告使用者提供与企业财务状况、经营成果和现金流量等有关的会计信息，反映企业管理层受托责任履行情况，有助于投资者、债权人、政府及其有关部门和社会公众等作出经济决策。

2. 财务会计报告的编制依据

财务会计报告的编制依据，是经过审核的会计账簿记录和有关资料。

3. 财务会计报告的编制要求

(1)企业应当于年度终了编报财务会计报告。国家统一的会计制度规定企业应当编报半年度、季度和月度财务会计报告的，从其规定。

(2)企业编制财务会计报告，应当根据真实的交易、事项以及完整、准确的会计账簿记录等资料，并按照国家统一的会计制度规定的编制基础、编制依据、编制原则和方法进行编制。企业不得违反《企业财务会计报告条例》和国家统一的会计制度规定，随意改变财务会计报告的编制基础、编制依据、编制原则和方法。

(3)企业应当依照规定，对会计报表中的各项会计要素进行合理的确认和计量，不得随意改变会计要素的确认和计量标准。

(4)企业在编制年度财务会计报告前，还应当按照规定全面结清资产、核实债务。企业清查、核实后，应当将清查、核实的结果及其处理办法向企业的董事会或者相应机构报告，并根据国家统一的会计制度的规定进行相应的会计处理。

(5)企业编制年度和半年度财务会计报告时，对经查实后的资产、负债有变动的，应当按照资产、负债的确认和计量标准进行确认和计量，并按照国家统一的会计制度的规定进行相应的会计处理。

(6)企业应当按照国家统一的会计制度规定的会计报表格式和内容，根据登记完整、核对无误的会计账簿记录和其他有关资料编制会计报表，做到内容完整、数字真实、计算准确，不得漏报或者任意取舍。

(7)会计报表之间、会计报表各项目之间，凡有对应关系的数字，应当相互一致；会计报表中本期与上期的有关数字应当相互衔接。

(8)按照国家统一的会计制度的规定，需要编制合并会计报表的企业集团，母公司除编制其个别会计报表外，还应当编制企业集团的合并会计报表。企业集团合并会计报表，是指反映企业集团整体财务状况、经营成果和现金流量的会计报表。

(三)财务会计报告的对外提供

1. 对外提供的财务会计报告所反映的会计信息应当真实、完整。任何组织或者个人不得授意、指使、强令企业编制和对外提供虚假的或者隐瞒重要事实的财务会计报告。

2. 财务会计报告的对外提供期限应当符合法律、行政法规和国家统一的会计制度的规定。具体为：月度财务会计报告应当于月份终了后6天内对外提供；季度财务会计报告应当于季度终了后15天内对外提供；半年度财务会计报告应当于半年度终了后60天内对外提供；年度财务会计报告应当于年度终了后4个月内对外提供。

3. 国有企业、国有控股的或者占主导地位的企业，应当至少每年一次向本企业的职工代表大会公布财务会计报告，并重点说明有关事项。

4. 企业依照《企财务会计报告条例》的规定向有关各方提供的财务会计报告，其编制基础、编制依据、编制原则和方法应当一致，不得提供编制基础、编制依据、编制原则和方法不同的财务会计报告。

5. 企业对外提供的财务会计报告应当由企业负责人和主管会计工作的负责人、会计机构负责人（会计主管人员）签名并盖章；设置总会计师的企业，还应当由总会计师签名并盖章。

6. 财务会计报告须经注册会计师审计的，企业应当将注册会计师及其会计师事务所出具的审计报告随同财务会计报告一并对外提供。

7. 如果发现对外报送的财务会计报告有错误，应当及时办理更正手续。错误较多的，应当重新编报。

8. 单位负责人应当保证财务会计报告真实、完整，因此，单位负责人是财务会计报告的责任主体。

六、会计档案的管理

（一）会计档案的概念和种类

1. 概念

会计档案，是指会计凭证、会计账簿、财务会计报告等会计核算专业资料，是记录和反映单位经济业务事项的重要历史资料和证据。

2. 种类

（1）会计凭证类：原始凭证、记账凭证、汇总凭证，其他会计凭证。

（2）会计账簿类：总账、明细账、日记账、固定资产卡片账、辅助账簿，其他会计账簿。

（3）财务报告类：月度、季度、年度财务报告，包括会计报表、附表、附注及文字说明，其他财务报告。

（4）其他类：银行存款余额调节表、银行对账单、其他应当保存的会计核算专业资料、会计档案移交清册、会计档案保管清册、会计档案销毁清册。

值得注意的是，各单位的预算、计划、制度等文件材料属于文书档案，不属于会计档案。

（二）会计档案管理的要求

1. 各级人民政府财政部门和档案行政管理部门共同负责会计档案工作的指导、监督和检查。

2. 各单位必须加强对会计档案管理工作的领导，建立会计档案的立卷、归档、保管、查阅和销毁等管理制度，保证会计档案妥善保管、有序存放、方便查阅，严防毁损、散失和泄密。

3. 各单位每年形成的会计档案，应当由会计机构按照归档要求，负责整理立卷，装订成册，编制会计档案保管清册。

4. 当年形成的会计档案，在会计年度终了后，可暂由会计机构保管一年，期满之后，应当由会计机构编制移交清册，移交本单位档案机构统一保管；未设立档案机构的，应当在会计机构内部指定专人保管。注意，出纳人员不得兼管会计档案。

5. 移交本单位档案机构保管的会计档案，原则上应当保持原卷册的封装。个别需要拆封重新整理的，档案机构应当会同会计机构和经办人员共同拆封整理，以分清责任。

6. 各单位保存的会计档案不得借出。如有特殊需要，经本单位负责人批准，可以提供查阅或者复制，并办理登记手续，查阅或者复制会计档案的人员，严禁在会计档案上涂画、拆封和抽换。

7. 采用电子计算机进行会计核算的单位，应当保存打印出的纸质会计档案。具备采用磁带、磁盘、光盘、微缩胶片等磁性介质保存会计档案条件的，由国务院业务主管部门统一规定，并报财政部、国家档案局备案。

（三）会计档案保管的期限

会计档案保管期限分为永久和定期两类。定期保管期限分为3年、5年、10年、15年和25年五类，保管期限从会计年度终了后第一天算起。企业和其他组织的年度财务报告（决算）、会计档案保管清册和会计档案销毁清册等应永久保存。会计档案的保管期限如下表：

企业和其他组织会计档案保管期限表

序号	档案名称	保管期限	备注
一	会计凭证类		
1	原始凭证	15年	
2	记账凭证	15年	
3	汇总凭证	15年	
二	会计账簿类		
4	总账	15年	包括日记总账
5	明细账	15年	
6	日记账	15年	现金和银行日记账25年
7	固定资产卡片		固定资产报废清理后5年
8	辅助账簿		

续表

三	财务报告类		包括各级主管部门
9	月、季度财务报告	3年	包括文字分析
10	年度财务报告(决算)	永久	包括文字分析
四	其他类		
11	会计移交清册	15年	
12	会计档案保管清册	永久	
13	会计档案销毁清册	永久	
14	银行余额调节表	5年	
15	银行对账单	5年	

(四)会计档案销毁

根据《会计档案管理办法》的规定，保管期满的会计档案，除特殊规定外，可以按照程序予以销毁。销毁的基本程序和要求如下：

1. 编制会计档案销毁清册

会计档案保管期满需要销毁的，由本单位档案机构会同会计机构提出销毁意见，编制会计档案销毁清册，列明销毁会计档案的名称、卷号、册数、起止年度和档案编号、应保管期限、已保管期限、销毁时间等内容，报单位负责人审批。

单位负责人对所要销毁的会计档案进行复核后在会计档案销毁清册上签署意见。

2. 专人负责监销

对于一般企业、事业单位和组织，应当由单位档案机构和会计机构双方共同派员监销；对于国家机关应当由同级财政部门、审计部门派员参加监销；对于财政部门应当由同级审计部门派员参加监销。

监销人员在销毁会计档案前，应当按照会计档案销毁清册所列内容对所要销毁的会计档案进行清点核对；销毁后，应当在会计档案销毁清册上签名盖章，并及时将监销情况向本单位负责人报告。

3. 不得销毁的会计档案

对于保管期满但未结清的债权债务原始凭证及涉及其他未了事项的原始凭证，不得销毁，应当单独抽出立卷，保管到未了事项完结时为止。

单独抽出立卷的会计档案，应当在会计档案销毁清册和会计档案保管清册中列明。正在项目建设期间的建设单位，其保管期满的会计档案不得销毁，必须妥善保管。

七、其他要求

(一)会计核算内容

会计核算的内容，是指应当进行会计核算的经济业务事项。《会计法》规定，下列经济业务事项应当办理会计手续，进行会计核算：

1. 款项及有价证券的收付；

2. 财物的收发、增减和使用；

3. 债权债务的发生和结算；

4. 资本、基金的增减；

5. 收入、支出、费用、成本的计算；

6. 财务成果的计算和处理；

7. 其他需要办理会计手续、进行会计核算的事项。

（二）会计年度

会计年度，是指人为划分的以年度为单位进行会计核算的时间区间。我国规定的会计年度自公历 1 月 1 日起至 12 月 31 日止。每一个会计年度还可以按照公历日期具体划分为半年度、季度和月度，以满足单位经营管理和投资者对会计资料的需要。

（三）记账本位币

记账本位币，是指日常填制会计凭证、登记会计账簿和编制财务会计报告时用以计量的货币。我国规定会计核算以人民币为记账本位币。

业务收支以人民币以外的货币为主的单位，可以选定其中一种货币作为记账本位币，但是编报的财务会计报告应当折算为人民币。境外单位向国内有关部门编报的会计报表，应当折算为人民币反映。

（四）会计记录文字

我国境内所有国家机关、社会团体、公司、企业、事业单位和其他组织的会计记录文字都应当使用中文。在民族自治地方，会计记录可以同时使用当地通用的一种民族文字。在中华人民共和国境内的外商投资企业、外国企业和其他外国组织的会计记录可以同时使用一种外国文字。

（五）财产清查

财产清查是会计核算的专门方法之一。财产清查制度，是通过定期或不定期、全面或部分地对各项财产物资进行实地盘点和对库存现金、银行存款、债权债务进行清查核实的一种制度。通过财产清查，可以查明账实是否相符，并制定相应措施，做到账实相符，保证会计资料的真实性。

（六）对公司、企业会计核算的特别要求

1. 公司、企业必须根据实际发生的经济业务事项，按照国家统一的会计制度的规定确认、计量和记录资产、负债、所有者权益、收入、费用、成本和利润。

2. 公司、企业进行会计核算不得有下列行为：随意改变资产、负债、所有者权益的确认标准或者计量方法，虚列、多列、不列或者少列资产、负债、所有者权益；虚列或者隐瞒收入，推迟或者提前确认收入；随意改变费用、成本的确认标准或者计量方法，虚列、多列、不列或者少列费用、成本；随意调整利润的计算、分配方法，编造虚假利润或者隐瞒利润；违反国家统一的会计制度规定的其他行为。

（七）会计电算化

使用电子计算机进行会计核算的，即会计电算化，其软件及其生成的会计凭证、会计账簿、财务会计报告和其他会计资料，也必须符合国家统一的会计制度的规定。

实行会计电算化的单位，其有关电子数据、会计软件资料等应当作为会计档案进行管理。

第四节　会计监督

会计监督是会计的基本职能之一。目前我国已形成了三位一体的会计监督体系，包括单位内部会计监督、以政府财政部门为主体的政府监督和以注册会计师为主体的社会监督。

一、单位内部会计监督

(一)单位内部会计监督的主体和对象

单位内部会计监督，是指为了保护单位资产的安全完整，保证其经营活动符合国家法律、法规和内部有关管理制度的规定，提高经营管理水平和效率，而在单位内部采取的一系列相互制约、相互监督的制度和方法。

单位内部会计监督的主体是各单位的会计机构和会计人员。单位内部会计监督的对象是单位的经济活动。

(二)单位内部会计监督的依据

1. 财经法律、法规、规章；

2. 会计法律、法规和国家统一会计制度；

3. 各省、自治区、直辖市财政厅(局)和国务院业务主管部门根据《中华人民共和国会计法》和国家统一会计制度制定的具体实施办法或者补充规定；

4. 各单位根据《中华人民共和国会计法》和国家统一会计制度制定的单位内部会计管理制度；

5. 各单位内部的预算、财务计划、经济计划、业务计划等。

(三)单位内部会计监督制度的基本要求

各单位应当建立、健全本单位的内部会计监督制度。单位内部会计监督制度应当符合以下要求：

1. 记账人员与经济业务事项或会计事项的审批人员、经办人员、财物保管人员的职责权限应当明确，并相互分离、相互制约；

2. 重大对外投资、资产处置、资金调度和其他重要经济业务事项的决策和执行的相互监督、相互制约的程序应当明确；

3. 财产清查的范围、期限和组织程序应当明确；

4. 对会计资料定期进行内部审计的办法和程序应当明确。

(四)单位内部会计监督的内容

1. 会计机构、会计人员应当对原始凭证进行审核和监督。

2. 会计机构、会计人员对伪造、变造、故意毁灭会计账簿或者账外设账行为，应当制止和纠正；制止和纠正无效的，应当向上级主管单位报告，请求作出处理。

3. 会计机构、会计人员应当对实物、款项进行监督，督促建立并严格执行财产清查制度。

4. 会计机构、会计人员对指使、强令编造、篡改财务报告行为，应当制止和纠正；制止和纠正无效的，应当向上级主管单位报告，请求处理。

5. 会计机构、会计人员应当对财务收支进行监督。对认为是违反国家统一的财政、财务、会计制度规定的财务收支，应当制止和纠正；制止和纠正无效的，应当向单位领导人提出书面意见请求处理，不予制止和纠正，又不向单位领导人提出书面意见的，也应当承担责任。单位领导人应当在接到书面意见起十日内作出书面决定，并对决定承担责任。对严重违反国家利益和社会公众利益的财务收支，应当向主管单位或者财政、审计、税务机关报告。

6. 会计机构、会计人员对违反单位内部会计管理制度的经济活动，应当制止和纠正；制止和纠正无效的，向单位领导人报告，请求处理。

7. 会计机构、会计人员应当对单位制定的预算、财务计划、经济计划、业务计划的执行情况进行监督。

（五）单位负责人在单位内部会计监督中的职责

单位负责人应当保证会计机构、会计人员依法履行职责，不得授意、指使、强令会计机构、会计人员违法办理会计事项。

（六）会计机构和会计人员在单位内部会计监督中的职责

1. 依法开展会计核算和会计监督，对违反《会计法》和国家统一的会计制度规定的会计事项，有权拒绝办理或者按照职权予以纠正。

2. 对单位内部的会计资料和财产物资实施监督。会计机构和会计人员发现会计账簿记录与实物、款项及有关资料不相符的，按照国家统一的会计制度的规定有权自行处理的，应当及时处理；无权处理的，应当立即向单位负责人报告，请求查明原因，作出处理。

（七）单位内部会计控制

内部控制是由企业董事会、监事会、经理层和全体员工实施的、旨在实现控制目标的过程。《企业内部控制基本规范》适用于在中华人民共和国境内设立的大中型企业。小企业和其他单位可以参照本规范建立与实施内部控制。该规范自2009年7月1日起实施。

1. 内部会计控制的概念

内部控制从范围上可分为内部会计控制和内部管理控制。内部会计控制，是指单位为了提高会计信息质量，保护资产的安全、完整，确保有关法律法规和规章制度的贯彻执行等而制定和实施的一系列控制方法、措施和程序。建立内部会计控制制度，对促进各单位内部会计控制建设，加强内部会计监督，维护社会主义市场经济秩序，具有十分重大的意义。

2. 内部会计控制的基本原则

(1)内部会计控制应当符合国家有关法律法规和《内部会计控制规范——基本规范（试行）》，以及单位的实际情况；

(2)内部会计控制应当约束单位内部涉及会计工作的所有人员，任何个人都不得拥有超越内部会计控制的权力；

(3)内部会计控制应当涵盖单位内部涉及会计工作的各项经济业务及相关岗位，并应针对业务处理过程中的关键控制点，落实到决策、执行、监督、反馈等各个环节；

(4)内部会计控制应当保证单位内部涉及会计工作的机构、岗位的合理设置及其职责权限的合理划分，坚持不相容职务相互分离，确保不同机构和岗位之间权责分明、相互制约、相互监督；

(5)内部会计控制应当遵循成本效益原则，以合理的控制成本，达到最佳的控制效果；

(6)内部会计控制应随着外部环境的变化、单位业务职能的调整和管理要求的提高，不断修订和完善。

3. 内部会计控制的内容

内部会计控制的内容主要包括：货币资金、实物资产、对外投资、工程项目、采购与付款、筹资、销售与收款、成本与费用、担保等经济业务的会计控制。

4. 内部会计控制的方法

内部会计控制的方法主要包括：不相容职务相互分离控制、授权批准控制、会计系统控制、预算控制、财产保全控制、风险控制、内部报告控制、电子信息技术控制等。

(1)不相容职务相互分离控制要求单位按照不相容职务相分离的原则，合理设置会计及相关工作岗位，明确职责权限，形成相互制衡机制。不相容职务，是指不能同时由一人兼任的职务，它主要包括：出纳与记账、业务与记账、业务经办与业务审批、业务审批与记账、财物保管与记账、业务经办与财物保管、业务操作与业务复核等。

(2)授权批准控制要求单位明确规定涉及会计及相关工作的授权批准的范围、权限、程序、责任等内容，单位内部的各级管理层必须在授权范围内行使职权和承担责任，经办人员也必须在授权范围内办理业务。

(3)会计系统控制要求单位依据《会计法》和国家统一的会计制度，制定适合本单位的会计制度，明确会计凭证、会计账簿和财务会计报告的处理程序，建立和完善会计档案保管和会计工作交接办法，实行会计人员岗位责任制，充分发挥会计的监督职能。

(4)预算控制要求单位加强预算编制、执行、分析、考核等环节的管理，明确预算项目，建立预算标准，规范预算的编制、审定、下达和执行程序，及时分析和控制预算差异，采取改进措施，确保预算的执行。预算内资金实行责任人限额审批，限额以上资金实行集体审批。严格控制无预算的资金支出。

(5)财产保全控制要求单位限制未经授权的人员对财产的直接接触，采取定期盘点、财产记录、账实核对、财产保险等措施，确保各种财产的安全完整。

(6)风险控制要求单位树立风险意识，针对各个风险控制点，建立有效的风险管理系统，通过风险预警、风险识别、风险评估、风险分析、风险报告等措施，对财务风险和经营风险进行全面防范和控制。

(7)内部报告控制要求单位建立和完善内部报告制度，全面反映经济活动情况，及时提供业务活动中的重要信息，增强内部管理的时效性和针对性。

(8)电子信息技术控制要求运用电子信息技术手段建立内部会计控制系统，减少和消除人为操纵因素，确保内部会计控制的有效实施；同时要加强对财务会计电子信息系统的开发与维护、数据输入与输出、文件储存与保管、网络安全等方面的控制。

二、会计工作的政府监督

(一)会计工作的政府监督的概念

会计工作的政府监督，是指政府相关部门依据法律、行政法规的规定和部门的职责权限，对有关单位的会计行为、会计资料所进行的监督检查，这是一种外部监督。

(二)会计工作的政府监督的主体和对象

1. 县级以上各级人民政府财政部门

我国会计工作的政府监督的主体是县级以上各级人民政府财政部门。县级以上各级人民政府财政部门是本行政区域内各单位会计工作的监督检查部门，对各单位会计工作行使监督权，并依法对违法会计行为实施行政处罚。

2. 审计、税务、人民银行、证券监管、保险监管等部门

我国审计、税务、人民银行、证券监管、保险监管等部门依照有关法律、行政法规规定的职责和权限，也可以对有关单位的会计资料实施监督检查。例如《税收征收管理法》规定，税务机关有权检查纳税人的会计账簿、记账凭证、会计报表和有关资料。

两类主体会计监督检查的职责差异：审计、税务、人民银行、证券监管、保险监管等部门虽然也履行一定的会计监督检查职责，但与财政部门相比，在监督检查的目的、范围等方面都有明显不同。财政部门进行会计监督检查的目的是规范会计行为，保证会计资料真实完整，其监督检查的范围是针对所有单位，而且对于被检查出来存在违反《会计法》行为的单位和相关人员，有权作出罚款、吊销会计从业资格证书等处罚。相比而言，其他部门只能在其法定的职责范围内对有关单位的会计资料进行监督检查，监督检查的范围和权限不能超越相关法律的规定。有关监督检查部门已经做出的检查结论能够满足其他监督检查部门履行本部门职责需要的，其他监督检查部门应当加以利用，避免重复查账。

(三)财政部门会计监督检查的内容

财政部门会计监督检查的对象是会计行为，并对发现的有违法会计行为的单位和个人实施行政处罚。财政部门会计监督检查的内容主要包括：

1. 对单位依法设置会计账簿的监督检查

具体包括：依照法律、行政法规和国家统一的会计制度的规定，应当设置会计账簿的单位是否设置会计账簿；设置会计账簿的单位，其设置会计账簿情况是否符合法律、行政法规和国家统一的会计制度的要求；各单位是否存在账外设账以及伪造、变造会计账簿等违法行为。

2. 对单位会计资料的真实性、完整性的监督检查

具体包括：对实际发生的经济业务事项是否及时办理会计手续，进行会计核算；填制的会计凭证、登记的会计账簿、编制的财务会计报告是否与实际发生的经济业务事项相符，是否做到账实相符、账证相符、账账相符、账表相符；提供的财务会计报告是否符合法律、行政法规和国家统一的会计制度的规定等。财政部门实施会计监督，发现重大违法嫌疑时，国务院财政部门及其派出机构可以向与被监督单位有经济业务往来的单位和被监督单位开立账户的金融

机构查询有关情况，有关单位和金融机构应当给予支持。

3. 对单位会计核算情况的监督检查

其具体包括：会计核算的内容是否真实、完整；各单位采用的会计年度、记账本位币、会计处理方法、会计记录文字等是否符合法律、行政法规和国家统一的会计制度的规定；对资产、负债、所有者权益、收入、支出、费用、成本、利润的确认、计量、记录和报告是否符合国家统一的会计制度的规定；取得原始凭证、编制记账凭证、登记会计账簿、编制财务会计报告是否符合有关规定；是否按有关规定建立并实施内部会计监督制度；会计核算是否有其他违法会计行为等。

4. 对各单位会计档案的监督检查

主要是指对各单位会计档案的建立、保管和销毁是否符合法律、行政法规和国家统一的会计制度的规定实施监督检查。

5. 对单位会计人员从业资格和任职资格的监督检查。其具体包括：从事会计工作的人员是否取得会计从业资格证书；会计机构负责人、会计主管人员是否具备规定的任职资格等。

6. 对会计师事务所出具的审计报告的程序和内容的监督检查。根据我国《会计法》的规定，财政部门有权对会计师事务所出具的审计报告的程序和内容进行监督检查，即对审计质量进行再监督。

(四)财政部门实施会计监督检查的形式

1. 对单位遵守《会计法》、会计行政法规和国家统一的会计制度情况进行全面检查；

2. 对单位会计基础工作、从事会计工作的人员持有会计从业资格证书、会计人员从业情况进行专项检查或者抽查；

3. 对有检举线索或者在财政管理工作中发现有违法嫌疑的单位进行重点检查；

4. 对经注册会计师审计的财务会计报告进行定期抽查；

5. 对会计师事务所出具的审计报告进行抽查；

6. 依法实施其他形式的会计监督检查。

(五)财政部门在会计监督检查中实施的行政处罚

财政部门对违法会计行为查实后，应当责令当事人改正或者限期改正，并依法给予行政处罚。《财政部门实施会计监督办法》规定的财政部门在会计监督检查中实施行政处罚的种类包括：

1. 警告；

2. 罚款；

3. 吊销会计从业资格证书。

三、会计工作的社会监督

(一)会计工作的社会监督的概念

会计工作的社会监督，主要是指由注册会计师及其所在的会计师事务所依法对委托单位的经济活动进行审计、鉴证的一种监督制度。

此外，单位和个人检举会计违法行为，也属于会计工作的社会监督的范畴。任何单位和个人对违反《会计法》和国家统一的会计制度的行为，都有权进行检举。

（二）会计师事务所的业务范围

注册会计师可以申请设立合伙会计师事务所或者有限责任会计师事务所。会计师事务所，是指依法设立并承办注册会计师业务的机构。注册会计师执行业务，应当加入会计师事务所。注册会计师及其所在的会计师事务所的业务范围主要包括：

1. 审计业务

（1）审查企业财务会计报告，出具审计报告。审计报告，是在实施审计工作的基础上，对被审计单位财务报表发表审计意见的书面文件。注册会计师依法执行审计业务所出具的报告具有证明效力。当注册会计师出具的无保留意见的审计报告不附加说明段、强调事项段或任何修饰用语时，称为标准审计报告；反之，则称为非标准审计报告，包括带强调事项段的无保留意见的审计报告、保留意见的审计报告、否定意见的审计报告和无法表示意见的审计报告。

（2）验证企业资本，出具验资报告。

（3）办理企业合并、分立、清算事宜中的审计业务，出具有关的报告。

（4）法律、行政法规规定的其他审计业务。

2. 会计咨询和会计服务业务

承办会计咨询、服务业务，主要包括：设计会计制度，担任会计顾问，提供会计、管理咨询；代理纳税申报，提供税务咨询；代理、申请工商登记，拟订合同、章程和其他业务文件；办理投资评价、资产评估和项目可行性研究中的有关业务；培训会计、审计和财务管理人员；其他会计咨询、服务。

会计咨询、会计服务业务是非法定业务，所有具备条件和能力的中介机构、个人都能够从事。

（三）对会计师事务所的监督检查

1. 注册会计师不得有下列行为

（1）在执行审计业务期间，在法律、行政法规规定不得买卖被审计单位的股票、债券或者不得购买被审计单位或者个人的其他财产的期限内，买卖被审计单位的股票、债券或者购买被审计单位或者个人所拥有的其他财产；

（2）索取、收受委托合同约定以外的酬金或者其他财物，或者利用执行业务之便，谋取其他不正当利益；

（3）接受委托催收债款；

（4）允许他人以本人名义执行业务；

（5）同时在两个或者两个以上的会计师事务所执行业务；

（6）对其能力进行广告宣传以招揽业务；

（7）违反法律、行政法规的其他行为。

2. 会计师事务所不得有下列行为

（1）未经批准设立分所；

（2）向省级以上财政部门提供虚假材料或者不及时报送相关材料；

（3）雇用正在其他会计师事务所执业的注册会计师，或者明知本所的注册会计师在其他会计师事务所执业而不予制止；

(4)允许本所注册会计师只在本所挂名而不在本所执行业务，或者明知本所注册会计师在其他单位从事获取工资性收入的工作而不予制止；

(5)允许其他单位或者个人以本所名义承办业务；

(6)采取强迫、欺诈等不正当方式招揽业务；

(7)承办与自身规模、执业能力、承担风险能力不匹配的业务；

(8)违反法律、行政法规的其他行为。

3. 分清会计责任和审计责任

会计责任，是指被审计单位对建立健全和有效执行本单位的内部控制制度，保证本单位提交的会计资料的真实性、合法性和完整性，保护本单位资产的安全与完整等负有的责任。审计责任，是指注册会计师对委托人和被审计单位应尽的义务。审计责任要求注册会计师依法独立实施审计程序、获取充分适当的审计证据，依法出具审计报告，清楚地表达对被审计单位财务会计报告整体的意见，并对出具的审计报告负责。

(四)注册会计师审计与内部审计的关系

内部审计是由各部门、各单位内部设置的专门机构或人员实施的审计，它是随着企业规模的扩大、内部分级管理的出现而逐步形成的。

1. 联系

(1)注册会计师审计与内部审计都是现代审计体系的重要组成部分；

(2)两者在审计内容、审计方法等方面都有许多一致之处，如两者在方法上都要评价内部控制制度，检查凭证、账册，核对账表一致性等。

(3)两者在工作上具有一致性。内部审计为外部审计利用内部审计工作的成果创造了条件。注册会计师审计作为一种外部审计，在工作中要利用到内部审计的工作成果。

2. 区别

(1)审计目标不同。内部审计主要是对内部控制的有效性，财务信息的真实性、合法性和完整性，以及经营活动的效率和效果所开展评价；注册会计师审计主要对被审计单位财务报表的真实性(或合法性)和公允性进行审计。

(2)审计独立性不同。内部审计为组织内部服务，接受总经理或董事会的领导，独立性较弱；注册会计师审计为需要可靠信息的第三方提供服务，不受被审计单位管理层的领导和制约，独立性较强。

(3)审计作用不同。内部审计的结果只对本部门、本单位负责，只作为本部门、本单位加强和改进经营管理的参考，不对外公开；注册会计师审计需要对投资者和债权人及其他利益相关者负责，对外出具的审计报告具有鉴证作用。

(4)接受的自愿程度不同。内部审计是代表总经理或董事会实施的组织内部监督，是内部控制制度的重要组成部分，单位内部的组织必须接受内部审计人员的监督；注册会计师审计是以独立的第三方对被审计单位进行的审计，委托人可自由选择会计师事务所。

(5)审计时间不同。内部审计通常对单位内部组织采用定期或不定期审计，时间安排比较灵活；而注册会计师审计通常是定期审计，每年对被审计单位的财务会计报表审计一次。

(6)审计标准不同。内部审计人员遵循的是内部审计准则；而注册会计师遵循的是注册会计师审计准则。

第五节 会计机构和会计人员

会计机构是指单位内部设置的办理会计事务的职能部门。会计人员是指依法在会计岗位上直接从事会计工作的人员。建立健全会计机构，配备数量和质量都相当的、具备从业资格的会计人员，是各单位做好会计工作，充分发挥会计职能作用的重要保证。

一、会计机构的设置

各单位应当根据会计业务的需要，设置会计机构，或者在有关机构中设置会计人员并指定会计主管人员；不具备设置条件的，应当委托经批准设立从事会计代理记账业务的中介机构代理记账。

(一)单位会计机构的设置

一个单位是否需要设置会计机构，主要取决于单位规模的大小、经济业务和财务收支的繁简、经营管理的要求三方面因素。

一般而言，大、中型企业和具有一定规模的行政事业单位，以及财务收支数额较大、会计业务较多的社会团体和其他经济组织，应单独设置会计机构。对于规模较小、业务和人员都不多的单位，可以不单独设置会计机构，而应将会计业务并入其他机构，或委托中介机构代理记账。但不单独设置会计机构的单位应在有关机构中配备会计人员并指定会计主管人员。

(二)会计机构负责人的任职资格

1. 会计机构负责人的概念

会计机构负责人，是指在一个单位内具体负责会计工作的中层领导人员。在一个单位内部，不论是单独设置会计机构，或者不单独设置会计机构而在有关机构中设置会计人员，都要指定负责人。对于单独设置会计机构的单位，该负责人就是会计机构负责人；对于在有关机构中设置会计人员的单位，该负责人就是会计主管人员。注意，会计主管人员和“会计主管”、“主管会计”和“主办会计”不是同一概念，它是指在一个单位内负责组织管理会计事务、行使会计机构负责人职权的负责人。

2. 会计机构负责人的任职资格

《会计法》规定，担任会计机构负责人、会计主管人员的，除取得会计从业资格证书外，还应当具备会计师以上专业技术职务资格或者从事会计工作3年以上经历。会计机构负责人、会计主管人员也是会计人员，所以应当同从事会计工作的其他普通人员一样，必须取得会计从业资格证书。

(三)会计人员回避制度

回避制度，是指为了保证执法或者执业的公正性，对可能影响其公正性的执法或者执业的人员实行职务回避和业务回避的一种制度。回避制度已成为我国人事管理的一项重要制度。在会计工作中实行回避制，降低因亲情关系而共同作弊和违法违纪的风险。

我国《会计基础工作规范》规定，国家机关、国有企业、事业单位任用会计人员应当实行回避制度。单位负责人的直系亲属不得担任本单位的会计机构负责人、会计主管人员，会计机构负责人、会计主管人员的直系亲属不得在本单位会计机构中担任出纳工作。直系亲属包括夫妻关系、直系血亲关系、三代以内旁系血亲以及近姻亲关系。

(四)会计机构的内部稽核制度

1. 会计稽核的概念

会计稽核，即稽查与复核。会计稽核，是在会计机构内部，对于本机构在会计流程中的会计凭证、会计账簿、会计报表及其他会计资料，进行自我检查或者审核的一项工作，是对会计信息的再确认、再监督的过程。

2. 会计稽核的作用

会计稽核是会计工作的一项重要内容，通过稽核可以对日常会计核算过程中出现的疏忽、错误等及时加以纠正、制止，发现或者防止会计人员的舞弊行为或者其他侵害本单位财产的行为。内部稽核制度是提高会计工作质量，减少会计舞弊行为的重要手段。

3. 内部稽核的性质

需要指出的是，内部稽核制度不同于内部审计制度，稽核是会计工作流程中的一个阶段，是在会计机构内部进行的自我检查与审核，稽核人员是会计人员，在会计机构负责人或者会计主管人员的领导下工作，因此，内部稽核制度是会计机构内部的一种工作制度。内部审计是本单位在会计机构之外另行设立审计机构，由审计人员对本单位的会计活动进行监督，内部审计机构及其工作人员是对本单位的行政领导人或者监督机构负责的。

二、代理记账

财政部于2005年1月22日发布了《代理记账管理办法》。

(一)代理记账的概念

代理记账是指从事代理记账业务的社会中介机构接受委托人的委托办理会计业务。委托人，是指委托代理记账机构办理会计业务的单位。代理记账机构，是指从事代理记账业务的中介机构。

(二)代理记账机构设立的条件

1. 申请设立除会计师事务所以外的代理记账机构，应当经所在地的县级以上人民政府财政部门(以下简称审批机关)批准，并领取由财政部统一印制的代理记账许可证书。具体审批机关由省、自治区、直辖市、计划单列市人民政府财政部门确定。

2. 设立代理记账机构，除国家法律、行政法规另有规定外，应当符合下列条件：

(1)有3名以上持有会计从业资格证书的专职从业人员；

(2)主管代理记账业务的负责人必须具有会计师以上专业技术资格；

(3)有固定的办公场所；

(4)有健全的代理记账业务规范和财务会计管理制度。

(三)代理记账的业务范围

代理记账机构可以接受委托，受托办理委托人的以下业务：

1. 根据委托人提供的原始凭证和其他资料，按照国家统一的会计制度的规定进行会计核算，包括审核原始凭证、填制记账凭证、登记会计账簿、编制财务会计报告等。

2. 对外提供财务会计报告。代理记账机构为委托人编制的财务会计报告，经代理记账机构负责人和委托人签名并盖章后，按照有关法律、行政法规和国家统一的会计制度的规定对外提供。

3. 向税务机关提供税务资料。

4. 委托人委托的其他会计业务。

(四)委托代理记账的委托人的义务

1. 对本单位发生的经济业务事项，应当填制或者取得符合国家统一的会计制度规定的原始凭证；

2. 应当配备专人负责日常货币的收支和保管；

3. 及时向代理记账机构提供真实、完整的原始凭证和其他相关资料；

4. 对于代理记账机构退回的要求按照国家统一的会计制度的规定进行更正、补充的原始凭证，应当及时予以更正、补充。

(五)代理记账机构及其从业人员的义务

1. 按照委托合同办理代理记账业务，遵守有关法律、行政法规和国家统一的会计制度的规定；

2. 对在执行业务中知悉的商业秘密应当保密；

3. 对委托人示意其作出不当的会计处理，提供不实的会计资料，以及其他不符合法律、行政法规和国家统一的会计制度规定的要求，应当拒绝；

4. 对委托人提出的有关会计处理原则问题应当予以解释。

(六)法律责任

代理记账机构及其从事代理记账业务的人员在办理业务中违反会计法律、行政法规和国家统一的会计制度规定的，由县级以上人民政府财政部门依据《会计法》及相关法规的规定处理。代理记账机构违反《代理记账管理办法》和国家有关规定造成委托人会计核算混乱、损害国家和委托人利益的，委托人故意向代理记账机构隐瞒真实情况或者委托人会同代理记账机构共同提供不真实会计资料的，应当承担相应法律责任。

对于未经批准从事代理记账业务的，由县级以上人民政府财政部门责令其改正，并予以公告。

三、会计从业资格

会计从业资格，是指进入会计职业、从事会计工作的一种法定资质，是进入会计职业的“门槛”。单位不得任用(聘用)不具备会计从业资格的人员从事会计工作。不具备会计从业资格的人员，不得从事会计工作，不得参加会计专业技术资格考试或评审、会计专业技术职务的聘任，不得申请取得会计人员荣誉证书。《会计从业资格管理办法》于2012年12月5日财政部部务会议修订通过，自2013年7月1日起施行。

(一)会计从业资格证书的适用范围

《会计从业资格管理办法》规定，在国家机关、社会团体、企业、事业单位和其他组织(以下统称单位)中担任会计机构负责人、会计主管的人员，以及从事下列会计工作的人员应当取得会计从业资格：

1. 出纳；

2. 稽核；

3. 资本、基金核算；

4. 收入、支出、债权债务核算；

5. 职工薪酬、成本费用、财务成果核算；

6. 财产物资的收发、增减核算；

7. 总账；

8. 财务会计报告编制；

9. 会计机构内会计档案管理；

10. 其他会计工作。

(二)会计从业资格的取得

1. 国家实行会计从业资格考试制度

(1)会计从业资格考试科目为:财经法规与会计职业道德、会计基础、会计电算化(或者珠算)。

(2)会计从业资格考试大纲、考试合格标准由财政部统一制定和公布。

(3)会计从业资格考试科目实行无纸化考试，无纸化考试题库由财政部统一组织建设。

(4)会计从业资格各考试科目应当一次性通过。

(5)除另有规定外，县级以上地方人民政府财政部门负责本行政区域内的会计从业资格管理。

(6)财政部委托中共中央直属机关事务管理局、国务院机关事务管理局按照各自权限分别负责中央在京单位的会计从业资格的管理。新疆生产建设兵团财务局负责所属单位的会计从业资格的管理。财政部委托铁道部负责铁路系统的会计从业资格的管理。财政部委托中国人民解放军总后勤部、中国人民武装警察部队后勤部分别负责中国人民解放军、中国人民武装警察部队系统的会计从业资格的管理。

2. 会计从业资格考试的报名条件

符合下列条件的人员，可以申请参加会计从业资格考试:

(1)遵守会计和其他财经法律、法规;具备良好的道德品质;具备会计专业基础知识和技能。

(2)因有违反《会计法》，被依法吊销会计从业资格证书的人员，自被吊销之日起5年以内不得参加会计从业资格考试，不得重新取得会计从业资格证书。

(3)因有提供虚假财务会计报告，做假账，隐匿或者故意销毁会计凭证、会计账簿、财务会计报告，贪污、挪用公款，职务侵占等与会计职务有关的违法行为，被依法追究刑事责任的人员，不得参加会计从业资格考试，不得取得或者重新取得会计从业资格证书。

(4)参加会计从业资格考试舞弊的，2年内不得参加会计从业资格考试，由会计从业资格管理机构取消其考试成绩，已取得会计从业资格的，由会计从业资格管理机构撤销其会计从业资格。

3. 会计从业资格证书印制

(1)财政部统一规定会计从业资格证书样式和编号规则。

(2)省级财政部门负责本地区会计从业资格证书的印制;新疆生产建设兵团财务局和中央主管单位分别负责本部门、本系统会计从业资格证书的印制。

(3)会计从业资格证书是具备会计从业资格的证明文件，在全国范围内有效。持有会计从业资格证书的人员(以下简称持证人员)不得涂改、出借会计从业资格证书。

4. 会计从业资格证书领取

(1)会计从业资格管理机构应当在考试结束后及时公布考试结果，通知考试通过人员在考试结果公布之日起6个月内，到指定的会计从业资格管理机构领取会计从业资格证书。

(2)通过会计从业资格考试的人员，应当持本人有效身份证件原件，在规定的期限内，到指定的地点领取会计从业资格证书。通过会计从业资格考试的人员，可以委托代理人领取会计从业资格证书。代理人领取会计从业资格证书时，应当持本人和委托人的有效身份证件原件。

(三)会计从业资格管理

1. 会计从业资格信息化管理

会计从业资格管理机构应当建立持证人员从业档案信息系统，及时记载、更新持证人员信息。持证人员的姓名、有效身份证件及号码、照片、学历或学位、会计专业技术职务资格、开始从事会计工作时间等基础信息发生变化的，应当持相关有效证明和会计从业资格证书，到所属会计从业资格管理机构办理从业档案信息变更。会计从业资格管理机构应当在核实相关信息后，为持证人员办理从业档案信息变更。

持证人员的其他相关信息发生变化的，应当登陆所属会计从业资格管理机构指定网站进行信息变更，也可以到所属会计从业资格管理机构办理。

2. 会计从业资格的调转登记

持证人员所属会计从业资格管理机构发生变化的，应当及时办理调转登记手续。

持证人员所属会计从业资格管理机构在各省级财政部门、新疆生产建设兵团财务局、中央主管单位各自管辖范围内发生变化的，应当持会计从业资格证书、工作证明(或户籍证明、居住证明)到调入地所属会计从业资格管理机构办理调转登记。

持证人员所属会计从业资格管理机构在各省级财政部门、新疆生产建设兵团财务局、中央主管单位管辖范围之间发生变化的，应当及时填写调转登记表，持会计从业资格证书，到原会计从业资格管理机构办理调出手续。持证人员应当自办理调出手续之日起3个月内，持会计从业资格证书、调转登记表和在调入地的工作证明(或户籍证明、居住证明)，到调入地会计从业资格管理机构办理调入手续。

3. 定期换证制度

会计从业资格证书实行6年定期换证制度。持证人员应当在会计从业资格证书到期前6个月内，填写定期换证登记表，持有效身份证件原件和会计从业资格证书，到所属会计从业资格管理机构办理换证手续。

(四)会计从业资格的照顾性规定

新《会计从业资格管理办法》施行之日(2013年7月1日)前已被聘任为高级会计师或者从事会计工作满20年，且年满50周岁、目前尚在从事会计工作的，经本人申请并提供单位证明等相关材料，会计从业资格管理机构核实无误后，发给会计从业资格证书。

取得注册会计师证书，目前尚在从事会计工作的，经本人申请并提供单位证明等相关材料，会计从业资格管理机构核实无误后，发给会计从业资格证书。

(五)会计人员的继续教育

2013年财政部对《会计人员继续教育规定》进行了修订，新办法自2013年10月1日起施行。

1. 会计人员继续教育的对象是取得会计从业资格的人员，持证人员应当接受继续教育，提高业务素质和会计职业道德水平。

2. 持证人员参加继续教育采取学分制管理制度，每年参加继续教育取得的学分不得少于24学分；会计人员参加继续教育取得的学分，在全国范围内有效。

3. 会计从业资格管理机构应当对开展会计人员继续教育的培训机构进行监督和指导，规范培训市场，确保培训质量。

4. 会计人员继续教育工作应当遵循下列基本原则：以人为本，按需施教、突出重点，提高能力、加强指导，创新机制。

5. 会计人员继续教育的内容主要包括会计理论、政策法规、业务知识、技能训练和职业道德等。

6. 会计人员可以自愿选择参加《会计从业资格管理办法》规定的继续教育形式，包括与会计相关的培训、考试，出版会计书籍等。

四、会计专业职务及会计专业技术资格

(一)会计专业职务

会计专业职务是区别会计人员业务技能的技术等级。会计专业职务分为高级会计师、会计师、助理会计师和会计员。高级会计师为高级职务，会计师为中级职务，助理会计师和会计员为初级职务。目前，我国部分省份实行正高级会计师评审试点工作，该职务也属于高级职务。

(二)会计专业技术资格

1. 会计专业技术资格的概念

会计专业技术资格，是指担任会计专业职务的任职资格，它与会计从业资格、会计专业职务是不同的概念。会计从业资格是对会计人员最基本的要求，是从事会计工作的上岗证。会计专业职务是一种技术职称，持有会计从业资格证书并实际从事会计工作的人员才可以参加会计专业技术资格考试，只有取得会计专业技术资格后通过单位聘任或任命才能担任会计专业职务。也就是说，有了会计专业技术资格不一定具有相应级别的会计专业技术职务，但有了会计专业技术职务一定具备相应级别的会计专业技术资格。正高级会计师资格制度2003年首先在广东开始试点，目前，已有13个省市(包括河北)先后建立起高级会计师的评审制度，不完全统计已有900人左右获评正高级会计师资格。

2. 会计专业技术资格的考试级别

会计专业技术资格，分为初级资格、中级资格和高级资格三个级别，分别对应助理会计师或会计员、会计师和高级会计师。初级、中级会计专业技术资格的取得实行全国统一考试制度；高级会计师资格实行考试与评审相结合制度。

3. 会计专业技术资格考试科目

初级会计资格的考试科目为：初级会计实务和经济法基础；中级会计资格的考试科目为：

中级会计实务、财务管理和经济法。参加高级会计师资格评审的人员，须参加考试的科目为高级会计实务。

4. 会计专业技术资格考试报名条件

(1)基本条件。坚持原则，具备良好的职业道德品质；认真执行《会计法》和国家统一的会计制度，以及有关财经法律、法规、规章制度，无严重违反财经法律的行为；履行岗位职责，热爱本职工作；具备会计从业资格，持有会计从业资格证书。

(2)学历经历条件。报考初级会计资格考试的人员除具备上述基本条件外，还必须具备教育部门认可的高中以上的学历。报考中级会计资格考试的人员除具备上述基本条件外，还必须具备下列条件之一：

取得大学专科学历，从事会计工作满 5 年；

取得大学本科学历，从事会计工作满 4 年；

取得双学士学位或研究生班毕业，从事会计工作满 2 年；

取得硕士学位，从事会计工作满 1 年；

取得博士学位。

上述考试报名条件中所说的学历是指国家教育部门承认的学历，会计工作年限是指取得相应学历前、后从事会计工作时间的总和。

5. 会计专业技术资格证书的管理

通过会计专业技术资格考试合格者，由省级人事部门颁发人事部统一印制，人事部、财政部用印的会计专业技术资格证书。该证书全国范围有效。

对于伪造学历、会计从业资格证书和资历证明，或者在考试期间有违纪行为的，由会计考试管理机构吊销其会计专业技术资格，由发证机关收回其会计专业技术资格证书，2 年内不得再参加会计专业技术资格考试。

6. 会计专业职务的评聘

通过全国统一考试取得初级或中级会计专业技术资格的会计人员，表明其已具备担任相应级别会计专业技术职务的任职资格。用人单位可根据有关规定按照下列条件聘任相应的专业技术职务：

对于已取得中级会计资格并符合国家有关规定的人员，可聘任会计师职务。

对于已取得初级会计资格的人员，如具备大专毕业且担任会计员职务满 2 年，或中专毕业且担任会计员职务满 4 年，或者不具备规定学历，担任会计员职务满 5 年，并符合国家有关规定的，可聘任助理会计师职务。

不符合上述条件的人员，可聘任会计员职务。

五、会计工作岗位设置

会计工作岗位，是指一个单位会计机构内部根据业务分工而设置的职能岗位。

(一)设置会计工作岗位的基本原则

1. 各单位会计工作岗位的设置应与本单位业务活动的规模、特点和管理要求相适应。会计岗位可以一人一岗、一人多岗或者一岗多人。一般而言，小型企业大都“一人一岗”和“一人多岗”，而大、中型企业“一岗多人”的情况则比较普遍。

2. 符合内部牵制制度的要求。会计工作岗位可以一人一岗、一人多岗或者一岗多人，但出纳人员不得兼管稽核、会计档案保管和收入、支出、费用、债权债务账目的登记工作，这是会计机构内部牵制制度最基本的要求。内部牵制制度，是指凡涉及款项或者财物的收付、结算以及登记工作，必须由两人或者两人以上分工办理，以相互制约的工作制度。

3. 对会计人员的工作岗位要有计划地进行轮岗，以促进会计人员全面熟悉业务和不断提高业务素质。定期、不定期地轮换会计人员的工作岗位，有利于会计人员全面熟悉会计业务，不断提高业务素质，同时，也有利于增强会计人员之间的团结合作意识，进一步完善单位内部会计控制制度。

4. 建立岗位责任制。会计机构内部岗位责任制，是指明确各项具体会计工作的职责范围、具体内容和要求，并落实到每个会计工作岗位或会计人员的一种会计工作责任制度。

（二）主要会计工作岗位

会计工作岗位一般分为：

1. 总会计师（或行使总会计师职权）岗位；
2. 会计机构负责人（会计主管人员）岗位；
3. 出纳岗位；
4. 稽核岗位；
5. 资本、基金核算岗位；
6. 收入、支出、债权债务核算岗位；
7. 工资核算、成本费用核算、财务成果核算岗位；
8. 财产物资的收发、增减核算岗位；
9. 总账岗位；
10. 对外财务会计报告编制岗位；
11. 会计电算化岗位；
12. 会计档案管理岗位等。

对于会计档案管理岗位，在会计档案正式移交之前，属于会计岗位；正式移交档案管理部门之后，不再属于会计岗位。档案管理部门的人员管理会计档案，不属于会计岗位。医院门诊收费员、住院处收费员、药房收费员、药品库房记账员、商场收费（银）员所从事的工作，均不属于会计岗位。单位内部审计、社会审计、政府审计工作也不属于会计岗位。

（三）总会计师

1. 总会计师的概念

总会计师，是组织领导本单位的财务管理、成本管理、预算管理、会计核算和会计监督等方面的工作，参与本单位重要经济问题分析和决策的单位行政领导人员。

总会计师协助单位主要行政领导人工作，直接对单位主要行政领导人负责。所以，总会计师不是一种专业技术职务，也不是会计机构的负责人或会计主管人员，而是一种行政职务。

2. 总会计师的设置

《会计法》规定，国有的和国有资产占控股地位或者主导地位的大中型企业必须设置总会计师。而《企业内部控制基本规范》则规定，只要是大中型企业就应当设置总会计师。凡设置总会计师的单位，在行政领导成员中，不再设与总会计师职权重叠的副职。

3. 总会计师的任免

企业的总会计师由本单位主要行政领导人提名，政府主管部门任命或者聘任；免职或者解聘程序与任命或者聘任程序相同。

4. 总会计师必须具备的条件

总会计师除了必须具备政治、思想、政策理论水平、业务知识和身体等方面规定的条件外，还必须具备取得会计师任职资格后，主管一个单位或者单位内一个重要方面的财务工作时间不少于 3 年这一条件。

5. 总会计师在会计人员、会计机构负责人(会计主管人员)任用上的权限

会计人员的任用、晋升、调动、奖惩，应当事先征求总会计师的意见；会计机构负责人或者会计主管人员的人选，应当由总会计师进行业务考核，依照有关规定审批。

六、会计人员的工作交接

会计人员工作交接，是指会计人员工作调动或因故离职时，与接替人员办理交接手续的一种工作程序。做好会计交接工作，有利于会计工作前后衔接、连续，还可以防止因会计人员更换而出现账目不清、财务混乱等现象。

(一)交接的范围

1. 会计人员工作调动或者因故离职，必须将本人所经管的会计工作全部移交给接替人员。没有办清交接手续的，不得调动或者离职。

2. 在下列情况下，也应当办理交接手续：

(1)会计人员临时离职或者因病不能工作且需要接替或者代理的，会计机构负责人、会计主管人员或者单位领导人必须指定有关人员接替或者代理，并办理交接手续。

(2)临时离职或者因病不能工作的会计人员恢复工作的，应当与接替或者代理人员办理交接手续。

(3)移交人员因病或者其他特殊原因不能亲自办理移交的，经单位领导人批准，可由移交人员委托他人代办移交，但委托人应当对所移交的会计凭证、会计账簿、会计报表和其他有关资料的合法性、真实性承担法律责任。

(二)交接的程序

1. 交接前的准备工作

(1)已经受理的经济业务尚未填制会计凭证的，应当填制完毕。

(2)尚未登记账目的，应当登记完毕，结出余额，并在最后一笔余额后加盖经办人员印章。

(3)整理应该移交的各项资料，对未了事项和遗留问题要写出书面说明材料。

(4)编制移交清册，列明移交凭证、账簿、会计报表、公章、现金、有价证券、支票簿、发票、文件、其他会计资料和物品等内容；实行会计电算化的单位，从事该项工作的移交人员应在移交清册上列明会计软件及密码、会计软件数据盘、磁带等内容。

(5)会计机构负责人、会计主管人员移交时，应将财务会计工作、重大财务收支问题和会计人员的情况等向接替人员介绍清楚。

2. 移交点收

移交人员离职前，必须将经管的会计工作在规定的期限内全部向接替人员移交清楚，接

替人员应认真按照移交清册逐项点收。具体要求是：

(1)现金要根据会计账簿记录余额进行当面点交，不得短缺。接管人员发现不一致或者“白条顶库”现象时，移交人员在规定期限内负责查清处理。

(2)有价证券的数量要与会计账簿记录一致。有价证券面额与发行价不一致时，按照会计账簿余额交接。

(3)会计凭证、会计账簿、会计报表和其他会计资料必须完整无缺，不得遗漏。如发现有短缺，必须查明原因;并在移交清册上注明，由移交人员负责。

(4)银行存款账户余额要与银行对账单核对一致，如有未达账项，应编制银行存款余额调节表调节相符;各种财产物资和债权债务的明细账户余额要与总账有关账户余额核对相符;对重要实物要实地盘点，对余额较大的往来账户要与往来单位、个人核对。

(5)公章、收据、空白支票、发票、科目印章以及其他物品等，必须交接清楚。

(6)实行会计电算化的单位，交接双方应在电子计算机上对有关数据进行实际操作，确认有关数字正确无误后方可交接。

3. 专人负责监交

(1)一般会计人员办理交接手续时，由单位的会计机构负责人、会计主管人员负责监交。

(2)会计机构负责人、会计主管人员办理交接手续时，由单位领导人负责监交，必要时，主管单位可以派人会同监交。所谓必要时主管部门派人会同监交，是指有些交接需要主管单位监交或者主管单位认为需要参与监交。通常有三种情况:第一，所属单位负责人不能监交，需要由主管单位派人代表主管单位监交，如因单位撤并而办理交接手续等;第二，所属单位负责人不能尽快监交，需要由主管单位派人督促监交，如主管单位责成所属单位撤换不合格的会计机构负责人(会计主管人员)，所属单位负责人却以种种借口拖延不办交接手续时，主管单位就应派人督促会同监交等;第三，不宜由所属单位负责人单独监交，而需要主管单位会同监交，如所属单位负责人与办理交接手续的会计机构负责人(会计主管人员)有矛盾，交接时需要主管单位派人会同监交，以防可能发生单位负责人借机刁难等。

4. 交接后的有关事宜

(1)会计工作交接完毕后，交接双方和监交人员要在移交清册上签名或盖章。

(2)接管人员应继续使用移交前的账簿，不得擅自另立账簿，以保证会计记录前后衔接、内容完整。

(3)移交清册填制一式三份，交接双方各持一份，存档一份。

(三)交接人员的责任

移交人员对移交的会计凭证、会计账簿、会计报表和其他有关资料的合法性、真实性承担法律责任。移交人员所移交的会计资料是在其经办会计工作期间内所发生的，其应当对这些会计资料的合法性、真实性、完整性负责。即便接替人员在交接时因疏忽没有发现所交接会计资料存在问题，如事后发现，仍应由原移交人员负责，原移交人员不应以会计资料已移交而推脱责任。

第六节　法律责任

一、法律责任的概念

法律责任，是指违反法律规定的行为应当承担的法律后果，也就是对违法者的制裁，通常分为刑事责任、民事责任和行政责任。为了保证《会计法》的有效实施，《会计法》主要规定了两种责任形式：一是行政责任；二是刑事责任。

（一）行政责任

行政责任，是指犯有一般违法行为的单位或个人，依照法律、法规的规定应承担的法律责任。行政责任主要有行政处罚和行政处分两种方式。

1. 行政处罚

行政处罚，是指特定的行政主体基于一般行政管理职权，对其认为违反行政法上的强制性义务，违反行政管理程序的行政管理相对人所实施的一种行政制裁措施。行政处罚主要有警告、罚款、没收违法所得、没收非法财物、责令停产停业、暂扣或者吊销许可证、暂扣或者吊销执照、行政拘留等。

2. 行政处分

行政处分，是国家工作人员违反行政法律规范所应承担的一种行政法律责任。行政处分的形式有：警告、记过、记大过、降级、撤职、开除等。

（二）刑事责任

刑事责任，是指犯罪行为应当承担的法律责任，即对犯罪分子依照刑事法律的规定追究的法律责任。刑事责任与行政责任不同，二者的主要区别表现在：

1. 追究的违法行为不同。追究行政责任的是一般违法行为，追究刑事责任的是犯罪行为。

2. 追究责任的机关不同。追究行政责任由国家特定的行政机关依照有关法律的规定决定，而追究刑事责任只能由司法机关依照《刑法》的规定决定。

3. 承担的法律后果不同。追究刑事责任是最严厉的制裁，可以判处死刑，比追究行政责任严厉得多。

刑事责任是触犯《刑法》的犯罪人所应承受的由国家审判机关给予的制裁后果，包括刑罚方法和非刑罚处理方法。

1. 刑罚

（1）主刑。主刑是对犯罪分子适用的主要刑罚方法，只能独立适用，不能附加适用，对犯罪分子只能判处一种主刑。主刑分为管制、拘役、有期徒刑、无期徒刑和死刑。

（2）附加刑。附加刑是既可独立适用又可以附加适用的刑罚方法。对同一犯罪行为既可以在主刑之后判处一个或两个以上的附加刑，也可以独立判处一个或两个以上的附加刑。附加刑分为罚金、剥夺政治权利和没收财产。

2. 非刑罚

根据我国《刑法》的规定，对犯罪分子还可以采用非刑罚的处理方法，即对犯罪分子判处刑罚以外的其他方法。主要包括:由于犯罪行为而使被害人遭受经济损失的，对犯罪分子除刑事处罚外，判处赔偿经济损失;对于犯罪情节轻微不需要判处刑罚的，根据情况予以训诫或者责令其悔过、赔礼道歉,赔偿损失，或者由主管部门给予行政处罚或者行政处分。

二、违反会计制度规定的法律责任

根据《会计法》的规定，违反《会计法》和国家统一的会计制度规定应承担法律责任的违法行为包括:

1. 不依法设置会计账簿的行为。这是指应当设置会计账簿的单位不设置会计账簿或者未按规定的种类、形式及要求设置会计账簿的行为。

2. 私设会计账簿的行为。这是指不在依法设置的会计账簿上对经济业务事项进行统一会计核算，而另外私自设置会计账簿进行会计核算的行为，即常说的“账外账”。

3. 未按照规定填制、取得原始凭证或者填制、取得的原始凭证不符合规定的行为。

4. 以未经审核的会计凭证为依据登记会计账簿或者登记会计账簿不符合规定的行为。

5. 随意变更会计处理方法的行为。

6. 向不同的会计资料使用者提供的财务会计报告编制依据不一致的行为。

7. 未按照规定使用会计记录文字或者记账本位币的行为。

8. 未按照规定保管会计资料，致使会计资料毁损、灭失的行为。

9. 未按照规定建立并实施单位内部会计监督制度，或者拒绝依法实施的监督，或者不如实提供有关会计资料及有关情况的行为。

10. 任用会计人员不符合《会计法》规定的行为。

根据《会计法》的规定，上述违法行为应当承担以下法律责任:

1. 责令限期改正

责令限期改正，是指要求违法行为人在一定期限内停止违法行为，并将其违法行为恢复到合法状态。县级以上人民政府财政部门有权责令违法行为人限期改正。

2. 罚款

县级以上人民政府财政部门在责令限期改正的同时，可以对单位并处3000元以上5万元以下的罚款;对其直接负责的主管人员和其他直接责任人员，可以处2000元以上2万元以下的罚款。

3. 给予行政处分

对上述违法行为直接负责的主管人员和其他直接责任人员中的国家工作人员，视情节轻重，由其所在单位或者其上级单位或者行政监察部门给予警告、记过、记大过、降级、降职、撤职、留用察看和开除等行政处分。

4. 吊销会计从业资格证书

会计工作人员有上述所列行为之一，情节严重的，由县级以上人民政府财政部门吊销会计从业资格证书。

5. 依法追究刑事责任

有上述违法行为之一，构成犯罪的，依法追究刑事责任。

三、其他会计违法行为的法律责任

(一)伪造、变造会计凭证、会计账簿，编制虚假财务会计报告行力的法律责任

伪造、变造会计凭证、会计账簿，编制虚假财务会计报告的刑事责任。我国《刑法》并未明确将伪造、变造会计凭证、会计账簿或者编制虚假财务会计报告的行为，作为单独犯罪加以规定，而只是在其已经造成严重后果后，按照犯罪情节、手段，分别以逃税罪、违规披露、不披露重要信息罪、中介组织人员提供虚假证明文件罪及其他犯罪追究刑事责任。对于伪造、变造会计凭证、会计账簿，编制虚假财务会计报告的行为，我国《刑法》明确为犯罪的，主要有以下几种情况：

1. 应承担的刑事责任

(1)根据中华人民共和国刑法修正案(七)第二百零一条，纳税人采取欺骗、隐瞒手段进行虚假纳税申报或者不申报，逃避缴纳税款数额较大并且占应纳税额百分之十以上的，处3年以下有期徒刑或者拘役，并处罚金；数额巨大并且占应纳税额百分之三十以上的，处3年以上7年以下有期徒刑，并处罚金。有上述行为，经税务机关依法下达追缴通知后，补缴应纳税款，缴纳滞纳金，已受行政处罚的，不予追究刑事责任；但是，5年内因逃避缴纳税款受过刑事处罚或者被税务机关给予二次以上行政处罚的除外。

(2)根据《刑法》第一百六十一条的规定，公司向股东和社会公众提供虚假的或者隐瞒重要事实的财务会计报告，严重损害股东或者其他人利益的，对其直接负责的主管人员和其他直接责任人员处3年以下有期徒刑或者拘役，并处或者单处2万元以上20万元以下罚金。

(3)根据《刑法》第二百二十九条的规定，承担资产评估、验资、验证、会计、审计、法律服务等职责的中介组织的人员故意提供虚假证明文件(包括虚假的财务会计报告)，情节严重的，处5年以下有期徒刑或者拘役，并处罚金。上述人员索取他人财物或者非法收受他人财物，犯本罪的，处5年以上10年以下有期徒刑或者拘役，并处罚金。

此外，如果行为人为虚报注册资本、虚假出资、抽逃出资、贪污、挪用公款、侵占企业财产、私分国有资产、私分罚没财物，实施伪造、变造会计凭证、会计账簿或者编制虚假财务会计报告的行为，应当按照《刑法》的有关规定分别定罪、处罚。

2. 应承担的行政责任

伪造、变造会计凭证、会计账簿或者编制虚假财务会计报告，情节较轻，尚不构成犯罪的，应当按照《会计法》的规定予以处罚，具体包括：

(1)通报。即由县级以上人民政府财政部门采取通报的方式对违法行为人予以批评、公告。

(2)罚款。县级以上人民政府财政部门对违法行为视情节轻重，在予以通报的同时，可以对单位并处5000元以上10万元以下的罚款；对其直接负责的主管人员和其他直接责任人员，可以处3000元以上5万元以下的罚款。

(3)行政处分。对上述所列违法行为直接负责的主管人员和其他直接责任人员中的国家工作人员，应当由其所在单位或者其上级单位或者行政检察部门给予撤职、留用察看直至开除的行政处分。

(4)吊销会计从业资格证书。对有上述所列违法行为的会计人员，由县级以上人民政府财政部门吊销会计从业资格证书。

（二）隐匿或者故意销毁依法应当保存的会计凭证、会计账簿、财务会计报告行为的法律责任

1. 应承担的刑事责任

根据中华人民共和国刑法修正案（七）第二百零一条，纳税人采取欺骗、隐瞒手段进行虚假纳税申报或者不申报，逃避缴纳税款数额较大并且占应纳税额百分之十以上的，处 3 年以下有期徒刑或者拘役，并处罚金；数额巨大并且占应纳税额百分之三十以上的，处 3 年以上 7 年以下有期徒刑，并处罚金。有上述行为，经税务机关依法下达追缴通知后，补缴应纳税款，缴纳滞纳金，已受行政处罚的，不予追究刑事责任；但是，5 年内因逃避缴纳税款受过刑事处罚或者被税务机关给予二次以上行政处罚的除外。

2. 应承担的行政责任

隐匿、故意销毁依法应当保存的会计凭证、会计账簿、财务会计报告，情节较轻，社会危害不大，根据《刑法》的有关规定尚不构成犯罪的，应当根据《会计法》的规定追究行政责任。追究行政责任的具体形式及标准等与前同，即：

（1）通报。即由县级以上人民政府财政部门采取通报的方式对违法行为人予以批评、公告。

（2）罚款。县级以上人民政府财政部门对违法行为视情节轻重，在予以通报的同时，可以对单位并处 5000 元以上 10 万元以下的罚款；对其直接负责的主管人员和其他直接责任人员，可以处 3000 元以上 5 万元以下的罚款。

（3）行政处分。对上述所列违法行为直接负责的主管人员和其他直接责任人员中的国家工作人员，应当由其所在单位或者其上级单位或者行政检察部门给予撤职、留用察看直至开除的行政处分。

（4）吊销会计从业资格证书。对有上述所列违法行为的会计人员，由县级以上人民政府财政部门吊销会计从业资格证书。

（三）授意、指使、强令会计机构、会计人员及其他人员伪造、变造会计凭证、会计账簿，编制虚假财务会计报告或者隐匿、故意销毁依法应当保存的会计凭证、会计账簿、财务会计报告行为的法律责任

1. 应承担的刑事责任

根据我国《刑法》的有关规定，授意、指使、强令会计机构、会计人员及其他人员伪造、变造会计凭证、会计账簿，编制虚假财务会计报告或者隐匿、故意销毁依法应当保存的会计凭证、会计账簿、财务会计报告的，应当作为伪造、变造会计凭证、会计账簿，编制虚假财务会计报告或者隐匿、故意销毁依法应当保存的会计凭证、会计账簿、财务会计报告的共同犯罪，定罪处罚。

2. 应承担的行政责任

授意、指使、强令会计机构、会计人员及其他人员伪造、变造会计凭证、会计账簿，编制虚假财务会计报告或者隐匿、故意销毁依法应当保存的会计凭证、会计账簿、财务会计报告，情节较轻，不构成犯罪的，予以以下处罚：

罚款。县级以上人民政府财政部门可以视违法行为的情节轻重，对违法行为人处以 5000 元以上 5 万元以下的罚款。

行政处分。对于实施上述违法行为的国家工作人员，还应当由其所在单位或者其上级单位给予降级、撤职、开除的行政处分。

（四）单位负责人对依法履行职责、抵制违反《会计法》规定行为的会计人员实行打击报复行为的法律责任，以及对受打击报复的会计人员的补救措施

《会计法》规定，单位负责人对依法履行职责、抵制违反《会计法》规定行为的会计人员以降级、撤职、调离工作岗位、解聘或者开除等方式实行打击报复，构成犯罪的，依法追究刑事责任；尚不构成犯罪的，由其所在单位或者有关单位依法给予行政处分。对受打击报复的会计人员，应当恢复其名誉和原有职务、级别。

1. 应承担的刑事责任

根据《刑法》第二百五十五条的规定，公司、企业、事业单位、机关、团体的领导人对依法履行职责、抵制违反《会计法》规定行为的会计人员实行打击报复，情节恶劣的，构成打击报复会计人员罪，处3年以下有期徒刑或者拘役。

2. 应承担的行政责任

单位负责人对依法履行职责、抵制违反《会计法》规定行为的会计人员实行打击报复，情节轻微，危害性不大，不构成犯罪的，由其所在单位或者有关单位依法给予行政处分。

3. 对受打击报复的会计人员的补救措施

恢复其名誉。受打击报复的会计人员的名誉受到损害的，其所在单位或者其上级单位及有关部门应当要求打击报复者向遭受打击报复的会计人员赔礼道歉，并澄清事实，消除影响，恢复名誉。

恢复原有职位、级别。会计人员受到打击报复，被调离工作岗位、解聘或者开除的，应当在征得会计人员同意的前提下，恢复其工作；被撤职的，应当恢复其原有职务；被降级的，应当恢复其原有级别。

★　★　★　★

案例一：公款炒股，公款外借，造成损失

1993年，局属A单位的领导班子决定，用本单位私设的“账外账”资金投资证券市场，意欲通过炒股赚取利润，用于扩大资金额和解决职工福利。由于股市失利，投资的股票严重亏损，鉴于此，A单位领导班子决定停止炒股。但单位原主要负责人在没有经过班子集体研究决定的情况下，擅自用“账外账”资金继续炒股，致使增加了单位的资金损失。截至2003年案发时，A单位因炒股所造成资金浮亏达20多万元。此外，A单位还用“账外账”资金外借他人150万元，案发时仍有126万余元外借款项没有收回。

案例分析：根据《中华人民共和国会计法》规定：“各单位发生的各项经济业务事项应当在依法设置的会计账簿上统一登记、核算，不得违反本法和国家统一的会计制度的规定私设会计账簿登记、核算。”《财政违法行为处罚处分条例》第11条：“国家机关及其工作人员违反国家有关账户管理规定，擅自在金融机构开立、使用账户的，责令改正……对单位给予警告或者通报批评。对直接负责的主管人员和其他直接责任人员给予降级处分；情节严重的，给予撤职或者开除处分。”

A单位违规设立“账外账”，用“账外账”资金在金融机构开立账户炒股并外借150万元大

额款项，违反了上述法律法规有关规定。对A单位给予通报批评；给予单位主要负责人行政警告处分和处以三个月基本工资的罚款。

（资料来源：广州市民政局网 www. gz. gov. cn）

案例二：私设“小金库”，销毁会计资料

C单位前后两任主要负责人利用单位房屋出租收入和向承租户收取的水电费设置“小金库”，并与单位出纳和会计商定，销毁了“小金库”的会计凭证。

案例分析：根据《中华人民共和国会计法》第16条：“各单位发生的各项经济业务事项应当在依法设置的会计账簿上统一登记、核算，不得违反本法和国家统一的会计制度的规定私设会计账簿登记、核算。”《财政违法行为处罚处分条例》第16条：“单位和个人有下列违反财政收入票据管理规定的行为之一的，销毁非法印制的票据……情节严重的，给予开除处分：(一)违反规定印制财政收入票据；(二)转借、串用、代开财政收入票据；(三)伪造、变造、买卖、擅自销毁财政收入票据；(四)伪造、使用伪造的财政收入票据监(印)制章；(五)其他违反财政收入票据管理规定的行为。”

C单位将非经营性资产转作经营，没有办理有关手续和缴交资产占用费，私设“小金库”并且故意销毁“小金库”会计凭证，违反了上述等相关法律法规。给予C单位在局系统通报批评；分别给予3名相关责任人行政记大过和行政警告处分；给予单位会计解除劳动合同；责令直接负责的主管人员和其他直接责任人限期退还全部违法所得。

（资料来源：广州市民政局网 www. gz. gov. cn）

■ 第二章　支付结算法律制度

【本章提要】

本章要点包括：支付结算的概念、特征、种类及支付结算办理的基本要求；票据和结算凭证填写的基本要求；现金使用的范围、限额和现金收支的基本要求；银行结算账户的概念和种类；银行结算账户的开立、变更和撤销；各银行结算账户的概念、使用范围、开户要求；支票的概念、种类、出票、付款和办理要求的有关规定；商业汇票的概念、种类、出票、承兑、付款、背书、保证等有关规定；信用卡的概念、种类、申领、销户、资金来源、使用等有关规定；汇兑的概念和分类、办理汇兑的程序、撤销和退汇等有关规定。

第一节　支付结算概述

一、支付结算的概念和特征

（一）支付结算的概念

支付结算有广义和狭义之分。广义的支付结算是指单位、个人在社会经济活动中使用票据、银行卡和汇兑、托收承付、委托收款等结算方式进行货币给付及其资金清算的行为，其主要功能是完成资金从一方当事人向另一方当事人的转移。广义的支付结算包括现金结算和银行转账结算。狭义的支付结算仅指银行转账结算，即1997年9月中国人民银行发布的《支付结算办法》中所指的“支付结算”。

按照是否使用票据作为结算工具，支付结算方式可以分成票据结算方式和非票据结算方式。票据结算方式是指通过《票据法》规定的支票、本票和汇票等工具来清结资金的结算方式，具体有支票、银行本票、银行汇票、商业汇票；非票据结算方式是指票据结算方式之外的结算方式，一般包括汇兑、委托收款、异地托收承付、信用卡等。按照适用区域分类，支付结算可以分为同城结算和异地结算两种。同城结算是指结算双方在同一票据交换区域内的转账结算。银行本票和支票结算方式适用于同城结算。异地结算是指结算双方不在同一票据交换区域内的转账结算，汇兑和托收承付结算方式限于异地结算使用。银行汇票、商业汇票、委托收款结算方式既可用于同城结算，又可用于异地结算。

（二）支付结算的特征

1. 支付结算必须通过中国人民银行批准的金融机构进行

支付结算包括票据、银行卡和汇兑、托收承付、委托收款等结算行为，而这些结算行为必须通过中国人民银行批准的金融机构才能进行，但法律、行政法规另有规定的除外。票据、银行卡和汇兑、托收承付、委托收款、电子支付等都是支付结算业务，这些结算行为必须通过中国人民银行批准的金融机构或其他机构才能进行。这表明支付结算与一般的货币给付及资金清算行为不同。

2. 支付结算是一种要式行为

所谓要式行为，是指法律规定必须按照一定形式进行的行为。票据和结算凭证是办理支付结算的工具，单位、个人和银行办理支付结算，必须使用按中国人民银行统一规定印制的票据凭证和统一规定的结算凭证，“未使用按中国人民银行统一规定印制的票据，票据无效；未使用中国人民银行统一规定格式的结算凭证，银行不予受理”。

3. 支付结算的发生取决于委托人的意志

银行对单位、个人在银行开立存款账户的存款，除国家法律、行政法规另有规定外，不得为任何单位或者个人查询账户情况；除国家法律另有规定外，银行不得为任何单位或个人冻结、扣款，不得停止单位、个人存款的正常支付。

4. 支付结算实行统一领导和分级管理相结合的管理体制

根据《支付结算办法》的规定，中国人民银行总行负责制定统一的支付结算制度，组织、协调、管理、监督全国的支付结算工作，调解、处理银行之间的支付结算纠纷；中国人民银行各分行根据统一的支付结算制度制定实施细则，报总行备案。中国人民银行分、支行负责组织、协调、管理、监督本辖区的支付结算工作，协调、处理本辖区银行之间的支付结算纠纷；政策性银行、商业银行总行可根据统一的支付结算制度，结合本行情况，制定具体管理实施办法，报经中国人民银行总行批准后执行，并负责组织、管理、协调本行内分支机构之间的支付结算纠纷。

5. 支付结算必须依法进行

根据《支付结算办法》的规定：“银行、城市信用合作社、农村信用合作社（以下简称银行）以及单位和个人（含个体工商户）办理支付结算必须遵守国家的法律、行政法规和本办法的各项规定，不得损害社会公共利益。”所以，支付结算的当事人必须严格依法进行支付结算活动。

支付结算体系是金融体系的重要组成部分。安全、高效的支付结算体系，对于加速社会资金的周转，提高资源配置的效率，密切各金融市场的联系，防范金融风险，改善金融服务以及维护公众对资金的信心，具有重要意义。对单位而言，帮助企业实现资金安全、及时、便利的支付结算，提高资金使用效率，减少现金的使用，强化了企业内部的资金管理和控制；对银行而言，结算业务的开展丰富了银行的金融产品与服务、增加了业务收入。

二、支付结算的基本原则

1. 恪守信用，履约付款原则

各单位之间、单位与个人之间发生交易往来，通过银行办理结算时，应根据各自的具体条件、自行协商订约，使结算双方办理款项收付完全建立在自觉自愿、相互信任的基础上。该原则要求结算当事人必须依照双方约定的民事法律关系内容依法承担义务和行使权利，严格遵守信用，履行付款义务。

2. 谁的钱进谁的账、由谁支配原则

这一原则主要在于维护存款人对存款资金的所有权或控制权，保证其对资金的自主支配。对存款人的资金，除国家法律另有规定外，必须由其自由支配。

3. 银行不垫款原则

即银行在办理结算过程中，只负责办理结算当事人之间的款项划拨，不承担垫付任何款项的责任。这一原则要求划清银行资金与存款人资金的界限，保护银行资金的所有权或经营权的安全，并促使单位和个人以自己所有或经营管理的财产直接对自己的债务承担责任，从而保证了银行资金的安全。银行必须将存款人资金与银行自有资金严格区分开来，不可混淆。

三、主要支付工具

单位日常活动中的结算可分为现金支付和非现金支付两大类。严格来说现金支付并不是支付的主要方式，单位使用现金的范围和管理方面受限制较多，因此单位支付结算时主要采用非现金支付工具。我国目前使用的人民币非现金支付工具主要包括票据结算和非票据结算两大类方式，票据结算主要指使用汇票、本票和支票三种票据办理结算，非票据结算主要包括信用卡、汇兑、托收承付、委托收款、电子支付等方式。目前票据和汇兑已成为经济活动中不可或缺的重要支付手段，被广泛采用，并在大额支付中占据主要地位；信用卡成为个人使用最频繁的支付工具，在小额支付中占据主导地位；托收承付由于限制条件较多，手续烦琐等原因，在经济活动中的使用量较少。

四、支付结算的主要法律依据

目前，适用支付结算的法律、行政法规以及部门规章和政策性规定主要有：《票据法》（1996 年 1 月 1 日实施）、《票据管理实施办法》（1997 年 10 月 1 日起施行）、《支付结算办法》（1997 年 9 月 19 日由中国人民银行发布，于同年 12 月 1 日起施行）、《银行卡业务管理办法》（1999 年 3 月 1 日起施行）、《人民币银行结算账户管理办法》（2003 年 9 月 1 日起施行）、《异地托收承付结算办法》（1994 年 10 月 9 日修订，1995 年 1 月 1 日起施行）。

五、办理支付结算的具体要求

（一）单位、个人和银行应当按照《人民币银行结算账户管理办法》的规定开立、使用账户

在银行开立存款账户的单位和个人办理支付结算，账户内需有足够的资金保证支付。银行依法为单位、个人在银行开立的存款账户中的存款保密，维护其资金的自主支配权。没有开立存款账户的个人向银行交付款项后，也可以通过银行办理支付结算。

（二）单位、个人和银行办理支付结算，必须使用按中国人民银行统一规定印制的票据凭证和统一规定的结算凭证

票据和结算凭证是办理支付结算的工具。未使用按中国人民银行统一规定印制的票据，票据无效；未使用中国人民银行统一规定格式的结算凭证，银行不予受理。

（三）填写票据和结算凭证的基本要求

根据《正确填写票据和结算凭证的基本规定》的规定，具体应符合以下基本要求：

1. 中文大写金额数字应用正楷或行书填写。如壹、贰、叁、肆、伍、陆、柒、捌、玖、拾、佰、仟、万、亿、元、角、分、零、整（正）等字样。不得用一、二（两）、三、四、五、六、七、八、九、十、廿、毛、另（或0）填写，不得自造简化字。如果金额数字书写中使用繁体字，也应受理。

2. 中文大写金额数字到“元”为止的，在“元”之后，应写“整”（或“正”）字，在“角”之后可以不写“整”（或“正”字）。大写金额数字有“分”的，“分”后面不写“整”（或“正”）字。

3. 中文大写金额数字前应标明“人民币”字样，大写金额数字应紧接“人民币”字样填写，不得留有空白。大写金额数字前未印“人民币”字样的，应加填“人民币”三字。在票据和结算凭证大写金额栏内不得预印固定的“仟、佰、拾、万、仟、佰、拾、元、角、分”字样。

4. 阿拉伯小写金额数字中有“0”时，中文大写应按照汉语语言规律、金额数字构成和防止涂改的要求进行书写。举例如下：

（1）阿拉伯数字中间有“0”时，中文大写金额要写“零”字。如￥1409.50，应写成人民币壹仟肆佰零玖元伍角。

（2）阿拉伯数字中间连续有几个“0”时，中文大写金额中间可以只写一个“零”字。如￥6007.14，应写成人民币陆仟零柒元壹角肆分。

（3）阿拉伯金额数字万位或元位是“0”，或者数字中间连续有几个“0”，万位、元位也是“0”，但千位、角位不是“0”时，中文大写金额中可以只写一个零字，也可以不写“零”字。如￥1680.32，应写成人民币壹仟陆佰捌拾元零叁角贰分，或者写成人民币壹仟陆佰捌拾元叁角贰分；又如￥107000.53，应写成人民币壹拾万柒仟元零伍角叁分，或者写成人民币壹拾万零柒仟元伍角叁分。

（4）阿拉伯金额数字角位是“0”，而分位不是“0”时，中文大写金额“元”后面应写“零”字。如￥16409.02，应写成人民币壹万陆仟肆佰零玖元零贰分；又如325.04，应写成人民币叁佰贰拾伍元零肆分。

5. 阿拉伯小写金额数字前面，均应填写人民币符号“￥”。阿拉伯小写金额数字要认真填写，不得连写分辨不清。

6. 票据的出票日期必须使用中文大写。为防止变造票据的出票日期，在填写月、日时，月为壹、贰和壹拾的，日为壹至玖和壹拾、贰拾和叁拾的，应在其前加“零”；日为拾壹至拾玖的，应在其前面加“壹”。如2月12日，应写成零贰月壹拾贰日；10月20日，应写成零壹拾月零贰拾日。

票据出票日期使用小写填写的，银行不予受理。大写日期未按要求规范填写的，银行可予受理，但由此造成损失的，由出票人自行承担。

（四）填写票据和结算凭证应当规范，做到要素齐全，数字正确，字迹清晰，不错不漏，不潦草，防止涂改

票据和结算凭证的金额、出票或签发日期、收款人名称不得更改，更改的票据无效；更改的结算凭证，银行不予受理。对票据和结算凭证上的其他记载事项，原记载人可以更改，更改时应当由原记载人在更改处签章证明。

票据和结算凭证金额以中文大写和阿拉伯数码同时记载，两者必须一致，两者不一致的

票据无效；两者不一致的结算凭证，银行不予受理。少数民族地区和外国驻华使领馆根据实际需要，金额大写可以使用少数民族文字或者外国文字记载。

（五）票据和结算凭证上的签章和其他记载事项应当真实，不得伪造、变造

票据和结算凭证上的签章，为签名、盖章或者签名加盖章。单位、银行在票据上的签章和单位在结算凭证上的签章，为该单位、银行的盖章加其法定代表人或其授权的代理人的签名或盖章。个人在票据和结算凭证上的签章，为个人本名的签名或盖章。

票据的“伪造”，是指无权限人假冒他人或虚构人名义签章的行为。所谓“变造”，是指无权更改票据内容的人，对票据上签章以外的记载事项加以改变的行为。伪造、变造票据属于欺诈行为，应追究伪造人或变造人的法律责任。根据《票据法》的规定，票据上有伪造签章的不影响票据上其他真实签章的效力。

第二节　现金管理

我国现金管理的主要法律法规依据是国务院于 1988 年 9 月 8 日颁布的中华人民共和国《现金管理暂行条例》(以下简称条例)，该条例于 1988 年 10 月 1 日开始施行；还有中国人民银行于 1988 年 9 月 23 日颁布的《现金管理暂行条例实施细则》，该细则与《现金管理暂行条例》同时开始施行。

一、现金管理的基本要求

（一）现金及现金管理

现金，是指具备现实购买力或者法定清偿力的通货；在金属货币流通条件下，现金是指金属铸币及其他作辅币使用的铸币；在纸币或者信用货币流通的条件下，现金包括铸币、纸币和信用货币。我国的现金是指人民币(包括纸币和金属辅币)。现金管理，是现金管理机关按照国家的方针政策和有关规定，管理各单位的现金收入、支出和库存的一种管理活动，是国家的一项重要财经管理活动。

（二）现金管理基本要求

1. 凡在银行和其他金融机构(以下简称开户银行)开立账户的机关、团体、部队、企业、事业单位和其他单位(以下简称开户单位)，必须依照条例的规定收支和使用现金，接受开户银行的监督。

2. 国家鼓励开户单位和个人在经济活动中采取转账方式进行结算，减少使用现金。开户单位之间的经济往来，除按本条例规定的范围可以使用现金外，应当通过开户银行进行转账结算。

3. 各级人民银行应当严格履行金融主管机关的职责，负责对开户银行的现金管理进行监督和稽核。

4. 开户银行依照本条例和中国人民银行的规定，负责现金管理的具体实施，对开户单位

收支、使用现金进行监督管理。

二、开户单位使用现金的范围

1. 职工工资、津贴；

2. 个人劳务报酬，包括稿费和讲课费及其他专门工作报酬；

3. 根据国家规定颁发给个人的科学技术、文化艺术、体育等各种奖金；

4. 各种劳保、福利费用以及国家规定的对个人的其他支出；

5. 向个人收购农副产品和其他物资的价款；

6. 出差人员必须随身携带的差旅费；

7. 结算起点以下的零星支出；

8. 中国人民银行确定需要支付现金的其他支出。

结算的起点为一千元，需要增加时由中国人民银行总行确定后，报国务院备案。除第5、6项外，开户单位支付给个人的款项中，支付现金每人一次不得超过一千元，超过限额部分，根据提款人的要求在指定的银行转为储蓄存款或以支票、银行本票支付；确需全额支付现金的，应经开户银行审查后予以支付。

三、现金使用的限额

现金使用的限额，是指为了保证开户单位日常零星开支的需要，允许单位留存现金的最高数额。这一限额由开户银行根据开户单位的实际需要核定，原则上以开户单位3至5天的日常零星开支所需确定。边远地区和交通不发达地区的开户单位的库存现金限额，可以适当放宽，但最多不得超过15天的日常零星开支。各开户单位的库存现金都要核定限额。库存现金限额应由开户单位提出计划，报开户银行审批。经核定的库存现金限额，开户单位必须严格遵守。需要增加或者减少库存现金限额的，应当向开户银行提出申请，由开户银行核定。

对没有在银行单独开立账户的附属单位也要实行现金管理，必须保留的现金，也要核定限额，其限额包括在开户单位的库存限额之内。商业和服务行业的找零备用现金也要根据营业额核定定额，但不包括在开户单位的库存现金限额之内。

四、现金收支的基本要求

1. 开户单位现金收入应当于当日送存开户银行。当日送存确有困难的，由开户银行确定送存时间。

2. 单位支付现金，可以从本单位库存现金限额中支付或者从开户银行提取，不得从本单位的现金收入中直接支付，即不得“坐支”现金。因特殊情况需要坐支现金的，应当事先报经开户银行审查批准，由开户银行核定坐支范围和限额。坐支单位必须在现金账上如实反映坐支金额，并按月向开户银行报送坐支金额和使用情况。

3. 开户单位根据对于符合现金使用范围规定的，从开户银行提取现金，应当写明提取现金的用途，由本单位财会部门负责人签字盖章，并经开户银行审核后，予以支付现金。

4. 因采购地点不确定、交通不便、生产或者市场急需、抢险救灾以及其他特殊情况必须使用现金的，开户单位应当向开户银行提出申请，由本单位财会部门负责人签字盖章，并经开户银行审核后，予以支付现金。

5. 开户单位不准用不符合财务制度的凭证顶替库存现金（即白条顶库）；不准谎报用途套取现金；不准利用银行账户代其他单位和个人存入或支取现金；不准将单位收入的现金以个人名义存入储蓄；不准保留账外公款（即小金库）；不得未经批准坐支现金或者未按开户银行核定的坐支范围和限额坐支现金等。银行对于违反上述规定的单位，将按照规定予以处罚。

五、建立健全现金核算与内部控制制度

开户单位必须建立健全现金账目，逐笔记载现金支付，账目要日清月结，做到账款相符。为了保证现金的完全完整，单位应当按规定对库存现金进行定期和不定期的清查，一般采用实地盘点法，对于清查的结果应当编制现金盘点报告单。如果发现挪用现金、白条顶库的情况，应及时予以纠正；对于超限额留存的现金应及时送存银行。如果账款不符，应查明原因，及时处理。

为了加强对单位货币资金的内部控制和管理，保证货币资金的安全，财政部印发了《内部会计控制规范——货币资金（试行）》（财会[2001]41号）。

（一）建立单位货币资金内部控制制度

国务院有关部门可以根据国家有关法律法规和本规范，制定本部门或本系统的货币资金内部控制规定。各单位应当根据国家有关法律法规和本规范，建立适合本单位业务特点和管理要求的货币资金内部控制制度，并组织实施。单位负责人对本单位货币资金内部控制的建立健全和有效实施以及货币资金的安全完整负责。

（二）加强货币资金业务岗位管理

各单位应当建立货币资金业务的岗位责任制，明确相关部门和岗位的职责权限，确保办理货币资金业务的不相容岗位相互分离、制约和监督。出纳人员不得兼任稽核、会计档案保管和收入、支出、费用、债权债务账目的登记工作。单位不得由一人办理货币资金业务的全过程，并根据单位具体情况进行岗位轮换。

（三）严格货币资金的授权管理

单位应当对货币资金业务建立严格的授权批准制度，明确审批人对货币资金业务的授权批准方式、权限、程序、责任和相关控制措施，规定经办人办理货币资金业务的职责范围和工作要求。

审批人应当根据货币资金授权批准制度的规定，在授权范围内进行审批，不得超越审批权限。经办人应当在职责范围内，按照审批人的批准意见办理货币资金业务。对于审批人超越授权范围审批的货币资金业务，经办人员有权拒绝办理，并及时向审批人的上级授权部门报告。严禁未经授权的机构或人员办理货币资金业务或直接接触货币资金。单位对于重要货币资金支付业务，应当实行集体决策和审批，并建立责任追究制度，防范贪污、侵占、挪用货币资金等行为。

（四）按照规定程序办理货币资金支付业务

1. 支付申请。单位有关部门或个人用款时，应当提前向审批人提交货币资金支付申请，注明款项的用途、金额、预算、支付方式等内容，并附有效经济合同或相关证明。

2. 支付审批。审批人根据其职责、权限和相应程序对支付申请进行审批。对不符合规定

的货币资金支付申请，审批人应当拒绝批准。

3. 支付复核。复核人应当对批准后的货币资金支付申请进行复核，复核货币资金支付申请的批准范围、权限、程序是否正确，手续及相关单证是否齐备，金额计算是否准确，支付方式、支付单位是否妥当等。复核无误后，交由出纳人员办理支付手续。

4. 办理支付。出纳人员应当根据复核无误的支付申请，按规定办理货币资金支付手续，及时登记现金和银行存款日记账。

六、现金管理的其他规定

1. 开户单位在销售活动中，不得对现金结算给予比转账结算优惠的待遇；不得拒收支票、银行汇票和银行本票。转账凭证在经济往来中具有同现金相同的支付能力。

2. 一个单位在几家银行开户的，由一家开户银行负责现金管理工作（一个单位只能在一家银行开立一个基本存款账户办理现金收支，一般存款账户不得办理现金支付）。

第三节　银行结算账户

中国人民银行于2003年4月10日公布了《人民币银行结算账户管理办法》（以下简称《账户管理办法》），2005年1月19日中国人民银行又发布了《人民币银行结算账户管理办法实施细则》，对人民币银行结算账户的开立、使用和管理，做出了规定。

一、银行结算账户的概念

人民币银行结算账户是指银行为存款人开立的办理资金收付结算的人民币活期存款账户。

"存款人"，是指在中国境内开立银行结算账户的机关、团体、部队、企业、事业单位、其他组织（以下统称单位）、个体工商户和自然人。

"银行"，是指在中国境内经中国人民银行批准经营支付结算业务的银行业金融机构，如政策性银行、商业银行（含外资独资银行、中外合资银行、外国银行分行）、城市信用合作社、农村信用合作社。中国人民银行是银行结算账户的监督管理部门。

银行结算账户具有下列特点：

1. 办理人民币业务。这与外币存款账户不同，外币存款账户办理的是外币业务，其开立和使用应遵守国家外汇管理局的有关规定。

2. 办理资金收付结算业务。这与储蓄账户不同，储蓄的基本功能是存取本金和支取利息，储蓄账户不具有办理资金收付结算的功能，其开立和使用应遵守《储蓄管理条例》的规定。

3. 是活期存款账户。这与单位定期存款账户不同，单位定期存款账户不具有结算功能，该类账户的开立和使用应遵守《人民币单位存款管理办法》的规定。

二、银行结算账户的种类

(一)单位银行结算账户和个人银行结算账户

银行结算账户按存款人不同，分为单位银行结算账户和个人银行结算账户。

存款人以单位名称开立的银行结算账户称为单位银行结算账户。“单位”，包括机关、团体、部队、企业、事业单位和其他组织等。个体工商户凭营业执照以字号或经营者姓名开立的银行结算账户纳入单位银行结算账户管理。

存款人凭个人身份证件以自然人名称开立的银行结算账户称为个人银行结算账户。“个人”包括中国公民(含香港、澳门、台湾地区居民)和外国公民。个人因投资、消费使用各种支付工具，包括借记卡、信用卡在银行开立的银行结算账户，纳入个人银行结算账户管理。邮政储蓄机构办理银行卡业务开立的账户纳入个人银行结算账户管理。

(二)基本存款账户、一般存款账户、专用存款账户、临时存款账户

单位银行结算账户按用途不同，分为基本存款账户、一般存款账户、专用存款账户、临时存款账户。

存款人开立基本存款账户、临时存款账户、预算单位开立专用存款账户(因注册验资和增资验资开立的除外)、以及合格境外机构投资者在境内从事证券投资开立的人民币特殊账户和人民币结算资金账户(以下简称“QFII 专用存款账户”)实行核准制度，经中国人民银行核准后由开户银行核发开户登记证。开户许可证是中国人民银行依法准予申请人在银行开立核准类银行结算账户的行政许可证件，是核准类银行结算账户合法性的有效证明。其他账户一般无须人民银行核准，只需在人民银行办理备案。

(三)本地银行结算账户和异地银行结算账户

银行结算账户还可以根据开户地的不同分为本地银行结算账户和异地银行结算账户。

本地银行结算账户是指存款人在注册地或住所地开立的银行结算账户;异地银行结算账户是指存款人根据规定的条件在异地(跨省、市、县)开立的银行结算账户。根据《账户管理办法实施细则》的有关解释，这里所指的“注册地”是指存款人的营业执照等开户证明文件上记载的住所地。

三、银行结算账户管理应当遵守的基本原则

(一)一个基本存款账户原则

单位结算账户的存款人只能在银行开立一个基本存款账户，不能多头开立基本存款账户。

(二)自主选择银行开立银行结算账户原则

存款人可以自主选择银行开立银行结算账户。除国家法律、行政法规和国务院规定外，任何单位和个人不得强令存款人到指定银行开立银行结算账户。

(三)守法合规原则

银行结算账户的开立和使用应当遵守法律、行政法规规定，不得利用银行结算账户进行偷逃税款、逃避债务、套取现金及其他违法犯罪活动。

(四)存款保密原则

银行应依法为存款人的银行结算账户信息保密。对单位银行结算账户和个人银行结算账户的存款和有关资料,除国家法律、行政法规另有规定外,银行有权拒绝任何单位或个人查询。

四、银行结算账户的开立、变更和撤销

存款人应在注册地或住所地开立银行结算账户。“注册地”是指存款人的营业执照等开户证明文件上记载的住所地。符合异地(跨省、市、县)开户条件的,也可以在异地开立银行结算账户。

(一)银行结算账户的开立

1. 开立银行结算账户的一般程序

一般来说,存款人申请开立银行结算账户,应按如下程序办理:

存款人开立基本存款账户、临时存款账户和预算单位开立专用存款账户实行核准制度,经中国人民银行核准后由开户银行核发开户登记证,但存款人因注册验资需要开立的临时存款账户除外。开立一般存款账户、其他专用存款账户和个人银行结算账户实行备案制。

存款人应填制开户申请书,并将开立账户所需要的证明材料和盖有存款人印章的印鉴卡片送交开户银行。银行与存款人须签订银行结算账户管理协议,明确双方的权利和义务。由开户银行对申请人的资格条件、所提供的证明材料的进行审查,开户银行审查后符合开立账户条件的,应办理开户手续,并于开立之日起5个工作日向中国人民银行当地分支行备案;需要核准的,应及时报送人民银行核准,人民银行应于2个工作日内,对开户行报送的核准类银行结算账户的开户资料的合规性以及存款人开立基本存款账户的惟一性进行审核,符合开户条件的,予以核准,发放基本(临时或专用)账户许可证,不符合开户条件的,应在开户申请书上签署意见,连同有关证明文件一并退回报送银行。银行应建立存款人预留签章卡片,并将签章式样和有关证明文件的原件或复印件留存归档。

银行为存款人开立一般存款账户、专用存款账户和临时存款账户的,应自开户之日起3个工作日内书面通知基本存款账户开户银行。

存款人开立单位银行结算账户,自正式开立之日起3个工作日后,方可使用该账户办理付款业务。但注册验资的临时存款账户转为基本存款账户和因借款转存开立的一般存款账户除外。所称“正式开立之日”具体是指:对于核准类银行结算账户,“正式开立之日”为中国人民银行当地分支行的核准日期;对于非核准类单位银行结算账户,“正式开立之日”为银行为存款人办理开户手续的日期。当存款人在同一银行营业机构撤销银行结算账户后重新开立银行结算账户时,重新开立的银行结算账户可自开立之日起办理付款业务。

2. 开立银行结算账户应当注意的问题

(1)存款人的预留签章。存款人为单位的,其预留签章为该单位的公章或财务专用章加其法定代表人(单位负责人)或其授权的代理人的签名或者盖章。存款人为个人的,其预留签章为该个人的签名或者盖章。

(2)名称的一致性。存款人在申请开立单位银行结算账户时,其申请开立的银行结算账户的账户名称、出具的开户证明文件上记载的存款人名称以及预留银行签章中公章或财务专

用章的名称应保持一致，但下列情形除外：一是，因注册验资开立的临时存款账户，其账户名称为工商行政管理部门核发的“企业名称预先核准通知书”或政府有关部门批文中注明的名称，其预留银行签章中公章或财务专用章的名称应是存款人与银行在银行结算账户管理协议中约定的出资人名称；二是，预留银行签章中公章或财务专用章的名称依法可使用简称的，账户名称应与其保持一致；三是，没有字号的个体工商户开立的银行结算账户，其预留签章中公章或财务专用章应是个体户字样加营业执照上载明的经营者的签字或盖章。

（二）银行结算账户的变更

银行结算账户的变更是指存款人的账户名称、单位的法定代表人或主要负责人、住址及其他信息资料发生变化或改变。银行结算账户发生变更的，应当办理相关的变更手续。

银行结算账户的存款人更改名称，但不改变开户银行及账号的，应于5个工作日内向开户银行提出银行结算账户的变更申请，并出具有关部门的证明文件。

单位的法定代表人或主要负责人、住址以及其他开户资料发生变更时，应于5个工作日内书面通知开户银行并提供有关证明。

银行接到存款人的变更通知后，应及时办理变更手续，并于2个工作日内向中国人民银行报告。

（三）银行结算账户的撤销

银行结算账户的撤销是指存款人因开户资格或其他原因终止银行结算账户使用的行为。

1. 撤销银行结算账户的事由

下列情形之一的，存款人应向开户银行提出撤销银行结算账户的申请：

（1）被撤并、解散、宣告破产或关闭的；

（2）注销、被吊销营业执照的；

（3）因迁址需要变更开户银行的；

（4）其他原因需要撤销银行结算账户的。

2. 银行结算账户撤销的手续

（1）存款人主体资格终止后，银行结算账户撤销手续的办理。存款人被撤并、解散、宣告破产或关闭的或是注销、被吊销营业执照的，应于5个工作日内向开户银行提出撤销银行结算账户的申请。

存款人申请撤销基本存款账户的，存款人基本存款账户的开户银行应自撤销银行结算账户之日起2个工作日内将撤销该基本存款账户的情况说明书面通知该存款人其他银行结算账户的开户银行；存款人其他银行结算账户的开户银行应自收到通知之日起2个工作日内通知存款人撤销有关银行结算账户；存款人应自收到通知之日起3个工作日内办理其他银行结算账户的撤销。

存款人主体资格终止后，撤销银行结算账户的，应当先撤销一般存款账户、专用存款账户、临时存款账户，将账户资金转入基本存款账户后，方可办理基本存款账户的撤销。

（2）因地址变更或者其他原因需要变更开户银行，银行结算账户撤销手续的办理。银行在收到存款人撤销银行结算账户的申请后，对于符合销户条件的，应当在2个工作日内办理撤销手续。存款人需要重新开立基本存款账户的，存款人在申请重新开立基本存款账户时，除应根据前述开立基本存款账户的规定出具相关证明文件外，还应当出具“已开立银行结算账户清单”。

3. 办理银行结算账户撤销手续应当注意的事项

(1)未获得工商行政管理部门核准登记的单位，在验资期满后，应向银行申请撤销注册验资临时存款账户，其账户资金应退还给原汇款人账户。注册验资资金以现金方式存入，出资人提取现金的，应出具缴存现金时的现金缴款原件及其有效身份证件。

(2)存款人尚未清偿其开户银行债务的，不得申请撤销该账户。

(3)存款人撤销银行结算账户，必须与开户银行核对银行结算账户存款余额，交回各种重要空白票据及结算凭证和开户登记证，银行核对无误后方可办理销户手续。存款人未按规定交回各种重要空白票据及结算凭证的，应出具有关证明，造成损失的，由其自行承担。

(4)银行对一年未发生收付活动且未欠开户银行债务的单位银行结算账户，应通知单位自发出通知之日起30日内办理销户手续，逾期视同自愿销户，未划转款项列入久悬未取专户管理。

五、基本存款账户

(一)基本存款账户的概念及使用范围

基本存款账户是指存款人办理日常转账结算和现金收付而开立的银行结算账户，是存款人的主办账户。

存款人日常经营活动的资金收付及其工资、奖金和现金的支取，应通过基本存款账户办理。

(二)基本存款账户开户要求

1. 开立基本存款账户的存款人资格

下列存款人，可以申请开立基本存款账户：

(1)企业法人；

(2)非法人企业；

(3)机关、事业单位；

(4)团级(含)以上军队、武警部队及分散值勤的支(分)队；

(5)社会团体；

(6)民办非企业组织；

(7)异地常设机构；

(8)外国驻华机构；

(9)个体工商户；

(10)居民委员会、村民委员会、社区委员会；

(11)单位设立的独立核算的附属机构；

(12)其他组织。

凡是具有民事权利能力和民事行为能力，并依法独立享有民事权利和承担民事义务的法人和其他组织，均可以开立基本存款账户。另外，有些单位虽然不是法人组织，但具有独立核算资格，有自主办理资金结算的需要，包括非法人企业(如具有营业执照的企业集团下属的分公司)，外国驻华机构、个体工商户、单位设立的独立核算的附属机构(单位附属独立核算的食堂、招待所、幼儿园）等，也可以开立基本存款账户。

2. 开立基本存款账户所需的证明文件

（1）企业法人，应出具企业法人营业执照正本。

（2）非法人企业，应出具企业营业执照正本。

（3）机关和实行预算管理的事业单位，应出具政府人事部门或编制委员会的批文或登记证书和财政部门同意其开户的证明；非预算管理的事业单位，应出具政府人事部门或编制委员会的批文或登记证书。

（4）军队、武警团级（含）以上单位以及分散值勤的支（分）队，应出具军队军级以上单位财务部门、武警总队财务部门的开户证明。

（5）社会团体，应出具社会团体登记证书，宗教组织还应出具宗教事务管理部门的批文或证明。

（6）民办非企业组织，应出具民办非企业登记证书。

（7）外地常设机构，应出具其驻在地政府主管部门的批文。

（8）外国驻华机构，应出具国家有关主管部门的批文或证明；外资企业驻华代表处、办事处应出具国家登记机关颁发的登记证。

（9）个体工商户，应出具个体工商户营业执照正本。

（10）居民委员会、村民委员会、社区委员会，应出具其主管部门的批文或证明。

（11）独立核算的附属机构，应出具其主管部门的基本存款账户开户登记证和批文。

（12）其他组织，应出具政府主管部门的批文或证明。

如果上述存款人为从事生产、经营活动纳税人的，还应出具税务部门颁发的税务登记证。如果存款人为从事生产、经营活动的纳税人，根据国家有关规定无法取得税务登记证的，在申请开立基本存款账户时可不出具税务登记证。

六、一般存款账户

（一）一般存款账户的概念

一般存款账户是指存款人因借款或其他结算需要，在基本存款账户开户银行以外的银行营业机构开立的银行结算账户。

（二）一般存款账户的使用范围

一般存款账户主要用于办理存款人借款转存、借款归还和其他结算的资金收付。一般存款账户可以办理现金缴存，但不得办理现金支取。

（三）一般存款账户的开户要求

1. 开立一般存款账户的存款人资格

开立基本存款账户的存款人都可以开立一般存款账户。根据规定，只要存款人具有借款或其他结算需要，都可以申请开立一般存款账户，且没有数量限制。

2. 开立一般存款账户所需的证明文件

开立一般存款账户应按照规定的程序办理并提交有关证明文件。存款人申请开立一般存款账户，应向银行出具其开立基本存款账户规定的证明文件、基本存款账户开户登记证和下列证明文件：

(1)存款人因向银行借款需要，应出具借款合同。

(2)存款人因其他结算需要，应出具有关证明。

七、专用存款账户

(一)专用存款账户的概念

专用存款账户是指存款人按照法律、行政法规和规章，对有特定用途资金进行专项管理和使用而开立的银行结算账户。

(二)专用存款账户的使用范围

专用存款账户用于办理各项专用资金的收付。开立专用存款账户的目的是保证特定用途的资金专款专用，并有利于监督管理。只有法律、行政法规和规章规定要专户存储和使用的资金，才纳入专用存款账户管理。合格境外机构投资者在境内从事证券投资开立的人民币特殊账户和人民币结算资金账户纳入专用存款账户管理。

根据《人民币银行结算账户管理办法》的规定，对下列资金的管理与使用，存款人可以申请开立专用存款账户：

1. 基本建设资金；
2. 更新改造资金；
3. 财政预算外资金；
4. 粮、棉、油收购资金；
5. 证券交易结算资金；
6. 期货交易保证金；
7. 信托基金；
8. 金融机构存放同业资金；
9. 政策性房地产开发资金；
10. 单位银行卡备用金；
11. 住房基金；
12. 社会保障基金；
13. 收入汇缴资金和业务支出资金；
14. 党、团、工会设在单位的组织机构经费；
15. 其他需要专项管理和使用的资金。

上述“收入汇缴资金和业务支出资金”，是指基本存款账户存款人附属的非独立核算单位或派出机构发生的收入和支出的资金。因收入汇缴资金和业务支出资金开立的专用存款账户，应使用隶属单位的名称。

针对不同的专用资金，国家规定了专用存款账户的不同使用要求：

1. 单位银行卡账户的资金必须由其基本存款账户转账存入。该账户不得办理现金收付业务。

2. 财政预算外资金、证券交易结算资金、期货交易保证金和信托基金专用存款账户不得支取现金。

3. 基本建设资金、更新改造资金、政策性房地产开发资金、金融机构存放同业资金账户需要支取现金的，应在开户时报中国人民银行当地分支行批准。中国人民银行当地分支行应根据国家现金管理的规定审查批准。

4. 粮、棉、油收购资金、社会保障基金、住房基金和党、团、工会经费等专用存款账户支取现金应按照国家现金管理的规定办理。

5. 收入汇缴账户除向其基本存款账户或预算外资金财政专用存款户划缴款项外，只收不付，不得支取现金。业务支出账户除从其基本存款账户拨入款项外，只付不收，其现金支取必须按照国家现金管理的规定办理。

(三)专用存款账户的开户要求

根据《账户管理办法》的规定，存款人申请开立专用存款账户，应向银行出具其开立基本存款账户规定的证明文件、基本存款账户开户登记证和下列证明文件：

1. 基本建设资金、更新改造资金、政策性房地产开发资金、住房基金、社会保障基金，应出具主管部门批文。

2. 财政预算外资金，应出具财政部门的证明。

3. 粮、棉、油收购资金，应出具主管部门批文。

4. 单位银行卡备用金，应按照中国人民银行批准的银行卡章程的规定出具有关证明和资料。

5. 证券交易结算资金，应出具证券公司或证券管理部门的证明。

6. 期货交易保证金，应出具期货公司或期货管理部门的证明。

7. 金融机构存放同业资金，应出具其证明。

8. 收入汇缴资金和业务支出资金，应出具基本存款账户存款人有关的证明。

9. 党、团、工会设在单位的组织机构经费，应出具该单位或有关部门的批文或证明。

10. 其他按规定需要专项管理和使用的资金，应出具有关法规、规章或政府部门的有关文件。

(四)开立专用存款账户的程序

根据《账户管理办法》的规定，存款人申请开立专用存款账户时，应填制开户申请书，提供规定的证明文件；银行应对存款人的开户申请书填写的事项和证明文件的真实性、完整性、合规性进行认真审查；如果专用存款账户属于预算单位专用存款账户的，银行应将存款人的开户申请书、相关的证明文件和银行审核意见等开户资料报送中国人民银行当地分支行，经其对申报资料进行合规性审查，并核准后办理开户手续，该核准程序与基本存款账户的核准程序相同；如果属于预算单位专用存款账户之外的其他专用存款账户的，银行应办理开户手续，并于开户之日起5个工作日内向中国人民银行当地分支行备案。银行办理专用存款账户开户，并自开立专用存款账户之日起3个工作日内书面通知基本存款账户开户银行。

八、临时存款账户

(一)临时存款账户的概念

临时存款账户是指存款人因临时需要并在规定期限内使用而开立的银行结算账户。存款人有设立临时机构、异地临时经营活动、注册验资情况的，可以申请开立临时存款账户。

(二)临时存款账户的使用范围

临时存款账户是指存款人因临时需要并在规定期限内使用而开立的银行结算账户。临时存款账户用于办理临时机构以及存款人临时经营活动发生的资金收付。

根据《账户管理办法》的规定，存款人有下列情况的，可以申请开立临时存款账户：

1. 设立临时机构，例如设立工程指挥部、筹备领导小组、摄制组等；

2. 异地临时经营活动，例如建筑施工及安装单位等在异地的临时经营活动；

3. 注册验资；

4. 境外(含港澳台地区)机构在境内从事经营活动等。

存款人为临时机构的，只能在其驻地开立一个临时存款账户，不得开立其他银行结算账户；存款人在异地从事临时活动的，只能在其临时活动地开立一个临时存款账户；建筑施工及安装单位在异地同时承建多个项目的，可以根据建筑施工及安装合同开立不超过项目合同个数的临时存款账户。

(三)临时存款账户开户要求

根据《账户管理办法》的规定，存款人申请开立临时存款账户，应向银行出具下列证明文件：

1. 临时机构，应出具其驻在地主管部门同意设立临时机构的批文。

2. 异地建筑施工及安装单位，应出具其营业执照正本或其隶属单位的营业执照正本，以及施工及安装地建设主管部门核发的许可证或建筑施工及安装合同。

3. 异地从事临时经营活动的单位，应出具其营业执照正本以及临时经营地工商行政管理部门的批文。

4. 注册验资资金，应出具工商行政管理部门核发的企业名称预先核准通知书或有关部门的批文。

上述第2、3项，存款人还应出具其基本存款账户开户登记证。

(四)临时存款账户使用中应注意的问题

临时存款账户应根据有关开户证明文件确定的期限或存款人的需要确定其有效期限。存款人在账户的使用中需要延长期限的，应在有效期限内向开户银行提出申请，并由开户银行报中国人民银行当地分支行核准后办理展期，并由该分支行收回原临时存款账户开户许可证，颁发新的临时存款账户开户许可证。中国人民银行当地分支行不核准展期申请的，存款人应当及时办理该临时存款账户的撤销手续。

临时存款账户的有效期最长不得超过2年。

临时存款账户支取现金，应按照国家现金管理的规定办理。

注册验资的临时存款账户在验资期间只收不付，注册验资资金的汇缴人应与出资人的名称一致。增资验资临时存款账户的使用和撤销比照注册验资开立的临时存款账户管理。

九、个人银行结算账户

(一)个人银行结算账户的概念

个人银行结算账户是自然人因投资、消费、结算等而开立的可办理支付结算业务的存款账户。有下列情况的，可以申请开立个人银行结算账户：使用支票、信用卡等信用支付工具的；

办理汇兑、定期借记、定期贷记、借记卡等结算业务的。

定期借记支付业务，是指收款行依据当事各方事先签订的协议，定期向指定付款行发起的批量收款业务。包括下列业务种类：

1. 代收水、电、煤气、有线电视等公用事业费业务；

2. 国库批量扣税业务；

3. 中国人民银行规定的其他定期借记支付业务。

定期贷记支付业务，是指付款行依据当事各方事先签订的协议，定期向指定收款行发起的批量付款业务。包括下列业务种类：

1. 代付工资业务；

2. 代付保险金、养老金业务；

3. 中国人民银行规定的其他定期贷记支付业务。

自然人可根据需要申请开立个人银行结算账户，也可以在已开立的储蓄账户中选择并向开户银行申请确认为个人银行结算账户。邮政储蓄机构办理银行卡业务开立的账户纳入个人银行结算账户管理。

（二）个人银行结算账户的使用范围

个人银行结算账户用于办理个人转账收付和现金存取。储蓄账户仅限于办理现金存取业务，不得办理转账结算。

下列款项可以转入个人银行结算账户：

1. 工资、奖金收入；

2. 稿费、演出费等劳务收入；

3. 债券、期货、信托等投资的本金和收益；

4. 个人债权或产权转让收益；

5. 个人贷款转存；

6. 证券交易结算资金和期货交易保证金；

7. 继承、赠与款项；

8. 保险理赔、保费退还等款项；

9. 纳税退还；

10. 农、副、矿产品销售收入；

11. 其他合法款项。

（三）个人银行结算账户开户要求

根据《账户管理办法》的有关规定，存款人申请开立个人银行结算账户，应向银行出具下列证明文件：

1. 中国居民，应出具居民身份证或临时身份证或户口簿或护照。

2. 中国人民解放军军人，应出具军人身份证件。

3. 中国人民武装警察，应出具武警身份证件。

4. 军队（武装警察）离退休干部以及在解放军军事院校学习的现役军人，可出具离休干部荣誉证、军官退休证、文职干部退休证或军事院校学员证。

5. 香港、澳门居民，应出具港澳居民往来内地通行证；台湾居民，应出具台湾居民来往大陆通行证或者其他有效旅行证件。居住在境内或境外的中国籍的华侨，可出具中国护照。

6. 外国公民，应出具护照。获得在中国永久居留资格的外国人，可出具外国人永久居留证。

7. 外国边民在我国边境地区的银行开立个人银行账户，可出具所在国制发的《边民出入境通行证》。

8. 获得在中国永久居留资格的外国人，可出具外国人永久居留证。

(四)个人银行结算账户使用的注意事项

1. 单位从其银行结算账户支付给个人银行结算账户的款项，每笔超过5万元的，应向其开户银行提供下列付款依据：

(1)代发工资协议和收款人清单；

(2)奖励证明；

(3)新闻出版、演出主办等单位与收款人签订的劳务合同或支付给个人款项的证明；

(4)证券公司、期货公司、信托投资公司、奖券发行或承销部门支付或退还给自然人款项的证明；

(5)债权或产权转让协议；

(6)借款合同；

(7)保险公司的证明；

(8)税收征管部门的证明；

(9)农、副、矿产品购销合同；

(10)其他合法款项的证明。

但在2007年5月1日，中国人民银行发布的《中国人民银行关于改进个人支付结算服务的通知》，简化了上述从单位银行结算账户向个人银行结算账户支付款项的处理手续。规定从单位银行结算账户向个人银行结算账户支付款项单笔超过5万元人民币时，付款单位若在付款用途栏或备注栏注明事由，可不再另行出具付款依据，但付款单位应对支付款项事由的真实性、合法性负责。

2. 从单位银行结算账户支付给个人银行结算账户的款项应纳税的，税收代扣单位付款时应向其开户银行提供完税证明。

3. 个人持出票人为单位的支票向开户银行委托收款，将款项转入其个人银行结算账户的或者个人持申请人为单位的银行汇票和银行本票向开户银行提示付款，将款项转入其个人银行结算账户的，个人应当提供前述有关收款依据。

4. 个人持出票人(或申请人)为单位，且一手或多手背书人为单位的支票、银行汇票或银行本票，向开户银行提示付款并将款项转入其个人银行结算账户的，应当提供最后一手背书人为单位且被背书人为个人的收款依据。

5. 单位银行结算账户支付给个人银行结算账户款项的，银行应按有关规定，认真审查付款依据或收款依据的原件，并留存复印件，按会计档案保管。未提供相关依据或相关依据不符合规定的银行应拒绝办理。

十、异地银行结算账户

(一)异地银行结算账户的概念

异地银行结算账户是指存款人符合法定条件，根据需要在异地开立的银行结算账户。

《账户管理办法》突破了账户只能属地开立、属地管理的原则，规定单位或个人只要符合相关条件，均可根据需要在异地开立相应的银行结算账户。

(二)异地银行结算账户的使用范围

存款人有下列情形之一的，可以在异地开立有关银行结算账户：

1. 营业执照注册地与经营地不在同一行政区域(跨省、市、县)，需要开立基本存款账户的；

2. 办理异地借款和其他结算需要开立一般存款账户的；

3. 存款人因附属的非独立核算单位或派出机构发生的收入汇缴或业务支出需要开立专用存款账户的；

4. 异地临时经营活动需要开立临时存款账户的；

5. 自然人根据需要在异地开立个人银行结算账户的。

(三)异地银行结算账户开户要求

存款人需要在异地开立单位银行结算账户，根据开立存款账户的种类不同，除出具开立基本存款账户、一般存款账户、专用存款账户和临时存款账户规定的有关证明文件外，还应出具下列相应的证明文件：

1. 经营地与注册地不在同一行政区域的存款人，在异地开立基本存款账户的，应出具注册地中国人民银行分支行的未开立基本存款账户的证明。

2. 异地借款的存款人在异地开立一般存款账户的，应出具在异地取得贷款的借款合同。

3. 因经营需要在异地办理收入汇缴和业务支出的存款人，在异地开立专用存款账户的，应出具隶属单位的证明。

其中，属于第2、3种情况的，还应出具其基本存款账户开户登记证。

存款人需要在异地开立个人银行结算账户，应出具上述开立个人银行结算账户规定的证明文件。

十一、银行结算账户的管理

根据《账户管理办法》和《账户管理办法实施细则》的规定，银行结算账户的管理包括以下内容：

(一)中国人民银行的管理

中国人民银行是银行结算账户的监督管理部门，其对银行结算账户的管理主要有以下内容：

1. 负责监督、检查银行结算账户的开立、使用、变更和撤销，并实施监控和管理。中国人民银行当地分支行通过账户管理系统与支付系统、同城票据交换系统等系统的连接，实现相关银行结算账户信息的比对，依法监测和查处未经中国人民银行核准或未向中国人民银行备案的银行结算账户。

2. 负责基本存款账户、临时存款账户和预算单位专用存款账户开户登记证的管理。中国人民银行应将开户许可证作为重要空白凭证进行管理，建立健全开户许可证的印制、保管、领用、颁发、收缴和销毁制度。任何单位及个人不得伪造、变造及私自印制开户许可证。

3. 对存款人、银行违反银行结算账户管理规定的行为予以处罚。

（二）银行的管理

这里的银行是指开户银行。银行对银行结算账户的管理主要包括：

1. 负责所属营业机构银行结算账户开立和使用的管理，监督和检查其执行《账户管理办法》的情况，纠正违规开立和使用银行结算账户的行为。

2. 银行应明确专人负责银行结算账户的开立、使用和撤销的审查和管理，负责对存款人开户申请资料的审查，并按照本办法的规定及时报送存款人开销户信息资料，建立健全开销户登记制度，建立银行结算账户管理档案，按会计档案进行管理。银行结算账户管理档案的保管期限为银行结算账户撤销后10年。

3. 应对已开立的单位银行结算账户实行年检制度，检查开立的银行结算账户的合规性，核实开户资料的真实性；对不符合本办法规定开立的单位银行结算账户，应予以撤销。对经核实的各类银行结算账户的资料变动情况，应及时报告中国人民银行当地分支行。

4. 银行应对存款人使用银行结算账户的情况进行监督，对存款人的可疑支付应按照中国人民银行规定的程序及时报告。

（三）存款人的管理

1. 存款人应加强对预留银行签章的管理。单位遗失预留公章或财务专用章的，应向开户银行出具书面申请、开户登记证、营业执照等相关证明文件；更换预留公章或财务专用章时，应向开户银行出具书面申请、原预留签章的式样等相关证明文件。个人遗失或更换预留个人印章或更换签字人时，应向开户银行出具经签名确认的书面申请，以及原预留印章或签字人的个人身份证件。银行应留存相应的复印件，并凭以办理预留银行签章的变更。

2. 存款人应加强对开户许可证的管理。存款人的开户许可证遗失或毁损时，存款人应填写“补（换）发开户许可证申请书”，并加盖单位公章，比照有关开立银行结算账户的规定，通过开户银行向中国人民银行当地分支行提出补（换）发开户许可证的申请。申请换发开户许可证的，存款人应缴回原开户许可证。

3. 存款人应妥善保管其密码。存款人在收到开户银行转交的初始密码之后，应到中国人民银行当地分支行或基本存款账户开户银行办理密码变更手续。存款人遗失密码的，应持其开户时需要出具的证明文件和基本存款账户开户许可证到中国人民银行当地分支行申请重置密码。

十二、违反银行账户结算管理制度的罚则

根据《账户管理办法》的规定，违反银行结算账户管理制度的处罚包括以下内容：

（一）存款人违反账户管理制度的处罚

1. 存款人在开立、撤销银行结算账户过程中，有下列行为之一的，对于非经营性的存款人，给予警告并处以1000元的罚款；对于经营性的存款人，给予警告并处以1万元以上3万元以下的罚款；构成犯罪的，移交司法机关依法追究刑事责任：

（1）违反规定开立银行结算账户；

（2）伪造、变造证明文件欺骗银行开立银行结算账户；

（3）违反规定不及时撤销银行结算账户。

2. 存款人在使用银行结算账户过程中，有下列行为之一的，对于非经营性的存款人，给

予警告并处以1000元罚款；对于经营性的存款人，给予警告并处以5000元以上3万元以下的罚款：

(1)违反本办法规定将单位款项转入个人银行结算账户；

(2)违反本办法规定支取现金；

(3)利用开立银行结算账户逃废银行债务；

(4)出租、出借银行结算账户；

(5)从基本存款账户之外的银行结算账户转账存入、将销货收入存入或现金存入单位信用卡账户。

3. 存款人的法定代表人或主要负责人、存款人地址以及其他开户资料的变更事项未在规定期限内通知银行的，给予警告并处以1000元的罚款。

4. 存款人违反规定，伪造、变造、私自印制开户登记证的，属非经营性的处以1000元罚款；属经营性的处以1万元以上3万元以下的罚款；构成犯罪的，移交司法机关依法追究刑事责任。

(二)银行及其有关人员违反账户管理制度的处罚

1. 银行在银行结算账户的开立过程中，有下列行为之一的，给予警告，并处以5万元以上30万元以下的罚款；对该银行直接负责的高级管理人员、其他直接负责的主管人员、直接责任人员按规定给予纪律处分；情节严重的，中国人民银行有权停止对其开立基本存款账户的核准，责令该银行停业整顿或者吊销经营金融业务许可证；构成犯罪的，移交司法机关依法追究刑事责任。

(1)违反本办法规定为存款人多头开立银行结算账户。

(2)明知或应知是单位资金，而允许以自然人名称开立账户存储。

2. 银行在银行结算账户的使用中，有下列所列行为之一的，给予警告，并处以5000元以上3万元以下的罚款；对该银行直接负责的高级管理人员、其他直接负责的主管人员、直接责任人员按规定给予纪律处分；情节严重的，中国人民银行有权停止对其开立基本存款账户的核准，构成犯罪的，移交司法机关依法追究刑事责任。

(1)提供虚假开户申请资料欺骗中国人民银行许可开立基本存款账户、临时存款账户、预算单位专用存款账户。

(2)开立或撤销单位银行结算账户，未按规定在其基本存款账户开户登记证上予以登记、签章或通知相关开户银行。

(3)违反规定办理个人银行结算账户转账结算。

(4)为储蓄账户办理转账结算。

(5)违反规定为存款人支付现金或办理现金存入。

(6)超过期限或未向中国人民银行报送账户开立、变更、撤销等资料。

第四节 票据结算方式

一、票据概述

(一)票据的概念与种类

根据我国《票据法》的规定，票据是指出票人依法签发的，约定自己或委托付款人在见票时或指定的日期向收款人或持票人无条件支付一定金额并可转让的有价证券，包括汇票、本票和支票。

(二)票据的功能

1. 支付功能。即票据可以充当支付工具，代替现金使用。对于当事人而言，用票据支付可以消除现金携带的不便，克服点钞的麻烦，节省计算现金的时间。

2. 汇兑功能。即票据可以代替货币在不同的地方之间运送，方便异地之间的支付。

3. 信用功能。即票据当事人可以凭借自己的信誉，将未来才能获得的金钱作为现在的金钱来用。

4. 结算功能。即债务抵销功能。简单的结算是互有债务的双方当事人各签发一张本票，待两张本票都到到期日可以相互抵销债务。若有差额，由一方以现金支付。

5. 融资功能。即融通资金或调度资金。票据的融资功能是通过票据的贴现、转贴现和再贴现实现的。

(三)票据当事人

票据当事人是指在票据法律关系中，享有票据权利、承担票据义务的主体。

票据当事人分为基本当事人和非基本当事人。票据基本当事人，是指在票据作成和交付时就已经存在的当事人，包括出票人、付款人和收款人三种。汇票和支票的基本当事人有出票人、付款人与收款人；本票的基本当事人有出票人与收款人。基本当事人不存在或不完全，票据上的法律关系就不能成立，票据就无效。非基本当事人，是指在票据作成并交付后，通过一定的票据行为加入票据关系而享有一定权利、义务的当事人，包括承兑人、背书人、被背书人、保证人等。

1. 基本当事人

(1)出票人。是指依法定方式签发票据并将票据交付给收款人的人。

(2)收款人。是指票据正面记载的到期后有权收取票据所载金额的人。

(3)付款人。是指由出票人委托付款或自行承担付款责任的人。

2. 非基本当事人

(1)承兑人。是指接受汇票出票人的付款委托，同意承担支付票款义务的人，他是汇票主债务人。

(2)背书人与被背书人。背书人是指在转让票据时，在票据背面或粘单上签字或盖章，并将该票据交付给受让人的票据收款人或持有人。被背书人是指被记名受让票据或接受票据转让的人。

(3)保证人。是指为票据债务提供担保的人，由票据债务人以外的第三人担当。保证人在被保证人不能履行票据付款责任时，以自己的金钱履行票据付款义务，然后取得持票人的权利，向票据债务人追索。

(四)票据权利与责任

1. 票据权利

票据权利是指票据持票人向票据债务人请求支付票据金额的权利，包括付款请求权和追索权。

付款请求权是指持票人向汇票的承兑人、本票的出票人、支票的付款人出示票据要求付款的权利，是第一顺序权利。行使付款请求权的持票人可以是票据记载的收款人或最后的被背书人。

票据追索权是指票据当事人行使付款请求权遭到拒绝或有其他法定原因存在时，向其前手请求偿还票据金额及其他法定费用的权利，是第二顺序权利。行使追索权的当事人除票据记载的收款人和最后的被背书人外，还可能是代为清偿票据债务的保证人、背书人。

2. 票据责任

票据责任是指票据债务人向持票人支付票据金额的责任。它是基于债务人特定的票据行为(出票、背书、承兑等)而应承担的义务，主要包括付款义务和偿还义务。

实务中，票据债务人承担票据义务一般有四种情况：

(1)汇票承兑人因承兑而应承担付款义务；

(2)本票出票人因出票而承担自己付款的义务；

(3)支票付款人在与出票人有资金关系时承担付款义务；

(4)汇票、本票、支票的背书人，汇票、支票的出票人、保证人，在票据不获承兑或不获付款时的付款清偿义务。

(五)票据行为

票据行为是指能够产生票据权利与义务关系的法律行为。我国《票据法》规定的票据行为则是指票据当事人以发生票据债务为目的的、以在票据上签名或盖章为权利义务成立要件的法律行为，包括出票、背书、承兑和保证四种。其中：

1. 出票是指出票人签发票据并将其交付给收款人的行为。

2. 背书是指持票人为将票据权利转让给他人或者将一定的票据权利授予他人行使，而在票据背面或者粘单上记载有关事项并签章的行为；背书转让的票据，背书应当连续，即在背书转让中，第二次背书的背书人为第一次背书的被背书人。

3. 承兑是指汇票付款人承诺在汇票到期日支付汇票金额并签章的行为；承兑这一行为仅适用于商业汇票。

4. 保证是指票据债务人以外的人，为担保特定债务人履行票据债务而在票据上记载有关事项并签章的行为。

签发、取得和转让票据，应当遵守诚实信用的原则，具有真实的交易关系和债权债务关系。票据的取得，必须给付对价，即应当给付票据双方当事人认可的相对应的代价。但也有例外的情形，即如果是因为税收、继承、赠与可以依法无偿取得票据的，则不受给付对价的限制，但是所享有的票据权利不得优于其前手的权利。

(六)票据签章

票据签章，是指票据有关当事人在票据上签名、盖章或签名加盖章的行为。票据签章是票据行为生效的重要条件，也是票据行为表现形式中必须记载的事项。如果票据缺少当事人的签章，可能导致票据无效或该项票据行为无效。根据《票据法》有关规定，出票人在票据上的签章不符合法律规定的，票据无效；背书人在票据上的签章不符合法律规定的，其签章无效，但不影响其前手符合规定签章的效力；承兑人、保证人在票据上的签章不符合法律规定的，其签章无效，但不影响其他符合规定签章的效力。

票据上的签章因票据行为的性质不同，签章当事人也不相同。票据签发时，由出票人签章；票据转让时，由背书人签章；票据承兑时，由承兑人签章；票据保证时，由保证人签章；持票人行使票据权利时，由持票人签章。

银行汇票的出票人在票据上的签章，应为经中国人民银行批准使用的该银行汇票专用章加其法定代表人或其授权经办人的签名或者盖章；银行承兑商业汇票、办理商业汇票转贴现、再贴现时的签章，应为经中国人民银行批准使用的该银行汇票专用章加其法定代表人或其授权经办人的签名或者盖章；银行本票的出票人在票据上的签章，应为经中国人民银行批准使用的该银行本票专用章加其法定代表人或其授权经办人的签名或者盖章；单位在票据上的签章，应为该单位的财务专用章或者公章加其法定代表人或其授权的代理人的签名或者盖章；个人在票据上的签章，应为该个人的签名或者盖章；支票的出票人和商业承兑汇票的承兑人在票据上的签章，应为其预留银行的签章。

(七)票据记载事项

票据记载事项是指依法在票据上记载票据相关内容的行为。票据记载事项可分为绝对记载事项、相对记载事项和任意记载事项等。

绝对记载事项是指《票据法》明文规定必须记载的，如不记载票据即为无效的事项。相对记载事项是指《票据法》规定应该记载而未记载，但适用法律的有关规定而不使票据失效的事项，如汇票上未记载付款日期的，为见票即付；汇票上未记载付款地的，付款人的营业场所、住所或经常居住地为付款地等即属于相对记载事项。任意记载事项是指《票据法》不强制当事人必须记载而允许当事人自行选择，不记载时不影响票据效力，记载时则产生票据效力的事项，如出票人在汇票记载“不得转让”字样的，汇票不得转让。

(八)票据权利丧失补救

票据丧失是指票据因灭失、遗失、被盗等原因而使票据权利人脱离其对票据的占有。票据丧失后，可以采取挂失止付、公示催告、普通诉讼三种形式进行补救。

挂失止付。挂失止付，是指失票人将丧失票据的情况通知付款人或代理付款人，由接受通知的付款人或代理付款人审查后暂停支付的一种方式。只有确定付款人或代理付款人的票据丧失时才可进行挂失止付，具体包括:已承兑的商业汇票、支票、填明“现金”字样和代理付款人的银行汇票以及填明“现金”字样的银行本票四种。挂失止付并不是票据丧失后采取的必经措施，而只是一种暂时的预防措施，最终要通过申请公示催告或提起普通诉讼来补救票据权利。

公示催告。公示催告是指在票据丧失后由失票人向人民法院提出申请，请求人民法院以公告方式通知不确定的利害关系人限期申报权利，逾期未申报者，则权利失效，而由法院通过除权判决宣告所丧失的票据无效的制度或程序。根据《票据法》的规定，失票人应当在通知挂失止付后的3日内，也可以在票据丧失后，依法向票据支付地人民法院申请公示催告，或者向人民法院提起诉讼。申请公示催告的主体必须是可以背书转让的票据的最后持票人，失票人不知道票据的下落，利害关系人也不明确。

普通诉讼。普通诉讼是指以失票人为原告，以承兑人或者出票人为被告，请求人民法院判决其向失票人付款的诉讼活动。如果与票据上的权利有利害关系的人是明确的，无须公示催告，可按一般的票据纠纷向法院提起诉讼。

(九)票据权利时效

《票据法》规定，票据权利在下列期限内不行使而消灭：

1. 持票人对票据的出票人和承兑人的权利自票据到期日起2年。见票即付的汇票、本票自出票日起2年。

2. 持票人对支票出票人的权利，自出票日起6个月。

3. 持票人对前手的追索权，在被拒绝承兑或者被拒绝付款之日起6个月。

4. 持票人对前手的再追索权，自清偿日或者被提起诉讼之日起3个月。

如果持票人因超票据权利时效或者因票据记载事项欠缺而丧失票据权利的，《票据法》为了保护持票人的合法权益，规定其仍享有民事权利，可以请求出票人或者承兑人返还其与未支付的票据款金额相当的利益。

二、支票

(一)支票的概念及适用范围

1. 概念

支票，是出票人签发的，委托办理支票存款业务的银行在见票时无条件支付确定的金额给收款人或者持票人的票据。

支票的基本当事人为出票人、付款人和收款人。支票是一种委付票据。支票的出票人，为在经中国人民银行当地分支行批准办理支票业务的银行机构开立可以使用支票的存款账户的单位和个人；付款人是出票人的开户银行；持票人是票面上填明的收款人，也可以是经背书转让的被背书人。支票与汇票、本票相比，有两个显著特点：一是以银行或者其他金融机构作为付款人；二是见票即付。

2. 适用范围

支票主要适用于单位和个人在同一票据交换区域的各种款项结算（注意，中国人民银行于2007年6月25日建成全国支票影像交换系统（以下简称影像交换系统），实现了支票在全国范围的互通使用，企事业单位和个人持任何一家银行的支票均可在境内所有地区办理支付）。同一票据交换区域是指收、付款人在同城或规定区域内，不在同一银行开户的企事业单位和个人之间办理资金清算，由开户银行将有关的结算票据持往指定的地点相互交换。通过这种交换，各家银行之间不必逐笔划转款项和单独传递票据，节省人力、缩短票据资金的在途时间。

支票没有金额限制，是目前结算交易量最大的结算工具。但出票人只能在账户可用余额以内签发支票，不能透支；用于支取现金的支票不能背书转让；国内目前不能签发远期支票，支票的提示付款期限为10日，银行在见票的当天将票款支付给收款人。

（二）支票的种类

支票分为现金支票、转账支票和普通支票：

现金支票。支票上印有“现金”字样的为现金支票。现金支票只能用于支取现金，不能用于转账。

转账支票。支票上印有“转账”字样的为转账支票。转账支票只能用于转账，不能支取现金。

普通支票。支票上未印有“现金”或“转账”字样的为普通支票。普通支票可以用于支取现金，也可以用于转账。在普通支票左上角划两条平行线的，为划线支票，划线支票只能用于转账，不得支取现金。

（三）支票的出票

1. 支票出票的概念及条件

支票的出票，是指出票人委托银行无条件向持票人支付一定金额的票据行为。签发支票并交付的行为即为支票的出票。

支票的出票人必须是在经中国人民银行当地分支行批准办理支票业务的银行机构开立可以使用支票的存款账户的单位和个人，应当具备一定的条件：

（1）开立支票存款账户，申请人必须使用其本名，并提交证明其身份的合法证件；

（2）开立支票存款账户和领用支票，应当有可靠的资金，并存入一定的资金；

（3）开立支票存款账户，申请人应当预留其本名的签名式样和印鉴。此规定主要在于保证支付支票票款的安全，保护支票权利义务各方当事人的合法权益。

2. 支票记载事项

（1）支票的绝对记载事项。签发支票必须记载下列事项，欠缺下列事项之一的，支票无效：一是表明“支票”的字样；二是无条件支付的委托；三是确定的金额；四是付款人名称；五是出票日期；六是出票人签章。

为了发挥支票灵活便利的特点，我国《票据法》和《支付结算办法》规定了支票的金额和收款人名称两个记载事项可以由出票人授权补记，未补记之前不得背书转让和提示付款。

此外，由于实践中存在出票人兼任收款人的情况，如单位签发支票向其开户银行领取现金，故《票据法》规定：“出票人可以在支票上记载自己为收款人。”这是一种例外性规定。

（2）支票的相对记载事项。支票的相对记载事项包括两项内容：一是付款地。支票上未记载付款地的，付款人的营业场所为付款地。二是出票地。支票上未记载出票地的，出票人的营业场所、住所或者经常居住地为出票地。

（3）支票的非法定记载事项。支票上可以记载非法定记载事项，但此事项并不发生支票上的效力。

支票的出票人所签发的支票金额不得超过其付款时在付款人处实有的存款金额。出票人签发的支票金额超过其付款时在付款人处实有的存款金额的，为空头支票。禁止签发空头支票，签发空头支票是一种违法行为，对其责任人要给予严厉的处罚和制裁，构成犯罪的，要依法追究其刑事责任。

支票的出票人不得签发与其预留本名的签名式样或者印鉴不符的支票。使用支付密码的，出票人不得签发支付密码错误的支票。支票的出票人委托付款人支付票款给收款人或持票人，作为支票付款人的银行并不是支票上的债务人，只是受出票人的委托从其账户支付票款。由于出票人开立支票存款账户时必须预留其本名的签名式样和印鉴或使用支付密码，为了保障银行支付的票款确系出票人签发支票的票款，故出票人签发支票时，必须使用与其本名的签名式样和印鉴相一致的签章或使用相应的支付密码，否则，该支票即为无效。

3. 出票的效力

出票人作成支票并交付之后，对出票人产生相应的法律效力。出票人必须按照签发的支票金额承担保证向该持票人付款的责任。这一责任包括两项：

(1) 出票人必须在付款人处存有足够可处分的资金，以保证支票票款的支付；

(2) 是当付款人对支票拒绝付款或者超过支票付款提示期限的，出票人应向持票人承担付款责任。

(四) 支票的付款

支票的付款，是指付款人根据持票人的请求向其支付支票金额的行为。支票属于见票即付的票据，没有到期日的规定。

1. 提示付款期限

支票限于见票即付，不得另行记载付款日期。另行记载付款日期的，该记载无效。

支票的持票人自出票日起 10 日内提示付款；异地使用的支票，其提示付款的期限由中国人民银行另行规定。

超过提示付款期限提示付款的，持票人开户银行不予受理，付款人不予付款。付款人不予付款的，出票人仍应当对持票人承担票据责任。

2. 付款责任

出票人在付款人处的存款足以支付支票金额时，付款人应当在当日足额付款。

持票人在提示期间内向付款人提示票据，付款人在对支票进行审查之后，如未发现有不符规定之处，即应向持票人付款。

3. 付款责任的解除

付款人依法支付支票金额的，对出票人不再承担受委托付款的责任，对持票人不再承担付款的责任。但是，付款人以恶意或者有重大过失付款的除外。这里所指的恶意或者有重大过失付款是指付款人在收到持票人提示的支票时，明知持票人不是真正的票据权利人，支票的背书以及其他签章系属伪造，或者付款人不按照正常的操作程序审查票据等情形。在此情形下，付款人不能解除付款责任。由此造成损失的，由付款人承担赔偿责任。

(五) 支票办理要求

1. 存款人领购支票，必须填写“票据和结算凭证领用单”并签章，签章应与预留银行的签章相符。存款账户结清时，必须将全部剩余空白支票交回银行注销。

2. 签发支票应使用碳素墨水或墨汁填写，中国人民银行另有规定的除外。

3. 签发现金支票和用于支取现金的普通支票，必须符合国家现金管理的规定。

4. 支票的出票人预留银行签章是银行审核支票付款的依据。银行也可以与出票人约定使用支付密码，作为银行审核支付支票金额的条件。

5. 出票人不得签发与其预留银行签章不符的支票；使用支付密码的，出票人不得签发支付密码错误的支票。

6. 支票的出票人签发支票的金额不得超过付款时在付款人处实有的存款金额。禁止签发空头支票。签发空头支票、签发与预留银行签章不符的支票，使用支付密码地区、支付密码错误的支票，银行应予退票；签发空头支票或者签发与其预留的签章不符的支票，不以骗取财物为目的的，由中国人民银行处以票面金额5%但不低于1000元的罚款；持票人有权要求出票人赔偿支票金额2%的赔偿金；对屡次签发的，银行应停止其签发支票。

7. 持票人可以委托开户银行收款或直接向付款人提示付款。用于支取现金的支票仅限于收款人向付款人提示付款。

8. 持票人委托开户银行收款时，应作委托收款背书，在支票背面背书人签章栏签章，记载"委托收款"字样、背书日期，在被背书人栏记载开户银行名称，并将支票和填制的进账单送交开户银行。

9. 持票人持用于转账的支票向付款人提示付款时，应在支票背面背书人签章栏签章，并将支票和填制的进账单交送出票人开户银行。

10. 收款人持用于支取现金的支票向付款人提示付款时，应在支票背面"收款人签章"处签章，持票人为个人的，还需交验本人身份证件，并在支票背面注明证件名称、号码及发证机关。

三、商业汇票

（一）商业汇票的概念和种类

汇票是出票人签发的、委托付款人在见票时或者在指定日期无条件支付确定的金额给收款人或者持票人的票据。汇票可分为银行汇票和商业汇票，前者是指银行签发的汇票，后者则是银行之外的企事业单位、机关、团体等签发的汇票。

商业汇票按承兑人的不同，分为商业承兑汇票和银行承兑汇票。商业承兑汇票由银行以外的付款人承兑，银行承兑汇票由银行承兑。商业汇票的付款人为承兑人。商业汇票的付款期限，最长不得超过6个月；商业汇票的提示付款期限，自汇票到期日起10日。

（二）商业汇票的出票

商业汇票的出票，是指出票人签发商业汇票并将其交付给收款人的票据行为。

1. 商业汇票出票人的条件

商业承兑汇票的出票人，为在银行开立存款账户的法人以及其他组织，与付款人具有真实的委托付款关系，具有支付汇票金额的可靠资金来源。

银行承兑汇票的出票人必须具备下列条件：

（1）在承兑银行开立存款账户的法人以及其他组织，个人不能使用商业汇票；

（2）与承兑银行具有真实的委托付款关系；

（3）资信状况良好，具有支付汇票金额的可靠资金来源。

2. 商业汇票记载事项

（1）商业汇票的绝对记载事项。签发商业汇票必须记载下列事项，欠缺记载下列事项之一的，商业汇票无效：

一是，表明"商业承兑汇票"或"银行承兑汇票"的字样；二是，无条件支付的委托；三是，确定的金额；四是，付款人名称；五是，收款人名称；六是，出票日期；七是，出票人签章。

(2)商业汇票的相对记载事项。相对记载事项未在汇票上记载，并不影响汇票本身的效力，汇票仍然有效。该等未记载的事项可以通过法律的直接规定来补充确定:①汇票上未记载付款日期的，为见票即付;②汇票上未记载付款地的，付款人的营业场所、住所或者经常居住地为付款地;③汇票上未记载出票地的，出票人的营业场所、住所或者经营居住地为出票地。

(3)商业汇票的非法定记载事项。汇票上可以记载非法定记载事项，但这些事项不具有汇票上的效力。

3. 商业汇票出票的效力

(1)对收款人的效力。收款人取得出票人发出的汇票后，即取得票据权利，一方面就票据金额享有付款请求权;另一方面，在该请求权不能满足时，即享有追索权。同时，还有票据转让权。

(2)对付款人的效力。付款人并不因出票而有付款义务，只是基于出票人的付款委托使其具有承兑人的地位，在其对汇票进行承兑后，才成为汇票上的主债务人。

(3)对出票人的效力。出票人签发汇票后，即承担保证该汇票承兑和付款的责任。出票人在汇票得不到承兑或者付款时，应当向持票人清偿法律规定的金额和费用。这就是指，收款人在向付款人行使票据权利而得不到满足时，出票人必须就此承担票据责任。

(三)商业汇票的承兑

承兑是指汇票付款人承诺在汇票到期日支付汇票金额的票据行为。承兑是汇票特有的制度，本票和支票都没有承兑。汇票是一种出票人委托他人付款的委付证券。但是出票人的出票行为完成之后，由于其是一种单方法律行为，故对付款人并不当然产生约束力，只有在付款人表示愿意向收款人或持票人支付汇票金额后，持票人才可于汇票到期日向付款人行使付款请求权，承兑就是这样一种明确付款人的付款责任，确定持票人票据权利的制度。银行承兑汇票的承兑银行，应当按照票面金额向出票人收取万分之五的手续费。

1. 承兑人

商业承兑汇票可以由付款人签发并承兑，也可以由收款人签发交由付款人承兑。

商业承兑汇票由银行以外的付款人承兑;银行承兑汇票由银行承兑。

2. 承兑的程序

承兑的程序主要包括两个方面:一是提示承兑;二是承兑成立。

(1)提示承兑

提示承兑是指持票人向付款人出示汇票，并要求付款人承诺付款的行为。根据我国目前使用的银行承兑汇票和商业承兑汇票来看，都必须先提示承兑，再请求付款。

①定日付款和出票后定期付款汇票的提示承兑期限。定日付款或者出票后定期付款的汇票，持票人应当在汇票到期日前向付款人提示承兑。在票据法理论上，定日付款汇票和出票后定期付款的汇票，属于可以提示承兑汇票。也就是说，持票人既可以在到期日前提示承兑，待付款人承兑后而于到期日即行使付款请求权，也可以不提示承兑，而于到期日直接向付款人请求付款。但根据我国目前使用的银行承兑汇票和商业承兑汇票来看，都必须提示承兑。因此，这两种汇票都属必须提示承兑的汇票。上述两类汇票的提示承兑期限实际是指从出票人出票日起至汇票到期日止。在此期间，持票人应当向付款人提示承兑，否则，即丧失对其前手的追索权。

②见票后定期付款汇票的提示承兑期限。见票后定期付款的汇票，持票人应当自出票日起1个月内向付款人提示承兑。见票后定期付款汇票的付款日期，是以见票日为起算日期来确定的，汇票不经提示承兑，就无法确定见票日，也就无法确定付款日期，从而持票人便无法行使票据权利，因此，该种汇票属于必须提示承兑的汇票。该种汇票的持票人应当自出票日起1个月内向付款人提示承兑。否则，即丧失对其前手的追索权。

③见票即付汇票的提示承兑问题。见票即付的汇票无需提示承兑。这就是票据法理论上通常所说的无须提示承兑汇票。这种汇票主要包括两种：一是汇票上明确记载有“见票即付”的汇票；二是汇票上没有记载付款日期，根据法律规定直接视为见票即付的汇票。

(2)承兑成立

①承兑时间。付款人对向其提示承兑的汇票，应当自收到提示承兑的汇票之日起3日内承兑或者拒绝承兑。一般来说，如果付款人在3日内不作承兑与否表示的，则应视为拒绝承兑。持票人可以请求其作出拒绝承兑证明，向其前手行使追索权。

②接受承兑。付款人收到持票人提示承兑的汇票时，应当向持票人签发收到汇票的回单。回单上应当记明汇票提示承兑日期并签章。这里所指的回单实际是指持票人收到的付款人向其出具的已收到请求承兑汇票的证明。这一手续办理完毕，即意味着接受承兑。

③承兑的格式。付款人承兑汇票的，应当在汇票正面记载“承兑”字样和承兑日期并签章；见票后定期付款的汇票，应当在承兑时记载付款日期。汇票上未记载承兑日期的，以前述①所规定期限的最后一日为承兑日期。这就要求，付款人办理承兑手续时，应在汇票上记载承兑的事项，包括承兑文句、承兑日期、承兑人签章。在这三个记载事项中，承兑文句和承兑人签章是绝对记载事项，缺一不可，否则承兑行为无效。而承兑日期则属于相对记载事项，即使该项内容欠缺，承兑仍然有效。与此同时，见票后定期付款的汇票，付款人还应当在承兑时记载付款日期，这是因为，该汇票的付款日期是依据见票日计算确定的，如果不记载这一内容，收款人或持票人的付款请求权就无法实现。上列应记载事项必须记载于汇票的正面，而不能记载于汇票的背面或粘单上，当然，更不能以口头方式或电报、传真等书面方式来表示。在实务中，上列应记载事项一般已全部印在正式的标准格式上，因而只需付款人填写即可。

④退回已承兑的汇票。付款人依承兑格式填写完毕应记载事项后，并不意味着承兑生效，只有在其将已承兑汇票退回持票人才产生承兑的效力。

3. 承兑的效力

承兑生效后，即对付款人产生相应的效力。付款人承兑汇票后，应当承担到期付款的责任。这一到期付款的责任是一种绝对责任。具体表现在：

(1)承兑人于汇票到期日必须向持票人无条件地支付汇票上的金额，否则其必须承担迟延付款责任；

(2)承兑人必须对汇票上的一切权利人承担责任，该权利人包括付款请求权利人和追索权利人；

(3)承兑人不得以其与出票人之间资金关系来对抗持票人，拒绝支付汇票金额；

(4)承兑人的票据责任不因持票人未在法定期限提示付款而解除。

4. 承兑不得附有条件

付款人承兑商业汇票，不得附有条件；承兑附有条件的，视为拒绝承兑。这就是说，付款人作出的承兑是无条件的，如果附有条件，则应视为拒绝承兑，持票人可以请求作成拒绝证明，向其前手行使追索权。

（四）商业汇票的付款

商业汇票的付款，是指付款人依据票据文义支付票据金额，以消灭票据关系的行为。付款的程序包括付款提示与支付票款。

1. 付款提示

（1）付款提示的含义。付款提示是指持票人向付款人或承兑人出示票据，请求付款的行为。持票人只有在法定期限内为付款提示的，才产生法律效力。

（2）付款提示期限。见票即付的汇票，自出票日起1个月内向付款人提示付款。

定日付款、出票后定期付款或者见票后定期付款的汇票，自到期日起10日内向承兑人提示付款。持票人未按照前款规定期限提示付款的，在作出说明后，承兑人或者付款人仍应当继续对持票人承担付款责任。通过委托收款银行或者通过票据交换系统向付款人提示付款的，视同持票人提示付款。

（3）付款提示的当事人。付款提示的当事人包括提示人和受提示人。提示人一般是持票人，但也可以是持票人的代理人和质权人；受提示人通常是付款人，在汇票中受提示人包括已进行承兑的承兑人及未承兑的付款人。实践中，银行汇票属见票即付汇票，银行为受提示人；因银行之间建立联行结算制度建立了代理关系的，银行汇票的代理付款银行也可为受提示人。银行承兑汇票的受提示人是承兑银行，因银行之间建立联行结算代理关系的，该代理付款银行也是受提示人。

2. 支付票款

持票人按照上述规定向付款人或承兑人进行付款提示后，付款人必须无条件地在当日按票据金额足额支付给持票人。如果付款人或承兑人不能当日足额付款的，应承担迟延付款的责任。

在支付票款的过程中，持票人必须向付款人履行一定的手续。根据规定，持票人获得付款的，应当在汇票上签收，并将汇票交给付款人，此处所指的“签收”是指持票人在票据的正面签章，表明持票人已经获得付款。

在实践中，持票人和付款人的收款或付款行为往往是通过委托银行代理进行的。受托收款或付款的银行不是汇票的当事人，只是代理人，因此，他们只能依照委托按汇票上记载的内容进行资金结算。

付款人及其代理付款人付款时，应当审查汇票背书的连续，并审查提示付款人的合法身份证明或者有效证件。

3. 付款的效力

付款人依法足额付款后，全体汇票债务人的责任解除。付款人依照票据文义支付票据金额之后，票据关系随之消灭，汇票上的全体债务人的责任便予以解除。

（五）商业汇票的背书

商业汇票的背书，是指以转让商业汇票权利或者将一定的商业汇票权利授予他人行使为目的，按照法定的事项和方式在商业汇票背面或者粘单上记载有关事项并签章的票据行为。汇票转让只能采用背书的方式，而不能仅凭单纯交付方式，否则就不产生票据转让的效力。

如果出票人在汇票上记载“不得转让”字样，则该汇票不得转让。对于记载“不得转让”字样的票据，其后手以此票据进行贴现、质押的，通过贴现、质押取得票据的持票人主张票据权利的，人民法院不予支持。尽管《票据法》规定的是“不得转让”，但在实践中只要表明了禁止背书的含义，如“禁止背书”、“禁止转让”等字样，也是有效的。依此规定，如果收款人或持票人将出票人作禁止背书的汇票转让的，该转让不发生票据法上的效力，出票人和承兑人对受让人不承担票据责任。

1. 背书的形式

背书是一种要式行为，因此必须符合法定的形式，即其必须作成背书并交付，才能有效成立。

(1)背书签章和背书日期的记载。背书由背书人签章并记载背书日期。背书未记载日期的，视为在汇票到期日前背书。背书人背书时，必须在票据上签章，背书才能成立，否则，背书行为无效。

(2)被背书人名称的记载。汇票以背书转让或者以背书将一定的汇票权利授予他人行使时，必须记载被背书人名称。如果背书人未记载被背书人名称即将票据交付他人的，持票人在票据被背书人栏内记载自己的名称与背书人记载具有同等法律效力。

(3)禁止背书的记载。背书人在汇票上记载“不得转让”字样，其后手再背书转让的，原背书人对后手的被背书人不承担保证责任。这是指背书人之后手将记载有禁止背书的汇票转让，原背书人对以后的被背书人、背书人、最后持票人等，将不承担票据责任，其只对直接的被背书人承担责任。

(4)背书时粘单的使用。票据凭证不能满足背书人记载事项的需要，可以加附粘单，粘附于票据凭证上。为了保证粘单的有效性和真实性，第一位使用粘单的背书人必须将粘单粘接在票据上，并且在汇票和粘单的粘接处签章，否则该粘单记载的内容即为无效。

(5)背书不得记载的内容。背书不得记载的内容有两项：一是附有条件的背书；二是部分背书。附有条件背书是指背书人在背书时，记载一定的条件，以限制或者影响背书效力。背书时附有条件的，所附条件不具有汇票上的效力，即不影响背书行为本身的效力，被背书人仍可依该背书取得票据权利。部分背书是指背书人在背书时，将汇票金额的一部分或者将汇票金额分别转让给两人以上的背书。将汇票金额的一部分转让的背书或将汇票金额分别转让给两人以上的背书无效。

2. 背书连续

背书连续是指在票据转让中，转让汇票的背书人与受让汇票的被背书人在汇票上的签章依次前后衔接，相连续而无间断。如果背书不连续，付款人可以拒绝向持票人付款，否则付款人得自行承担责任。

背书连续主要指背书在形式上连续，如果背书在实质上不连续，如有伪造签章等，付款人仍应对持票人付款。但是，如果付款人明知持票人不是真正票据权利人，则不得向持票人付款，否则应自行承担责任。

3. 法定禁止背书

被拒绝承兑、被拒绝付款或者超过付款提示期限等三种情形下的汇票，不得背书转让；背书转让的，背书人应当承担汇票责任。

（六）商业汇票的保证

票据保证，即票据债务人以外的第三人，以担保特定债务人履行票据债务为目的，而在票据上所为的一种附属票据行为。保证的作用在于加强持票人票据权利的实现，确保票据付款义务的履行，促进票据流通。

1. 保证的当事人

保证的当事人为保证人与被保证人。商业汇票的债务可以由保证人承担保证责任。保证应由汇票债务人以外的他人承担。即保证人是指票据债务人以外的，为票据债务的履行提供担保而参与票据关系中的第三人。已成为票据债务人的，不得再充当票据上的保证人。商业汇票的债务人一旦由他人为其提供保证，在保证关系中就被称为被保证人。

2. 保证的格式

办理保证手续时，保证人必须在汇票或粘单上记载下列事项：

（1）标明“保证”的字样；

（2）保证人名称和住所；

（3）被保证人的名称；

（4）保证日期；

（5）保证人签章。

票据保证是一种书面行为，并须作成于汇票或粘单之上，如果另行签订保证合同或者保证条款的，不属于票据保证，人民法院应当另行适用《担保法》有关规定。

票据保证记载的事项，有绝对记载事项和相对记载事项。其中绝对记载事项包括保证文句和保证人签章两项；相对记载事项包括被保证人的名称、保证日期和保证人住所。

为出票人、承兑人保证的，则应记载于汇票的正面；如果是为背书人保证，则应记载于汇票的背面或者粘单上。

保证不得附有条件；附有条件的，不影响对汇票的保证责任。如果保证附有条件的，所附条件无效，保证本身仍然具有效力，保证人应向持票人承担保证责任。

3. 保证的效力

保证一旦成立，即在保证人与被保证人之间产生法律效力，保证人必须对保证行为承担相应的责任。

（1）保证人的责任。保证人对合法取得汇票的持票人所享有的汇票权利，承担保证责任。但是，被保证人的债务因汇票记载事项欠缺而无效的除外。被保证的汇票，保证人应当与被保证人对持票人承担连带责任。汇票到期后得不到付款的，持票人有权向保证人请求付款，保证人应当足额付款。

（2）共同保证人的责任。共同保证是指保证人为两人以上的保证。保证人为两人以上的，保证人之间承担连带责任。

（3）保证人的追索权。保证人清偿汇票债务后，可以行使持票人对被保证人及其前手的追索权。

四、信用卡

（一）信用卡的概念和种类

信用卡是指商业银行向个人和单位发行的，凭以向特约单位购物、消费和向银行存取现金，且具有消费信用的特制载体卡片。

信用卡按使用对象不同，可分为单位卡和个人卡；按信誉等级，可分为白金卡、金卡和普通卡等；按照币种不同，可分为人民币卡、双币种卡等；按照信息载体不同，可分为磁条卡和芯片卡等；按是否向发卡银行交存备用金分为贷记卡和准贷记卡。贷记卡，是指发卡银行给予持卡人一定的信用额度，持卡人可以在信用额度内先消费、后还款的信用卡，它具有透支消费、期限内还款可免息、卡内存款不计付利息等特点。准贷记卡，是指持卡人必须先按照发卡银行要求交存一定金额备用金，当备用金余额不足支付时，可以在规定的信用额度内透支的信用卡。

（二）信用卡的申领与销户

1. 信用卡的申领

凡申领单位卡的单位，必须在中国境内金融机构开立基本存款账户，并按规定填制申请表，连同有关资料一并送交发卡银行。该单位符合条件并按银行要求交存一定金额的备用金以后，银行为申领人开立信用卡存款账户，并发给信用卡。单位卡可以申领若干张，持卡人资格由申领单位法定代表人或其委托的代理人书面指定和注销。

凡具有完全民事行为能力的公民，可凭本人有效身份证件及发卡银行规定的相关证明文件申领个人卡。个人卡的主卡持卡人可为其配偶及年满 18 周岁的亲属申领附属卡，申领的附属卡最多不得超过两张，也有权要求注销其附属卡。

单位或个人申领信用卡，应按规定填写申请表，连同有关资料一并送交发卡银行。

发卡银行可根据申请人的资信程度，要求其提供担保，具体可采取保证、抵押或质押等方式。

2. 信用卡的销户

持卡人不需要继续使用信用卡时，应持信用卡主动到发卡银行办理销户。销户时单位卡账户余额转入其基本存款账户，不得提取现金。个人卡账户可以转账结清，也可以提取现金。持卡人透支之后，在还清透支本息后，属于下列情形之一的，可申请办理销户：

(1) 信用卡有效期满 45 天后，持卡人不更换新卡的；

(2) 信用卡挂失满 45 天后，没有附属卡又不更换新卡的；

(3) 信用卡被列入止付名单，发卡银行已收回其信用卡 45 天的；

(4) 持卡人死亡，发卡银行已收回其信用卡 45 天的；

(5) 持卡人要求销户或担保人撤销担保，并已交回全部信用卡 45 天的；

(6) 信用卡账户 2 年（含）以上未发生交易的；

(7) 持卡人违反其他规定，发卡银行认为应该取消资格的。

发卡银行办理销户，应当收回信用卡。有效信用卡无法收回的，应当将其止付。

持卡人丢失信用卡，应立即持有效证明文件并按照发卡行要求提供的相关材料，向发卡行或代办行及时申请挂失。发卡行或代办行审核后，办理相应的挂失手续。

（三）信用卡的资金来源

单位卡在使用过程中，需要向其账户续存资金的，一律从其基本存款账户转账存入，不得交存现金，不得将销货收入的款项存入其账户。

严禁将单位的款项存入个人卡账户。个人卡在使用过程中，需要向其账户续存资金的，只限于其持有的现金存入和工资性款项以及属于个人的劳务报酬收入转账存入。

(四)信用卡使用的主要规定

1. 信用卡仅限于合法持卡人本人使用，持卡人不得出租或转借信用卡。

2. 持卡人可持信用卡在特约单位购物、消费。单位卡不得用于 10 万元以上的商品交易、劳务供应款项的结算。单位卡可办理商品交易和劳务供应款项的结算，但一律不得透支，不得支取现金。

3. 特约单位不得拒绝受理持卡人合法持有的、签约银行发行的有效信用卡，不得因持卡人使用信用卡而向其收取附加费用。

4. 发卡行对贷记卡的取现应当每笔授权，每卡每日累计取现不得超过规定金额。

5. 同一持卡人单笔透支发生额个人卡不得超过 2 万元(含等值外币)，单位卡不得超过 5 万元(含等值外币)。同一账户月透支余额个人卡不得超过 5 万元(含等值外币)，单位卡不得超过发卡银行对该单位综合授信额度的 3%。无综合授信额度可参照的单位，其月透支余额不得超过 10 万元(含等值外币)。

6. 准贷记卡的透支期限最长为 60 天。贷记卡的首月最低还款额不得低于其当月透支余额的 10%。

7. 持卡人使用信用卡不得发生恶意透支。恶意透支是指持卡人超过规定限额或规定期限，并且经发卡银行催收无效的透支行为。

8. 发卡银行对于贷记卡中的存款不计付利息。贷记卡持卡人非现金交易享受如下优惠条件：

免息还款期。银行记账日至发卡银行规定的到期日之间为免息还款期。免息还款期最长为 60 天。持卡人在到期还款日前偿还所使用全部银行款项即可享受免息还款期待遇，无需支付非现金交易的利息。

最低还款额待遇。持卡人还可选择按照发卡行规定的最低还款额待遇。贷记卡持卡人选择最低还款额方式或超过其信用额度用卡时，不再享受免息还款期待遇，应当支付未偿还部分自银行记账日起、按规定利率计算的透支利息。

贷记卡持卡人支取现金、准贷记卡透支，不享受上述免息还款期和最低还款额待遇。

发卡银行对贷记卡持卡人未偿还最低还款额和超信用额度用卡的行为，应当分别按最低还款额未还部分、超过信用额度部分的 5% 收取滞纳金和超限费。

贷记卡透支按月计收复利，准贷记卡透支按月计收单利，透支利率为日利率万分之五，并根据中国人民银行的此项利率调整而调整。

9. 商业银行办理信用卡收单业务(指签约银行向商户提供的本外币资金结算服务)应当按照下列标准向商户收取结算手续费：

(1)宾馆、餐饮、娱乐、旅游等行业不得低于交易金额的 2%；

(2)其他行业不得低于交易金额的 1%。

五、汇兑

(一)汇兑的概念和种类

汇兑是汇款人委托银行将其款项支付给收款人的结算方式。单位和个人的各种款项的结算，均可使用汇兑结算方式。汇兑一般用于异地间结算。

根据支付方式不同，汇兑可分为信汇、电汇两种，由汇款人选择使用。信汇是以邮寄方式将汇款凭证转给外地收款人指定的汇入行；电汇是以电报方式将汇款凭证转发给收款人指定的汇入行。

（二）办理汇兑的程序

1. 汇款人按要求签发汇兑凭证。签发汇兑凭证必须记载下列事项：

（1）表明“信汇”或“电汇”的字样；

（2）无条件支付的委托；

（3）确定的金额；

（4）收款人名称；

（5）汇款人名称；

（6）汇入地点、汇入行名称；

（7）汇出地点、汇出行名称；

（8）委托日期；

（9）汇款人签章。

汇兑凭证上欠缺上列记载事项之一的，银行不予受理。汇兑凭证记载的汇款人名称、收款人名称，其在银行开立存款账户的，必须记载其账号。欠缺记载的，银行不予受理。委托日期是指汇款人向汇出银行提交汇兑凭证的当日。

汇兑凭证上记载收款人为个人的，收款人需要到汇入银行领取汇款，汇款人应在汇兑凭证上注明“留行待取”字样；留行待取的汇款，需要指定单位的收款人领取汇款的，应注明收款人的单位名称；信汇凭收款人签章支取的，应在信汇凭证上预留其签章。汇款人确定不得转汇的，应在汇兑凭证备注栏注明不得转汇字样。

汇款人和收款人均为个人，需要在汇入银行支取现金的，应在信、电汇凭证的汇款金额大写栏，先填写“现金”字样，后填写汇款金额。

2. 汇出行受理汇兑凭证

汇出银行受理汇款人签发的汇兑凭证，经审查无误后，应及时向汇入银行办理汇款，并向汇款人签发汇款回单。汇款回单只能作为汇出银行受理汇款的依据，不能作为该笔汇款已转入收款人账户的证明。

3. 汇入行办理付款手续

汇入银行对开立存款账户的收款人，应将汇给其的款项直接转入收款人账户，并向其发出收账通知。收账通知是银行将款项确已收入收款人账户的凭据。未在银行开立存款账户的收款人，凭信、电汇的取款通知或留行待取的，向汇入银行支取款项，必须交验本人的身份证件，在信、电汇凭证上注明证件名称、号码及发证机关，并在“收款人签章”处签章；信汇凭签章支取的，收款人的签章必须与预留信汇凭证上的签章相符，银行审查无误后，以收款人的姓名开立应解汇款及临时存款账户，该账户只付不收，付完清户，不计付利息。

支取现金的，信、电汇凭证上必须有按规定填明的“现金”字样，才能办理。未填明现金字样，需要支取现金的，由汇入银行按照国家现金管理规定审查支付。

收款人需要委托他人向汇入银行支取款项的，应在取款通知上签章，注明本人身份证件名称、号码、发证机关和代理字样以及代理人姓名。代理人代理取款时，也应在取款通知上签章，注明其身份证件名称、号码及发证机关，并同时交验代理人和被代理人的身份证件。

转账支付的，应由原收款人向银行填制支款凭证，并由本人交验其身份证件办理支付款项。该账户的款项只能转入原单位或个体工商户的存款账户，严禁转入储蓄和信用卡账户。

转汇的，应由原收款人向银行填制信、电汇凭证，并由本人交验其身份证件。转汇的收款人必须是原收款人。原汇入银行必须在信、电汇凭证上加盖“转汇”戳记。

(三)汇兑的撤销和退汇

1. 汇兑的撤销

汇款人对汇出银行尚未汇出的款项可以申请撤销。申请撤销时，应出具正式函件或本人身份证件及原信、电汇回单。汇出银行查明确未汇出款项的，收回原信、电汇回单，方可办理撤销。

2. 汇兑的退汇

汇款人对汇出银行已经汇出的款项可以申请退汇。对在汇入银行开立存款账户的收款人，由汇款人与收款人自行联系退汇；对未在汇入银行开立存款账户的收款人，汇款人应出具正式函件或本人身份证件以及原信、电汇回单，由汇出银行通知汇入银行，经汇入银行核实汇款确未支付，并将款项汇回汇出银行，方可办理退汇。转汇银行不得受理汇款人或汇出银行对汇款的撤销或退汇。汇入银行对于收款人拒绝接受的汇款，应即办理退汇。汇入银行对于向收款人发出取款通知，经过2个月无法交付的汇款，应主动办理退汇。

六、托收承付

(一)托收承付的概念及使用范围

托收承付，是根据购销合同由收款人发货后委托银行向异地付款人收取款项，由付款人向银行承认付款的结算方式。托收承付结算款项的划回方法，分邮寄和电报两种，由收款人选用。

使用托收承付结算方式的收款单位和付款单位，必须是国有企业、供销合作社以及经营管理较好，并经开户银行审查同意的城乡集体所有制工业企业。办理托收承付结算的款项，必须是商品交易，以及因商品交易而产生的劳务供应的款项。代销、寄销、赊销商品的款项，不得办理托收承付结算。托收承付结算每笔的金额起点为1万元。新华书店系统每笔的金额起点为1000元。

(二)托收承付结算凭证的记载事项

签发托收承付凭证必须记载的事项：表明“托收承付”的字样；确定的金额；付款人名称及账号；收款人名称及账号；付款人开户银行名称；收款人开户银行名称；托收附寄单证张数或册数；合同名称、号码；委托日期；收款人签章。托收承付凭证上欠缺记载上列事项之一的，银行不予受理。

(三)托收承付结算的办理要求

收付双方使用托收承付结算必须签有符合《合同法》的购销合同，并在合同上订明使用托收承付结算方式。

收款人办理托收，必须具有商品确已发运的证件。收款人按照签订的购销合同发货后，委托银行办理托收，经收款人开户银行审查后办理。

付款人开户银行收到托收凭证及其附件后，应当及时通知付款人。验单付款的承付期为

3天，从付款人开户银行发出承付通知的次日算起；验货付款的承付期为10天，从运输部门向付款人发出提货通知的次日算起。付款人在承付期内，未向银行表示拒绝付款，银行即视作承付，并在承付期满的次日上午银行开始营业时，将款项主动从付款人的账户内付出，按照收款人指定的划款方式，划给收款人。

付款人在承付期满日银行营业终了时，如无足够资金支付，其不足部分，即为逾期未付款项，按逾期付款处理。

付款人在承付期内，对不符合规定条件的款项，可向银行提出全部或部分拒绝付款。收款人对被无理拒绝付款的托收款项，在收到退回的结算凭证及其所附单证后，可以委托银行重办托收。

收付双方办理托收承付结算，必须重合同、守信用。收款人对同一付款人发货托收累计3次收不回货款的，收款人开户银行应暂停收款人向该付款人办理托收；付款人累计3次提出无理拒付的，付款人开户银行应暂停其向外办理托收。

七、委托收款

（一）委托收款的概念及使用范围

委托收款，是收款人委托银行向付款人收取款项的结算方式。委托收款结算款项的划回方式，分邮寄和电报两种，由收款人选用。

单位和个人凭已承兑商业汇票、债券、存单等付款人债务证明办理款项的结算，均可以使用委托收款结算方式。委托收款在同城、异地均可以使用。

（二）委托收款凭证的记载事项

签发委托收款凭证必须记载下列事项：表明“委托收款”的字样；确定的金额；付款人名称；收款人名称；委托收款凭据名称及附寄单证张数；委托日期；收款人签章。欠缺记载上列事项之一的，银行不予受理。

（三）委托收款结算的办理要求

1. 收款人办理委托收款应向银行提交委托收款凭证和有关的债务证明。银行接到寄来的委托收款凭证及债务证明，审查无误办理付款。以银行为付款人的，银行应在当日将款项主动支付给收款人；以单位为付款人的，银行应及时通知付款人，付款人应于接到通知的当日书面通知银行付款。如果付款人未在接到通知日的次日起3日内通知银行付款的，视同付款人同意付款，银行应于付款人接到通知日的次日起第4日上午开始营业时，将款项划给收款人。

2. 付款人审查有关债务证明后，对收款人委托收取的款项需要拒绝付款的，可以办理拒绝付款。以银行为付款人的，应自收到委托收款及债务证明的次日起3日内出具拒绝证明连同有关债务证明、凭证寄给被委托银行，转交收款人；以单位为付款人的，应在付款人接到通知日的次日起3日内出具拒绝证明，持有债务证明的，应将其送交开户银行。银行将拒绝证明、债务证明和有关凭证一并寄给被委托银行，转交收款人。收取公用事业费，必须具有收付双方事先签订的经济合同，由付款人向开户银行授权，并经开户银行同意，报经中国人民银行当地分支行批准。

★　★　★　★

案例一：骗子冒领储户存款 法院判银行操作违规应赔

储户在银行开户存钱时，因存折被他人调包遭受经济损失，遂将银行告上法庭。近日，湖南省桃源县人民法院审结这起储蓄存款合同纠纷案。法院认定银行因存在违规操作，故判决银行对原告赔偿部分经济损失。

2011 年 5 月 10 日，一名自称“杨总”的人找到原告赵猛，称某中学有一笔购床业务想和赵猛合作。赵猛觉得有利可赚，便约定和“杨总”见面，同时将造价表交给“杨总”，并提供了自己的身份证复印件。根据桃花源信用社提供的资料显示，2011 年 5 月 12 日上午 8 时许，有人以赵猛的身份证复印件在桃花源信用社开立存款账户，同日，赵猛与“杨总”及“杨总”的朋友“邵校长”一起在和谐茶楼包厢商谈签订购床合同事宜，“邵校长”自称是学校方面负责人，可以拿下该份业务。赵猛与两人拟签合同，并按照“邵校长”的建议，在桃源县漳江信用社开立了存款账户。当天下午 4 时许，赵猛在桃源县漳江信用社将 40000 元现金存入户名为“赵猛”的账户。此后赵猛与“杨总”、“邵校长”再也联系不上，觉得不对劲的赵猛便到银行查询账户，发现卡里一分钱都没有，通过调查，自己办的银行卡里根本没有现金流入，而另外一张无中生有的银行卡却被转走了 40000 元。这时，赵猛才知自己受骗了。

赵猛认为，信用社用自己的身份证复印件开立账户导致自己财产损失，应赔偿自己存款损失及其他经济损失共计 45000 元，而信用社方面不认为自己存在过错，双方就此产生纠纷，于是赵猛一纸诉状将桃源县农村信用合作联社告上法院。

案例分析：原告赵猛缺乏安全防范意识，对泄漏身份信息可能造成的严重后果认识不足，为自己存款被冒领留下了安全隐患，存在过错；被告方信用社违反存款开立个人账户和申领银行卡的操作规程，未要求客户出具有效身份证原件，未对客户身份进行认真核对，违反了国务院《个人存款账户实名制规定》、《人民币银行结算账户管理办法实施细则》等规定，为他人冒领原告的存款创造了条件，在本案中存在重大过错。据此，法院判决被告信用社赔偿原告赵猛存款损失 24000 元。

（来源：中国新闻网 www. chinanews. com）

案例二：承兑汇票遗失 法院判决维权

2012 年 5 月 14 日，河南省南阳市中级人民法院二审审结了一起票据纠纷案。一张价值 20 万元的银行承兑汇票经过 10 次背书转让，4 次未背书转让后，不慎遗失，历经法院公示催告、确权审理两种司法程序最终回到票据合法权利人手中。

汇票遗失权利人公示催告：2010 年 9 月 16 日，新野县德山公司作为出票人，开出银行汇票 1 张，票面金额为 20 万元，收款人为新野县同兴公司，经 10 余次背书转让给中国葛洲坝水泥厂。之后，该张汇票在未背书的情况下又经 4 次商业往来转到了江苏星光公司手中。2010 年 12 月 25 日，江苏星光公司工作人员不慎将该汇票遗失，便到江苏省姜堰市公安局报案，并于 2010 年 12 月 29 日向新野县法院申请公示催告。

公示催告是指人民法院根据当事人的申请，以公示的方式催告不明的利害关系人，在法定期间内申报权利，逾期无人申报，作出宣告申请票据无效（除权）的判决程序，属于人民法院的一种非诉讼程序。

提出异议双方对簿公堂：在公示催告公告发出的第 91 天，山东省滕州红枫叶公司作为票据持有人依法向新野县法院申报了权利，公示催告程序终结。江苏星光公司向新野县法院提起诉讼，要求确认自己为汇票的合法持有人，依法享有该银行承兑汇票项下的票据权利。

新野县法院经审理后认为，葛洲坝水泥厂作为公示催告前背书的最后一手，且其与福建某公司因业务往来，将汇票转让，之后又经过二次合法转让给江苏星光公司。由此可见，江苏星光公司是在遗失票据以前最后的合法持有人。江苏星光公司提供的证据也证实了汇票转让的前后手之间有真实的交易关系和债权债务关系。遂依法判决江苏星光公司为汇票的合法持有人，依法享有该票据所示权利。

二审判决维护合法权益：一审宣判后，被告滕州红枫叶公司不服向南阳中院提起上诉。认为法院无需审查票据基础关系，且自己作为票据持有人已支付相关对价，权利应得到保护，请求法院撤销原判。

案例分析：根据《票据法》的规定，以背书转让的汇票，背书应当连续。持票人以背书的连续，证明其汇票权利；未经背书转让，而以其他合法方法取得汇票的，应举证证明其汇票权利。本案中，双方对从新野同兴公司至葛洲坝水泥厂间的背书转让均无异议，滕州红枫叶公司无法证明自葛洲坝水泥厂之后其取得汇票的合法方法，应负举证不能的法律后果，而江苏星光公司所举证据能够证明汇票的连续合法转手途径，故该案的票据权利享有者应为江苏星光公司。滕州红枫叶公司不享有涉案票据权利，如果滕州红枫叶公司确通过支付对价获得票据，应对自己的前手汇票债务人提起诉讼，维护自身合法权益。遂依法作出终审判决，维持原判。

票据一般是指商业上由出票人签发，无条件约定自己或要求他人支付一定金额，可流通转让的有价证券，持有人具有一定权利的凭证。票据向货币一样具有流通性，可以通过背书或交付而转让，在市场上自由流通。票据的金额小到数万元，大到上亿元，在国外和沿海发达地区被普遍应用在商业交往过程中，既方便交易又便于权利维护，南阳作为内陆欠发达城市，由于经济相对落后，票据案件不很常见。

（来源：河南省高级人民法院网 www. hncourt. org）

■ 第三章　税收法律制度

【本章提要】

本章要点包括：税收的概念和分类；税法及构成要素；增值税、营业税、消费税、企业所得税、个人所得税等税种的概念、计算及原理；税务登记、发票开具与管理、纳税申报；税务代理；税款征收、税收检查及法律责任。

第一节　税收概述

一、税收的概念与分类

(一)税收的概念与作用

1. 税收的概念

税收是国家为满足社会公共需要和实现国家职能，凭借政治权力，按照法律规定的标准，强制、无偿地取得财政收入的一种形式。

2. 税收的作用

(1)税收是国家组织财政收入的主要形式。国家取得财政收入的手段多种多样，如税收、发行国债、收费、罚没等，其中税收是大部分国家取得财政收入的主要形式。税收组织财政收入的作用主要表现在三个方面：一是由于税收具有强制性、无偿性和固定性，因而能保证其收入的稳定；二是税收是按年、按季、按月征收，均匀入库，有利于财力调度，满足日常财政支出；三是税收的源泉十分广泛，多税种、多税目、多层次、全方位的课税制度，能从多方面筹集财政收入。

(2)税收是国家调控经济运行的重要手段。经济决定税收，税收反作用于经济。社会主义市场经济体制下，国家调控宏观经济的手段从过去主要运用行政的手段转变为运用经济的手段和法律的手段，税收作为国家宏观调控的重要手段，通过制定税法，以法律的形式确定国家和纳税人之间的利益分配关系，从而改变了社会财富分配状况，有助于国家调整产业结构和社会资源的优化配置，使国家的宏观经济政策得以执行，从而达到调控经济运行的目的，促进社会经济健康发展。

(3)税收具有维护国家政权的作用。国家政权是税收产生和存在的必要条件，而国家政权的存在又有赖于税收的存在,没有税收,国家机器就不可能有效运转。同时,税收分配不是按照等价原则和所有权原则分配的,而是凭藉政治权力对物质利益进行调节,从而达到巩固国家政权的政治目的。

(4)税收是维护国家利益促进国际经济交往的可靠保证。在国际经济交往中,任何国家对本国境内从事生产经营的外国企业或个人都拥有税收管辖权,这是国家权益的具体体现。随着改革开放、经济全球一体化进程进一步深入,国际交流与合作越来越频繁,建立和完善涉外税法,既维护国家的权益,又为鼓励外商投资,保护国外企业或个人在华合法经营,发展国家间平等互利的经济技术合作关系,提供了可靠的法律保障。

(二)税收的特征

税收特征,亦称"税收形式特征",是指税收分配形式区别于其他财政分配形式的质的规定性,税收特征是由税收本质决定的,是税收本质属性的外在表现,是区别税与非税的外在尺度和标志,也是古今中外税收的共性特征,即税收具有无偿性、强制性和固定性三个特征。

1. 无偿性。是指国家征税以后对具体的纳税人既不需要直接偿还,也不付出任何直接形式的报酬,纳税人从政府支出所获利益通常与其支付的税款不完全成一一对应的比例关系。

2. 强制性。税收是国家以社会管理者身份。凭借政治权力,通过颁布法律或政令来进行强制征收,而非纳税人的一种自愿交纳,纳税义务人必须依法纳税,否则就要受到法律制裁。

3. 固定性。税收是按照国家法令预定的标准征收的,即征税对象、税目、税率、纳税义务人、计算纳税办法和期限等都是税收法规预先规定了的,有一个比较稳定的适用期限,是国家的一种固定的连续性收入。

(三)税收的分类

税收的分类是指按照一定的标准对于不同税种进行归类。我国对税收的分类;依据不同的标准,通常有以下几种主要分类方法:

1. 按照征收对象的不同,可分为五种。

(1)流转税类,是以商品生产、流通和劳务服务的流转额为征税对象的一类税收。流转额包括两种:一是商品流转额,即商品交易的金额或数量;二是非商品流转额。即各种劳务收入或服务性业务收入的金额。流转税类税收以商品流转额或非商品流转额为计税依据,在生产经营及销售环节征收,收入不受成本费用变化的影响,而对价格变化较为敏感。我国现行的增值税、消费税、营业税、关税等都属于流转税类。

(2)所得税类,也称收益税类,是以纳税人的各种收益额为征税对象的一类税收。所得税类税收属于终端税种,它体现了量能负担的原则,即所得多的多征,所得少的少征,无所得的不征。所得税类税收的特点是:征税对象不是一般收入,而是总收入减除准予扣除项目后的余额,即应纳税所得额,征税数额受成本、费用、利润高低的影响较大。对纳税人的应纳税所得额征税,可以直接调节纳税人收入,发挥其公平税负、调整分配关系的作用。现阶段,我国所得税主要包括企业所得税、个人所得税等。

(3)财产税类,是以纳税人拥有的财产数量或财产价值为征税对象的一类税收。其特点是:税收负担与财产价值、数量关系密切,体现调节财富、合理分配等原则。我国现行的房产税、车船税等属于财产税类。

(4)资源税类,是以自然资源为征税对象的税收。其特点是:税负高低与资源级差收益水平关系密切，征税范围的选择比较灵活。我国现行资源税、城镇土地使用税属于此类。

(5)行为税类，也称特定行为目的税类，它是国家为了实现某种特定目的，以纳税人的某些特定行为为征税对象的一类税收。其特点是:征税的选择性较为明显，税种较多，具有较强的时效性。我国现行的印花税、车辆购置税、城市维护建设税、耕地占用税等都属于行为税类。

2. 按照征收管理的分工体系分类，可分为两种。

(1)工商税类，是指以工业品、商业零售、交通运输、服务性业务的流转额为征税对象的各种税收的总称，是我国现行税制的主体部分，该类税收由税务机关负责征收管理。工商税类主要包括:增值税、消费税、营业税、资源税、企业所得税、个人所得税、城市维护建设税、房产税、车船税、土地增值税、城镇土地使用税、印花税、车辆购置税等税种。

(2)关税类，是指对进出境的货物、物品征收的税收总称，主要包括:进出口关税、由海关代征的进口环节增值税、消费税和船舶吨税。该类税收由海关负责征收管理。

3. 按照税收收入归属和征收管辖权限的不同，可分为中央税、地方税和中央与地方共享税。

(1)中央税，收入划归中央并由中央政府征收管理的税收，如:关税，海关代征的进口环节消费税和增值税，消费税等。

(2)地方税，是指由中央统一立法或授权立法、收入划归地方并由地方负责征收管理的税收。如:城镇土地使用税、城市维护建设税、房产税、车船税、契税、土地增值税等。

(3)中央与地方共享税，是指税收收入支配由中央和地方按比例或法定方式分享的税收。如:营业税、增值税、所得税、资源税、对证券(股票)交易征收的印花税等。

4. 按照计税标准的不同对税收进行分类，可分为从价税、从量税和复合税。

(1)从价税，是指以征税对象的价值或价格为计税依据征收的一种税，一般采用比例税率和累进税率。如我国的增值税、营业税、个人所得税等都采取从价计征形式。

(2)从量税，是指以征税对象的实物量作为计税依据征收的一种税，一般采用定额税率，我国的资源税、耕地占用税、城镇土地使用税等均实行从量计征形式。

(3)复合税，是指对征税对象采取从价和从量相结合的复合计税方法征收的一种税，如对卷烟、白酒征收的消费税采取从价和从量相结合的复合计税方法。

二、税法及其构成要素

(一)税收与税法的关系

1. 税法的概念

税法是国家制定的用以调整国家与纳税人之间在征纳税方面的权利与义务关系的法律规范的总称。它是国家依法征税、纳税人依法纳税的行为准则，其目的是保障国家利益和纳税人的合法权益，维护正常的税收秩序，保证国家的财政收入。

2. 税法与税收的关系

税收活动必须严格依照税法的规定进行，税法是税收的法律依据和法律保障;税收必须以税法为其依据和保障，税法又必须以保障税收活动的有序进行为其存在的理由和依据。税收作为一种经济活动，属于经济基础范畴;而税法则是一种法律制度，属于上层建筑范畴。国家和社会对税收收入与税收活动的客观需要，决定了与税收相对应的税法的存在;税法对税收活动的有序进行和税收目的的有效实现起着重要的法律保障作用。

（二）税法的分类

按税法的立法目的、征税对象、权限划分、适用范围、功能作用的不同，可分为不同类型的税法。

1. 按照税法的职能作用的不同，可分为税收实体法和税收程序法

（1）税收实体法，主要是指确定税种立法，具体规定各税种的征收对象、征收范围、税目、税率、纳税地点等。例如《中华人民共和国企业所得税法》、《中华人民共和国个人所得税法》就属于税收实体法。

（2）税收程序法，是指税务管理方面的法律，具体规定税收征收管理、纳税程序、发票管理、税务争议处理等内容。如《中华人民共和国税收征收管理法》、《中华人民共和国海关法》、《进出口关税条例》就属于税收程序法

2. 按照主权国家行使税收管辖权的不同，可分为国内税法、国际税法、外国税法等

（1）国内税法，一般是按照属人或属地原则，规定一个国家的内部税收制度，通常所说的税法即指国内税法。

（2）国际税法，是指国家间形成的税收制度，主要包括双边或多边国家间的税收协定、条约和国际惯例。

（3）外国税法，是指外国各个国家制定的税收法律制度。

3. 按照税收法律级次划分，可分为税收法律、税收法规、税收规章和税收规范性文件

（1）税收法律，是由全国人大及其常委会制定的，其法律地位和法律效力仅次于宪法，但高于税收法规、规章。在我国现行的税法体系中，《中华人民共和国个人所得税法》、《中华人民共和国企业所得税法》和《中华人民共和国税收征收管理法》都是税收法律。

（2）税收法规，是由国务院制定的税收行政法规和地方立法机关制定的地方税收法规两部分构成，其效力低于宪法、税收法律，但高于税收规章。其具体形式主要是条例或暂行条例，如《中华人民共和国增值税暂行条例》、《中华人民共和国消费税暂行条例》等，都是税收行政法规。税收行政法规构成我国税收立法的主要形式。

（3）税收规章和规范性文件，是指国家税收管理部门根据其职权和国家最高行政机关的授权，依据法律、法规制定的规范性税收文件。在我国具体指由财政部、国家税务总局、海关总署等制定的有关税收的办法、规定等，如财政部、国家税务总局令第46号《中华人民共和国车船税暂行条例实施细则》为税收规章；国税发［2006］156号《增值税专用发票使用规定》为税收规范性文件等。

（三）税法的构成要素

税法的构成要素（简称税制要素）是指各种单行税法具有的共同的基本要素的总称。首先，税法构成要素既包括实体性的，也包括程序性的；其次，税法构成要素是所有完善的单行税法都共同具备的，仅为某一税法所单独具有而非普遍性的内容，不构成税法要素，如扣缴义务人。税法的构成要素一般包括征税人、纳税义务人、征税对象、税目、税率、计税依据、纳税环节、纳税期限、纳税地点、减免税、法律责任等。其中，纳税义务人、征税对象、税率是构成税法的三个最基本的要素。

1. 征税人

征税人是指代表国家行使税收征管职权的各级税务机关和其他征收机关。因税种的不同可能有不同的征税人。如增值税的征税人是税务机关，关税的征税人是海关。

2. 纳税义务人。纳税义务人也称纳税人，是指税法规定的直接负有纳税义务的单位和个人。纳税义务人可以是自然人，也可以是法人或其他社会组织。

3. 征税对象

征税对象又称课税对象，是指对什么征税，是税收法律关系中权利义务共同指向的对象。征税对象包括物或行为，它是区别不同税种的主要标志。不同的征税对象构成不同的税种。根据征税对象的不同，可分为对流转额征税、对所得额征税、对财产征税、对资源征税、对特定行为征税等。

4. 税目

税目是征税对象的具体项目，反映具体的征税范围，代表征税的广度。凡列入税目的即为应税项目，未列入税目的，则不属于应税项目。制定税目的基本方法一般有两种：一是列举法，即按照每种商品或经营项目分别设置税目，必要时还可以在一个税目下设若干子目；二是概括法，即把性质相近的产品或项目归类设置税目，如按产品大类或行业设置税目等。

5. 税率

税率是对征税对象的征收比例或征收额度，它是计算税额的尺度，也是衡量税负轻重与否的重要标志，税率是税法的核心要素，是税收制度的灵魂，我国现行的税率主要有：

(1)比例税率。是指对同一征税对象，不论其数量多少、数额大小，均按同一个比例征收的税率。我国的增值税、营业税、城市维护建设税、企业所得税等采用的是比例税率。如企业所得税税率为25%。

(2)定额税率。是指对单位征税对象规定固定的税额，而不采用百分比的形式，它适用于从量计征的税种。目前采用定额税率的有资源税、车船税等。

(3)累进税率。是指按征税对象数额的大小划分为几个等级，各定一个税率，递增征税。数额越大，税率越高，一般适用于对所得额的征税。累进税率又分为超额累进税率、超率累进税率。

超额累进税率是指把征税对象按数额的大小划分为若干个等级，每一等级规定一个税率，税率依次提高，但每一纳税人的征税对象则依所属等级同时适用几个税率分别计算，将计算结果相加后得出应纳税款。目前采用这种税率的有个人所得税。

超率累进税率是指以征税对象数额的相对率划分若干级距，分别规定相应的差别税率，相对率每超过一个级距的，对超过的部分就按高一级的税率计算征税。目前采用这种税率的有土地增值税。

6. 计税依据

计税依据也称计税标准，是指计算应纳税额的依据或标准，即根据什么来计算纳税人应缴纳的税额。计税依据与征税对象虽然同样反映征税客体，但两者解决的问题不同。征税对象规定对什么征税，计税依据则在确定征税对象之后解决如何计量的问题，即计税依据是征税对象的量的体现。计税依据可以分为从价计征、从量计征、复合计征三种类型。

(1)从价计征。计税金额是从价计征应纳税额的计税依据，主要包括收入额、收益额、财产额、资金额等。其计算公式为：

计税金额 = 征税对象的数量 × 计税价格

应纳税额 = 计税金额 × 适用税率

(2)从量计征。计税数量是从量计征应纳税额的计税依据。

计税数量因征税对象不同，所包含的内容也不同，有重量、容量、面积等。其计算公式为：

应纳税额 = 计税数量 × 单位税额

(3)复合计征。征税对象的价格和数量均为其计税依据。其计算公式为：

应纳税额 = 计税数量 × 单位税额 + 计税金额 × 适用税率

7. 纳税环节

纳税环节是指税法规定的征税对象在从生产到消费的流转过程中应当缴纳税款的环节。如流转税在生产和流通环节纳税；所得税在分配环节纳税等。

8. 纳税期限

纳税期限指纳税人发生纳税义务后，应依法缴纳税款的期限。为了保证国家税收收入的及时入库，各税种都根据具体情况和特点，规定了纳税期限。纳税期限可以分为两种：一是按期纳税，如增值税的纳税期限根据纳税人的生产和经营情况与税额的大小分别核定为 1 天、3 天、5 天、10 天、15 天、1 个月、一个季度为一期，逐期计算缴纳。二是按次纳税，如进口商品应纳的增值税，是在纳税人发生纳税义务后，按次计算缴纳。

9. 纳税地点

纳税地点是指缴纳税款的地点。纳税地点关系到税收管辖和是否便利纳税等问题。通常，在税法上规定的纳税地点主要是机构所在地、经济活动发生地、财产所在地、报关地等，如销售房地产，其营业税纳税地点为房地产所在地。

10. 减免税

减免税是指国家对某些纳税人和征税对象给予鼓励和照顾的一种特殊规定。制定这种特殊规定，一方面是为了鼓励和支持某些行业或项目的发展；另一方面是为了照顾某些纳税人的特殊困难。减免税可以看作是对税率的补充和延伸。税率具有统一性和相对固定性，它要求有适当的灵活性与之相补充，以便能灵活地处理一些特殊的征税问题。减免税就是对税率所作的一种灵活延伸，它主要包括三个方面的内容：

(1)减税和免税。减税是指从应征税额中减征部分税款；免税是指对按规定应征收的税款全部免除。减税和免税具体又分为两种情况，一种是税法直接规定的减免税优惠，如民政部门举办的福利生产企业可减征或者免征企业所得税；另一种是依法给予的一定期限内的减免税优惠，期满后仍按规定纳税。

(2)起征点。起征点是指对征税对象达到一定数额才开始征税的界限。征税对象的数额没有达到规定数额的，不征税；征税对象的数额达到规定数额的，就其全部数额征税。

(3)免征额。免征额是指对征税对象总额中免予征税的数额。即将纳税对象中的一部分给予减免，只就减除后的剩余部分计征税款。如《个人所得税法》规定了免征额制度，对工资、薪金所得，以每月收入额减除费用 3500 元后的余额为应纳税所得额。

11. 法律责任

法律责任是指对违反国家税法规定的行为人采取的处罚措施。一般包括违法行为和因违法而应承担的法律责任两部分内容。违法行为是指违反税法规定的行为，包括作为和不作为。因违反税法而承担的法律责任包括行政责任和刑事责任。纳税人和税务人员违反税法规定，都将依法承担法律责任。

第二节 主要税种

根据我国现行税法的规定，中国目前开征的税种主要有：增值税、消费税、营业税、关税、企业所得税、个人所得税、资源税、城镇土地使用税、房产税、城市维护建设税、耕地占用税、土地增值税、车辆购置税、车船税、船舶吨税、印花税、契税等。

一、增值税

（一）增值税的概念及类型

增值税是对在我国境内销售货物或进口货物，或者提供加工、修理修配劳务以及应税服务的单位和个人，以其实现的增值额为征税对象征收的一种流转税。这里所说的"增值额"是指纳税人在生产、经营或劳务、服务活动中所创造的新增价值，即纳税人在一定时期内销售货物或提供劳务、服务所取得的收入大于其购进货物或取得劳务、服务时所支付金额的差额。增值税分为生产型增值税、收入型增值税、消费型增值税三种类型。

1. 生产型增值税，是以纳税人的销售收入（或劳务收入）减去用于生产、经营的外购原料、燃料、动力等物质资料价值后的余额作为法定的增值额，但对于购入的固定资产不予抵扣进项税额。

2. 收入型增值税，外购的流动资产进项税额可以扣除，对于纳税人购置用于生产、经营用的固定资产，允许将已提折旧的价值对应的进项税额予以扣除。

3. 消费型增值税，允许纳税人将购置的流动资产即物质资料的价值和用于生产经营的固定资产价值中所含的税款，在购置当期全部一次扣除。我国从 2009 年 1 月 1 日起生产型增值税全面改为消费型增值税。

（二）增值税纳税人

在中国境内销售或进口货物、或者提供加工、修理修配劳务以及应税服务的单位和个人为增值税纳税义务人。将增值税纳税人按会计核算水平是否健全和经营规模大小分为一般纳税人和小规模纳税人两类纳税人，分别采取不同的增值税计税方法。

1. 一般纳税人，是指年应税销售额超过小规模纳税人标准或符合税法规定情形的企业和企业性单位。

2. 小规模纳税人，是指年销售额在规定标准以下，并且会计核算不健全，不能按规定报送有关税务资料的增值税纳税人。会计核算不健全是指不能正确核算增值税的销项税额、进项税额和应纳税额。小规模纳税人的认定标准是：

（1）从事货物生产或提供应税劳务的纳税人，以及以从事货物生产或提供应税劳务为主，并兼营货物批发或零售的纳税人，年应税销售额在 50 万元以下的。

（2）提供应税服务的纳税人，年应征增值税销售额在 500 万以下的。

（3）对上述规定以外的纳税人，年应税销售额在 80 万元以下的。

年应税销售额超过小规模纳税人标准的其他个人按小规模纳税人纳税，年销售额超过规定标准但不经常发生应税行为的单位和个体工商户可选择按照小规模纳税人纳税。

小规模纳税人会计核算健全，能够提供准确税务资料的，可以向主管税务机关申请资格认定，不作为小规模纳税人。除国家税务总局另有规定外，纳税人一经认定为一般纳税人以后，不得转为小规模纳税人。

（三）增值税税率及征收率

1. 增值税一般纳税人按下列税率计算应纳税额

（1）销售或者进口货物，提供加工、修理修配劳务，除低税率适用范围和销售个别旧货适用征收率外，税率一律为17%。

（2）提供有形动产租赁服务，税率为17%。

（3）提供交通运输业服务、邮政业服务，税率为11%。

（4）提供现代服务业服务（有形动产租赁服务除外），税率为6%。

（5）增值税低税率，有五类特殊货物税率为13%。

2. 小规模纳税人征收率一律为3%。对于小规模纳税人，由于其经营规模小，会计核算不健全，难以按增值税税率计税和使用增值税专用发票抵扣进项税款，因此，实行按销售额与征收率计算应纳税额的简易办法。

（四）增值税应纳税额的计算

增值税一般纳税人销售货物或者提供劳务的应纳税额，应该等于当期进项税额抵扣当期销项税额后的余额。其计算公式为：

当期应纳税额 = 当期销项税额 − 当期进项税额

= 当期销售额 × 适用税率 − 当期进项税额

1. 销项税额的计算。销项税额是指纳税人销售货物或者提供应税劳务，按照销售额或提供应税劳务、应税服务收入和规定的税率计算并向购买方收取的增值税税额。销项税额的计算公式为：

销项税额 = 销售额 × 适用税率

2. 销售额是增值税销项税额的计税依据，包括纳税人销售货物或者提供应税劳务向购买方或承受应税劳务或应税服务方收取的全部价款和价外费用，但是不包括向购买方收取的销项税额和其他符合税法规定的费用。如果销售货物是消费税应税产品或者进口产品，则全部价款中包括消费税或关税。增值税是价外税，一般纳税人销售货物、提供应税劳务或提供应税服务如果取得的是含税销售额，在计算销项税额时，需要将其按下列公式换算为不含税的销售额：

销售额 = 含税销售额 ÷（1 + 税率）

纳税人销售货物或提供劳务的价格明显偏低并无正当理由的，或者视同销售行为而无销售额的，由主管税务机关核定销售额。

3. 进项税额，是指纳税人购进货物或者接受应税劳务、应税服务所支付或者负担的增值税额。增值税计算的核心就是纳税人支付的进项税额抵扣其收取的销项税额，其余额为纳税人实际应缴纳的增值税额。

除税法规定不得抵扣的项目外，准予抵扣的进项税额主要有：

(1)一般纳税人购进货物、接受应税劳务或接受应税服务的进项税额，为从销售方取得的增值税专用发票上注明的增值税额。

(2)一般纳税人进口货物的进项税额，为从海关取得的完税凭证上注明的增值税额。

(3)一般纳税人向农业生产者购买的免税农业产品，或者向小规模纳税人购买的农产品，准予按照买价和13%的扣除率计算进项税额。

(五)增值税征收管理

1. 纳税义务发生的时间。纳税人销售货物或者提供应税劳务和应税服务的，其纳税义务发生的时间为收讫销售款项或者取得索取销售款项凭据的当天，先开具发票的，为开具发票的当天。纳税人进口货物，其纳税义务发生时间为报关进口的当天。增值税扣缴义务发生时间为纳税人增值税纳税义务发生的当天。

2. 纳税期限。增值税的纳税期限分别为 1 日、3 日、5 日、10 日、15 日、1 个月或者 1 个季度。

3. 纳税地点。固定业户应当向其机构所在地的主管税务机关申报纳税。固定业户到外县(市)销售货物或者提供应税劳务的，应当向其机构所在地的主管税务机关申请开具外出经营活动税收管理证明，并向其机构所在地的主管税务机关申报纳税;未开具证明的，应当向销售地或者劳务发生地的主管税务机关申报纳税。非固定业户销售货物或者提供应税劳务的，应当向销售地或劳务发生地的主管税务机关申报纳税。进口货物应当向报关地海关申报纳税。

二、消费税

(一)消费税的概念及计税方法

消费税是指对消费品和特定的消费行为按消费流转额征收的一种商品税，一般可分为一般消费税和特别消费税。前者是对所有消费品普遍征税，后者主要对特定消费品征税。根据《消费税暂行条例》规定，我国现行消费税是对我国境内从事生产、委托加工和进口应税消费品的单位和个人就其应税消费品的应税销售额或销售量征收的一种税，属于特别消费税。

消费税计税方法主要有：从价定率征收、从量定额征收、从价定率和从量定额复合征收三种方式。

(二)消费税纳税人

在中国境内从事生产、委托加工及进口应税消费品的单位和个人，为消费税纳税义务人。这里所说的“单位”是指国有企业、集体企业、私有企业、股份制企业、外商投资企业和外国企业、其他企业和行政单位、事业单位、军事单位、社会团体及其他单位。“个人”是指个体经营者及其他个人。

(三)消费税税目与税率

消费税采用比例税率和定额税率(即单位税额)两种形式，消费税根据不同的税目或子目确定相应的税率或单位税额。具体税率和税目见表 3－1。

表3－1　　　　　　消费税税目、税率表

税目	税率
一、烟	
1. 卷烟	
(1)甲类卷烟	56%加0.003元/支
(2)乙类卷烟	36%加0.003元/支
(3)批发环节	5%
2. 雪茄烟	36%
3. 烟丝	30%
二、酒及酒精	
1. 白酒	20%加0.5元/500克(或者500毫升)
2. 黄酒	240元/吨
3. 啤酒	
(1)甲类啤酒	250元/吨
(2)乙类啤酒	220元/吨
4. 其他酒	10%
5. 酒精	5%
三、化妆品	30%
四、贵重首饰及珠宝玉石	
1. 金银首饰、铂金首饰和钻石及钻石饰品	5%
2. 其他贵重首饰和珠宝玉石	10%
五、鞭炮、焰火	15%
六、成品油	
1. 汽油	
(1)含铅汽油	1.40元/升
(2)无铅汽油	1.00元/升
2. 柴油	0.80元/升
3. 航空煤油	0.80元/升
4. 石脑油	1.00元/升
5. 溶剂油	1.00元/升
6. 润滑油	1.00元/升
7. 燃料油	0.80元/升
七、汽车轮胎	3%

续表

八、摩托车	
1. 汽缸容量(排气量，下同)在250毫升(含250毫升)以下的	3%
2. 汽缸容量250毫升以上的	10%
九、小汽车	
1. 乘用车	1%
(1)汽缸容量(排气量，下同)在1.0升(含1.0升)以下的	
(2)汽缸容量在1.0升以上至1.5升(含1.5升)的	3%
(3)汽缸容量在1.5升以上至2.0升(含2.0升)的	5%
(4)汽缸容量在2.0升以上至2.5升(含2.5升)的	9%
(5)汽缸容量在2.5升以上至3.0升(含3.0升)的	12%
(6)汽缸容量在3.0升以上至4.0升(含4.0升)的	25%
(7)汽缸容量在4.0升以上的	40%
2. 中轻型商用客车	5%
十、高尔夫球及球具	10%
十一、高档手表	20%
十二、游艇	10%
十三、木制一次性筷子	5%
十四、实木地板	5%

(四)消费税应纳税额的计算

1. 实行从价定率征税的应税消费品，其计税依据是含消费税而不含增值税的销售额。销售额，即应税销售额，是纳税人销售应税消费品向购买方收取的全部价款和价外费用。实行从价定率计税的应纳税额计算公式为：

应纳税额 = 销售额 × 税率

应税消费品的销售额中未扣除增值税税款，或因不得开具增值税专用发票而发生价款和增值税合并收取的，在计算消费税时，应当换算为不含增值税的销售额。其换算公式为：

应税消费品的销售额 = 含增值税的销售额 ÷ (1 + 增值税税率或征收率)

2. 实行从量定额征税的应税消费品，其计税依据是销售应税消费品的实际销售数量。实行从量定额计税的，应纳税额计算公式为：

应纳税额 = 销售数量 × 单位税额

3. 从价定率和从量定额复合征收的应税消费品，现行消费税的征税范围中，只有卷烟、白酒采用复合计征方法。应纳税额计算公式为：

应纳税额 = 销售数量 × 单位税额 + 销售额(或组成计税价格) × 税率

4. 应税消费品已纳税款扣除。根据税法规定，应税消费品若是用外购或委托加工收回已缴纳消费税的应税消费品连续生产出来的，在对这些连续生产出来的应税消费品征税时，按当期生产领用数量计算准予扣除外购或委托加工收回的应税消费品已缴纳的消费税税款。

（五）消费税征收管理

1. 纳税义务发生时间

纳税人生产的应税消费品于销售时纳税，进口应税消费品应于报关进口时纳税，金银首饰、钻石在零售环节纳税。纳税义务发生的时间，以货款结算或行为发生时间分别确定。

2. 纳税期限

消费税的纳税期分别为1日、3日、5日、10日、15日、1个月或者1个季度。

3. 纳税地点

纳税人销售的应税消费品，以及自产自用的应税消费品，应当向纳税人机构所在地或居住地主管税务机关申报纳税；委托个人加工的应税消费品，由委托方向其机构所在地或者居住地主管税务机关申报纳税；进口的应税消费品，由进口人或其代理人向报关地海关申报纳税。纳税人销售的应税消费品，如因质量等原因由购买者退回时，经所在地主管税务机关审核批准后，可退还已征收的消费税税款，但不能自行直接抵减应纳税款。

三、营业税

（一）营业税的概念

营业税是以在我国境内提供应税劳务、转让无形资产或销售不动产所取得的营业额为课税对象而征收的一种商品劳务税。营业税一般以营业收入额全额为计税依据，实行比例税率，计征简便。

（二）营业税纳税人

根据《营业税暂行条例》规定，在中国境内提供应税劳务、转让无形资产或者销售不动产的单位和个人，为营业税纳税人。

（三）营业税税目、税率

1. 营业税税目

长期以来，我国一直对九个行业征收营业税，包括交通运输业、建筑业、金融保险业、邮电通讯业、文化体育业、服务业、娱乐业、转让无形资产、销售不动产。“营改增”以后交通运输业税目，邮电通信业税目中的邮政业，服务业税目中的现代服务业（仓储业和广告业），转让无形资产税目中的转让商标权、转让著作权、转让专利权、转让非专利技术、转让商誉停止执行营业税政策。未停止执行营业税的税目有建筑业、金融保险业、电信业、文体业、娱乐业、传统服务业、转让土地使用权和销售不动产。

2. 营业税税率

建筑业、电信业、文化体育业的税率为3%；传统服务业、转让土地使用权、销售不动产、金融保险业的税率为5%；娱乐业的税率为5%～20%。

（四）营业税应纳税额的计算

营业税的计税依据是营业额。营业额是纳税人提供应税劳务、转让土地使用权或者销售不动产向对方收取的全部价款和价外费用。价外费用包括向对方收取的手续费、基金、集资费、代收款项、代垫款项以及其他各种性质的价外收费。

营业税应纳税额的计算公式为：

营业税应纳税额＝营业额×税率

（五）营业税征收管理

1. 纳税义务发生时间

营业税的纳税义务发生时间为纳税人收讫营业收入款项或者取得索取营业收入款项凭据的当天。

2. 纳税期限

营业税纳税期限分别为5日、10日、15日、1个月或者1个季度。其中：金融企业纳税期限为一个季度，保险企业纳税期限为1个月。

3. 纳税地点

纳税人提供应税劳务，应当向应当向其机构所在地或居住地的主管税务机关申报纳税；纳税人转让土地使用权的，应当向其土地所在地的主管税务机关申报纳税；纳税人销售不动产的，应当向不动产所在地的主管税务机关申报纳税；单位和个人出租土地使用权，应向土地不动产所在地主管税务机关申报纳税。

四、企业所得税

（一）企业所得税的概念

企业所得税，是对我国境内的企业和其他取得收入的组织的生产经营所得和其他的所得征收的所得税。

2007年3月16日第十届全国人民代表大会第五次全体会议通过的《中华人民共和国企业所得税法》，实现了内、外资企业企业所得税“两法合并”，内、外资企业所得税制的统一，为各类企业创造了公平的市场竞争环境。

（二）企业所得税纳税人

《企业所得税法》规定除个人独资企业、合伙企业不适用企业所得税法外，凡在我国境内的企业和其他取得收入的组织为企业所得税的纳税义务人，根据《企业所得税法》规定，企业分为居民企业和非居民企业，这是根据企业纳税义务范围的宽窄进行分类的方法，不同的企业在向中国政府缴纳企业所得税时，纳税义务不同。

1. 居民企业，是指依法在中国境内成立，或者依照外国（地区）法律成立但实际管理机构在中国境内的企业，包括国有企业、集体企业、私营企业、联营企业、股份制企业、外商投资企业、外国企业以及有生产、经营所得和其他所得的其他组织。

2. 非居民企业，是指依照外国（地区）法律成立且实际管理机构不在中国境内，但在中国境内设立机构、场所的，或者在中国境内未设立机构、场所，但有来源于中国境内所得的企业。

（三）企业所得税征税对象

中华人民共和国境内的企业和其他取得收入的组织，均为企业所得税纳税义务人。企业所得税的征税对象是指企业的生产经营所得、其他所得和清算所得。

1. 居民企业的征税对象

居民企业应就来源于中国境内、境外的所得作为征税对象。所得，包括销售货物所得、提供劳务所得、转让财产所得、股息红利所得等权益性投资所得，以及利息所得、租金所得、特许权使用费所得、接受捐赠所得和其他所得，这里的所得是企业所得税的主要纳税来源。

2. 非居民企业的征税对象

非居民企业在中国境内设立机构、场所的，应当就其所设机构、场所取得的来源于中国境内的所得，以及发生在中国境外但与其所设机构、场所有实际联系的所得，缴纳企业所得税。非居民企业在中国境内未设立机构、场所的，或者虽设立机构、场所但取得的所得与其所设机构、场所没有实际联系的，应当就其来源于中国境内的所得缴纳企业所得税。“实际联系”是指非居民企业在中国境内设立的机构、场所拥有据以取得所得的股权、债权，以及拥有、管理、控制据以取得所得的财产等。

（四）企业所得税税率

企业所得税实行比例税率。比例税率简便易行，透明度高，不会因征税而改变企业间收入分配比例，有利于促进效率的提高。

1. 基本税率

居民企业和在中国境内设有机构、场所且所得与机构、场所有关联的非居民企业，适用税率为25%。

2. 低税率

符合条件的小型微利企业，减按20%的税率征收企业所得税。国家需要重点扶持的高新技术企业，减按15%的税率征收企业所得税。在中国境内未设立机构、场所，或者虽设立机构、场所但取得的所得与机构场所没有实际联系的非居民企业，税率为20%，实际征税时减按10%的税率征收。

（五）企业所得税应纳税所得额的计算

应纳税所得额是企业所得税的计税依据。按照企业所得税法规定，应纳税所得额为企业每一个纳税年度的收入总额，减除不征税收入、免税收入、各项扣除，以及允许弥补的以前年度亏损后的余额，基本公式为：

应纳税所得额 = 收入总额 - 不征税收入 - 免税收入 - 各项扣除 - 以前年度亏损

企业应纳税所得额的计算，应当以权责发生制为原则。属于当期的收入和费用，不论款项是否收付，均作为当期的收入和费用；不属于当期的收入和费用，即使款项已经在当期收付，均不作为当期的收入和费用。

1. 收入总额。是指以货币形式和非货币形式从各种来源取得的收入。具体有：销售货物收入、提供劳务收入、转让财产收入、股息、红利等权益性投资收益；利息收入、租金收入、特许权使用费收入、接受捐赠收入、其他收入等。

企业取得收入的货币形式，包括现金、存款、应收账款、应收票据、准备持有至到期的债券投资以及债务的豁免等；纳税人以非货币形式取得的收入，包括固定资产、生物资产、无形资产、股权投资、存货、不准备持有至到期的债券投资、劳务以及有关权益等，这些非货币资产应当按照公允价值确定收入额，公允价值是指按照市场价格确定的价值。收入的具体构成为：

（1）销售货物收入，是指企业销售商品、产品、原材料、包装物、低值易耗品以及其他存货取得的收入。

（2）提供劳务收入，是指企业从事建筑安装、修理修配、交通运输、仓储租赁、金融保险、邮电通信、咨询经纪、文化体育、科学研究、技术服务、教育培训、餐饮住宿、中介代理、卫生保健、社区服务、旅游、娱乐、加工以及其他劳务服务活动取得的收入。

(3)转让财产收入，是指企业转让固定资产、生物资产、无形资产、股权、债权等财产取得的收入。

(4)股息、红利等权益性投资收益，是指企业因权益性投资从被投资方取得的收入。股息、红利等权益性投资收益，除国务院财政、税务主管部门另有规定外，按照被投资方做出利润分配决定的日期确认收入的实现。

(5)利息收入，是指企业将资金提供他人使用但不构成权益性投资，或者因他人占用本企业资金取得的收入，包括存款利息、贷款利息、债券利息、欠款利息等收入。利息收入，按照合同约定的债务人应付利息的日期确认收入的实现。

(6)租金收入，是指企业提供固定资产、包装物或者其他有形资产的使用权取得的收入。出租人按照合同约定的承租人应付租金的日期确认收入的实现。其中，租赁期限跨年度，且租金提前一次性支付的，出租人可对上述已确认的收入，在租赁期内，分期均匀计入相关年度收入。

(7)特许权使用费收入，是指企业提供专利权、非专利技术、商标权、著作权以及其他特许权的使用权取得的收入。特许权使用费收入，按照合同约定的特许权使用人应付特许权使用费的日期确认收入的实现。

(8)接受捐赠收入，是指企业接受的来自其他企业、组织或者个人无偿给予的货币性资产、非货币性资产。接受捐赠收入，按照实际收到捐赠资产的日期确认收入的实现。

(9)其他收入，是指企业取得的除以上收入外的其他收入，包括企业资产溢余收入、逾期未退包装物押金收入、确实无法偿付的应付款项、已作坏账损失处理后又收回的应收款项、债务重组收入、补贴收入、违约金收入、汇兑收益等。

2. 不征税收入。是指国家为了扶持和鼓励某些特殊的纳税人和特定的项目，或者避免因征税影响企业的正常经营，对企业取得的某些收入予以不征税或免税的特殊政策，以减轻企业的负担，促进经济的协调发展。依照《企业所得税法》规定，下列收入为不征税收入：

(1)财政拨款，是指各级人民政府对纳入预算管理的事业单位、社会团体等组织拨付的财政资金，但国务院和国务院财政、税务主管部门另有规定的除外。

(2)行政事业性收费是指依照法律法规等有关规定，按照国务院规定程序批准，在实施社会公共管理，以及在向公民、法人或者其他组织提供特定公共服务过程中，向特定对象收取并纳入财政管理的费用。政府性基金，是指企业依照法律、行政法规等有关规定，代政府收取的具有专项用途的财政资金。

(3)国务院规定的其他不征税收入，是指企业取得的，由国务院财政、税务主管部门规定专项用途并经国务院批准的财政性资金。

3. 免税收入，依照《企业所得税法》规定，企业的下列收入为免税收入：

(1)国债利息收入，为鼓励企业积极购买国债，支援国家建设，税法规定，企业因购买国债所得的利息收入，免征企业所得税。

(2)符合条件的居民企业之间的股息、红利等权益性收益，是指居民企业直接投资于其他居民企业取得的投资收益。

(3)在中国境内设立机构、场所的非居民企业从居民企业取得与该机构、场所有实际联系的股息、红利等权益性投资收益。该收益都不包括连续持有居民企业公开发行并上市流通的股票不足12个月取得的投资收益。

(4)符合条件的非营利组织的收入。

4. 准予扣除的基本范围，根据企业所得税法规定，企业实际发生的与取得收入有关的、合理的支出，包括成本、费用、税金、损失和其他支出，准予在计算应纳税所得额时扣除。在实际中，计算应纳税所得额时还应注意三方面的内容：第一，收益性支出在发生当期直接扣除；资本性支出应当分期扣除或者计入有关资产成本，不得在发生当期直接扣除。第二，企业的不征税收入用于支出所形成的费用或者财产，不得扣除或者计算对应的折旧、摊销扣除。第三，除企业所得税法和本条例另有规定外，企业实际发生的成本、费用、税金、损失和其他支出，不得重复扣除。

(1)成本，是指企业在生产经营活动中发生的销售成本、销货成本、业务支出以及其他耗费。即企业销售商品、提供劳务、转让固定资产、无形资产的成本。

企业必须将经营活动中发生的成本合理划分为直接成本和间接成本。直接成本是可直接计入有关成本计算对象或劳务的经营成本中的直接材料、直接人工等。间接成本是指多个部门为同一成本对象提供服务的共同成本，或者同一种投入可以制造、提供两种或两种以上的产品或劳务的联合成本。

直接成本可根据有关会计凭证、记录直接计入有关成本计算对象或劳务的经营成本中。间接成本必须根据与成本计算对象之间的因果关系、成本计算对象的产量等，以合理的方法分配计入有关成本计算对象中。

(2)费用，是指企业每一个纳税年度为生产、经营商品和提供劳务等所发生的销售(经营)费用、管理费用和财务费用。

销售费用，是指应由企业负担的为销售商品而发生的费用，包括广告费、运输费、装卸费、包装费、展览费、保险费、销售佣金、代销手续费、经营性租赁费及销售部门发生的差旅费、工资、福利费等费用。

管理费用，是指企业的行政管理部门为管理组织经营活动提供各项支持性服务而发生的费用。

财务费用，是指企业筹集经营性资金而发生的费用，包括利息净支出、汇兑净损失、金融机构手续费以及其他非资本化利息。

(3)税金，是指企业发生的除企业所得税和允许抵扣的增值税以外的企业缴纳的各项税金及其附加。即企业按规定缴纳的消费税、营业税、城市维护建设税、关税、资源税、土地增值税、房产税、车船税、土地使用税、印花税、教育费附加等产品销售税金及附加。

(4)损失，是指企业在生产经营活动中发生的固定资产和存货的盘亏、毁损、报废损失、转让财产损失、呆账损失、坏账损失、自然灾害等不可抗力因素造成的损失以及其他损失。

企业发生的损失，减除责任人赔偿和保险赔款后的余额，依照国务院财政、税务主管部门的规定扣除。企业已经作为损失处理的资产，在以后纳税年度又全部收回或者部分收回时，应当计入当期收入。

(5)扣除的其他支出，是指除成本、费用、税金、损失外，企业在生产经营活动中发生的与生产经营活动有关的、合理的支出。

5. 准予扣除的主要具体项目及其标准

(1)工资薪金支出。企业发生的合理的工资、薪金支出准予据实扣除，合理的工资、薪金，是指企业按照股东大会、董事会、薪酬委员会或相关管理机构制定的工资薪金制度规定实际发放给员工的所有现金或非现金形式的劳动报酬。包括基本工资、奖金、津贴、补贴、年终加薪、加班工资，以及与任职或者与受雇有关的其他支出。

(2)职工福利费、工会经费、职工教育经费。企业发生的职工福利费、工会经费、职工教育经费按标准扣除，未超过标准的按实际数扣除，超过标准的只能按标准扣除。

企业发生的职工福利费支出，不超过工资薪金总额14%的部分准予扣除。

企业拨缴的工会经费，不超过工资薪金总额2%的部分，凭工会组织开具的《工会经费收入专用收据》在企业所得税税前扣除。

除国务院财政、税务主管部门另有规定外，企业发生的职工教育经费支出，不超过工资薪金总额2.5%的部分准予扣除，超过部分准予结转以后纳税年度扣除。

(3)社会保险费。企业依照国务院有关主管部门或者省级人民政府规定的范围和标准为职工缴纳的五险一金，即基本养老保险费、基本医疗保险费、失业保险费、工伤保险费、生育保险费等基本社会保险费和住房公积金，准予扣除。

企业为投资者或者职工支付的补充养老保险费、补充医疗保险费，在国务院财政、税务主管部门规定的范围和标准内，准予扣除。企业依照国家有关规定为特殊工种职工支付的人身安全保险费和符合国务院财政、税务主管部门规定可以扣除的商业保险费准予扣除。

企业参加财产保险，按照规定缴纳的保险费，准予扣除。企业为投资者或者职工支付的商业保险费，不得扣除。

(4)利息费用。非金融企业向金融企业借款的利息支出、金融企业的各项存款利息支出和同业拆借利息支出、企业经批准发行债券的利息支出可据实扣除。非金融企业向非金融企业借款的利息支出，不超过按照金融企业同期同类贷款利率计算的数额的部分可据实扣除，超过部分不许扣除。企业实际支付给关联方的利息支出，不超过规定比例和税法及其实施条例有关规定计算的部分，准予扣除，超过的部分不得在发生当期和以后年度扣除。

(5)业务招待费。企业发生的与生产经营活动有关的业务招待费支出，按照发生额的60%扣除，但最高不得超过当年销售(营业)收入的5‰。企业在筹建期间，发生的与筹办活动有关的业务招待费支出，可按实际发生额的60%计入企业筹办费，并按有关规定在税前扣除。

(6)广告费和业务宣传费。企业发生的符合条件的广告费和业务宣传费支出，除国务院财政、税务主管部门另有规定外，不超过当年销售(营业)收入15%的部分，准予扣除；超过部分，准予结转以后纳税年度扣除。企业在筹建期间，发生的广告费与业务宣传费，可按实际发生额计入企业筹办费，并按上述规定在税前扣除。

(7)租赁费。企业以经营租赁方式租入固定资产发生的租赁费支出，按照租赁期限均匀扣除。以融资租赁方式租入固定资产发生的租赁费支出，按照规定构成融资租入固定资产价值的部分应当提取折旧费用，分期扣除。

(8)劳动保护费。企业发生的合理的劳动保护支出，准予扣除。企业根据其工作性质和特点，由企业统一制作并要求员工工作时统一着装所发生的工作服饰费用，可以作为企业合理的支出给予税前扣除。

(9)公益性捐赠支出。用于《中华人民共和国公益事业捐赠法》规定的公益事业的捐赠，不超过年度利润总额12%的部分，准予扣除。年度利润总额，是指企业依照国家统一会计制度的规定计算的年度会计利润。

(10)有关资产的费用。企业转让各类固定资产发生的费用，允许扣除。企业按规定计算的固定资产折旧费、无形资产和递延资产的摊销费，准予扣除。

(11)资产损失。企业当期发生的固定资产和流动资产盘亏、毁损净损失，由其提供清查盘存资料经主管税务机关审核后，准予扣除。

6. 不得扣除的项目。在计算应纳税所得额时，下列支出不得扣除：

(1)向投资者支付的股息、红利等权益性投资收益款项。

(2)企业所得税税款。

(3)税收滞纳金，是指纳税人违反税收法规，被税务机关处以的滞纳金。

(4)罚金、罚款和被没收财物的损失，是指纳税人违反国家有关法律、法规规定，被有关部门处以的罚款，以及被司法机关处以的罚金和被没收财物。

(5)超过规定标准的捐赠支出。

(6)赞助支出，是指企业发生的与生产经营活动无关的各种非广告性质支出。

(7)未经核定的准备金支出，是指不符合国务院财政、税务主管部门规定的各项资产减值准备、风险准备等准备金支出。

(8)企业之间支付的管理费、企业内营业机构之间支付的租金和特许权使用费，以及非银行企业内营业机构之间支付的利息，不得扣除。

(9)与取得收入无关的其他支出。

7. 亏损弥补。根据税法规定，企业某一纳税年度发生的亏损可以用下一年度的所得弥补，下一年度的所得不足以弥补的，可以逐年延续弥补，但最长不得超过5年。

(六)企业所得税征收管理

1. 纳税地点

居民企业以企业登记注册地为纳税地点(除税收法律、行政法规另有规定外)：登记注册地在境外的，以实际管理机构所在地为纳税地点。居民企业在中国境内设立不具有法人资格的营业机构的,应当汇总计算并缴纳企业所得税。

非居民企业在中国境内设立机构、场所的，应当就其所设机构、场所取得的来源于中国境内的所得，以及发生在中国境外但与其所设机构、场所有实际联系的所得，以机构、场所所在地为纳税地点。非居民企业在中国境内未设立机构、场所的，或者虽设立机构、场所，但取得的所得与其所设机构、场所没有实际联系的所得，以扣缴义务人所在地为纳税地点。

2. 纳税期限

企业所得税按年计征，分月或者分季预缴，年终汇算清缴，多退少补。企业所得税的纳税年度，自公历1月1日起至12月31日止。企业在一个纳税年度的中间开业，或者由于合并、关闭等原因终止经营活动，使该纳税年度实际经营期不足12个月的，应当以其实际经营期为一个纳税年度。

3. 纳税申报

按月或按季预缴的，应当自月份或者季度终了之日起15日内，向税务机关报送预缴企业所得税纳税申报表，预缴税款。依法缴纳的企业所得税，以人民币计算。所得以人民币以外的货币计算的，应当折合成人民币计算并缴纳税款。

五、个人所得税

（一）个人所得税概念

个人所得税，是指对个人（即自然人）取得的各项应税所得征收的一种所得税。是政府利用税收对个人收入进行调节的一种手段。个人所得税的征税对象不仅包括个人还包括具有自然人性质的企业。

（二）个人所得税的纳税义务人

个人所得税的纳税义务人，包括中国公民、个体工商业户、个人独资企业、合伙企业投资者、在中国有所得的外籍人员（包括无国籍人员）和香港、澳门、台湾同胞。上述纳税义务人依据住所和居住时间两个标准，区分为居民和非居民，分别承担不同的纳税义务。

1. 居民纳税义务人

负有无限纳税义务。其所取得的应纳税所得，无论是来源于中国境内还是中国境外任何地方，都要在中国缴纳个人所得税。根据《个人所得税法》规定，居民纳税义务人是指在中国境内有住所，或者无住所而在中国境内居住满1个纳税年度的个人。

2. 非居民纳税义务人

是指不符合居民纳税义务人判定标准（条件）的纳税义务人，非居民纳税义务人承担有限纳税义务，即仅就其来源于中国境内的所得，向中国缴纳个人所得税。《个人所得税法》规定，非居民纳税义务人是指在中国境内无住所又不居住或者无住所而在一个纳税年度内在境内居住不满1年的个人。

（三）个人所得税的应税项目和税率

1. 个人所得税应税项目

（1）工资、薪金所得；（2）个体工商户的生产、经营所得；（3）对企事业单位的承包经营、承租经营所得；（4）劳务报酬所得；（5）稿酬所得；（6）特许权使用费所得；（7）利息、股息、红利所得；（8）财产租赁所得；（9）财产转让所得（财产转让所得是指个人转让有价证券、股票、建筑物、土地使用权、机器设备、车船以及其他财产取得的所得）；（10）偶然所得（偶然所得是指个人得奖、中奖、中彩以及其他偶然性质的所得）；（11）经国务院财政部门确定征税的其他所得。

2. 个人所得税税率

个人所得税实行超额累进税率与比例税率相结合的税率体系。具体规定如下：

（1）工资、薪金所得，适用七级超额累进税率（见表3-2）。

表 3－2　　　　工资、薪金所得个人所得税税率表

级数	全月含税应纳税所得额	全月不含税应纳税所得额	税率(%)	速算扣除数
1	不超过 1500 元的	不超过 1455 元的	3	0
2	超过 1500～4500 元的部分	超过 1455 至 4155 元的部分	10	105
3	超过 4500～9000 元的部分	超过 4155 至 7755 元的部分	20	555
4	超过 9000～35000 元的部分	超过 7755 至 27255 元的部分	25	1005
5	超过 35000～55000 元的部分	超过 21255 至 41255 元的部分	30	2755
6	超过 55000～80000 元的部分	超过 41255 至 57505 元的部分	35	5505
7	超过 80000 元的部分	超过 57505 元的部分	45	13505

注:本表所称全月含税应纳税所得额和全月不含税应纳税所得额，是指依照税法的规定，以每月收入额减除费用 3500 元后的余额或者再减除附加减除费用后的余额。

(2)个体工商户、个人独资企业和合伙企业的生产经营所得，以及对企事业单位的承包经营、承租经营所得，适用 5% 至 35% 的超额累进税率(见表 3－3)。

表 3－3　　　　个体工商户的生产、经营所得和对企事业单位的承包经营、承租经营所得个人所得税税率表

级 数	全年含税应纳税所得额	全月不含税应纳税所得额	税率(%)	速算扣除数
1	不超过 15000 元的	不超过 14250 元的	5	0
2	超过 15000～30000 元的部分	超过 14250 至 27750 元的部分	10	750
3	超过 30000～60000 元的部分	超过 27750 至 51750 元的部分	20	3750
4	超过 60000～100000 元的部分	超过 51750 至 79750 元的部分	30	9750
5	超过 100000 元的部分	超过 79750 元的部分	35	14750

注:本表所称全年含税应纳税所得额和全年不含取应纳税所得额，对个体工商户的生产、经营所得来源，是指以每一纳税年度的收入总额，减除成本、费用、相关税费以及损失后的余额;对企事业单位的承包经营、承租经营所得来源，是指以每一纳税年度的收入总额，减除必要费用后的余额。

(3)稿酬所得，适用比例税率，税率为 20%，并按应纳税额减征 30%，其实际税率为 14%。

(4)劳务报酬所得，适用比例税率，税率为 20%。对劳务报酬所得一次收入畸高的，可以实行加成征收。对应纳税所得额超过 20000～50000 元的部分，依照税法规定计算应纳税额后再按照应纳税额加征五成;超过 50000 元的部分，加征十成。因此，劳务报酬所得实际上适用 20%、30%、40% 的三级超额累进税率(见表 3－4)。

表3－4　　劳务报酬所得个人所得税税率表

级数	每次应纳税所得额	税率(%)
1	不超过20000元的部分	20
2	超过20000～50000元的部分	30
3	超过50000元的部分	40

注:本表所称每次应纳税所得额，是指每次收入额减除费用800元(每次收入额不超过4000元时)或者减除20%的费用(每次收入额超过4000元时)后的余额。

(5)特许权使用费所得，利息、股息、红利所得，财产租赁所得，财产转让所得，偶然所得和其他所得，适用比例税率，税率为20%。对个人出租住房取得的所得减按10%的税率征收个人所得税。

(四)个人所得税应纳税额的计算

1.工资、薪金所得，以每月收入额减除费用，3500元后的余额，为应纳税所得额。工资、薪金所得应纳税额的计算公式为:

应纳税额＝应纳税所得额×适用税率－速算扣除数＝(每月收入额－3500元)×适用税率－速算扣除数

2.个体工商户的生产经营所得，以每－纳税年度的收入总额，减除成本、费用以及损失后的余额，为应纳税所得额。其计算公式:

应纳税额＝应纳税所得额×适用税率－速算扣除数＝(全年收入总额－成本、费用以及损失)×适用税率－速算扣除数

3.对企事业单位的承包经营、承租经营所得，以纳税年度的收入总额减去必要费用(按月扣除3500元)后的余额为应纳税所得额，应纳税额的计算公式为:

应纳税额＝应纳税所得额×适用税率－速算扣除数＝(纳税年度收入总额－必要费用)×适用税率－速算扣除数

4.劳务报酬所得应纳税额的计算公式为:

(1)每次收入不足4000元的，应纳税额＝(每次收入－800元)×20%

(2)每次收入超过4000元的，应纳税额＝每次收入额×(1－20%)×20%

(3)每次收入的应纳税所得额超过20000元的，应纳税额＝每次收入额×(1－20%)×适用税率－速算扣除数

5.稿酬所得应纳税额的计算公式为:

(1)每次收入不足4000元的，应纳税额＝(每次收入额－800元)×20%×(1－30%)

(2)每次收入超过4000元的，应纳税额＝每次收入额×(1－20%)×20%×(1－30%)

6.利息、股息、红利所得应纳税额的计算公式为:

应纳税额＝应纳税所得额×适用税率＝每次收入额×20%

(五)个人所得税征收管理

个人所得税的纳税办法有自行申报纳税和代扣代缴两种。

1.自行申报纳税义务人。下列人员为自行申报纳税的纳税义务人:年所得12万元以上的:从中国境内两处或者两处以上取得工资、薪金所得的;从中国境外取得所得的;取得应税所

得，没有扣缴义务人的等。

2. 代扣代缴。是指按照税法规定负有扣缴税款义务的单位或个人，在向个人支付应纳税所得时，应计算应纳税额，从其所得中扣除并缴入国库，同时向税务机关报送扣缴个人所得税报告表。

凡支付个人应纳税所得的企业、事业单位、机关、社会团体、军队、驻华机构（不含依法享有外交特权和豁免的驻华使领馆、联合国及其国际组织驻华机构）个体户等单位或者个人，为个人所得税的扣缴义务人。

代扣代缴的范围包括：工资、薪金所得；对企事业单位的承包经营、承租经营所得；劳务报酬所得；稿酬所得、特许权使用费所得；利息、股息、红利所得；财产租赁所得；财产转让所得；偶然所得等。

第三节　税收征管

税收征收管理，指国家征税机关依据国家税收法律、行政法规的规定，按照统一的标准，通过一定的程序，对纳税人应纳税额组织入库的一种行政活动。根据《税收征收管理法》规定，税收征管包括税务登记、发票管理、纳税申报、税款征收、税务检查和法律责任等环节。规范税收征收管理的模式、方法、程序等，有利于保证税收征收管理的有序进行、保障纳税人的权益、保证税收收入的稳定增长。

一、税务管理

（一）税务登记管理

税务登记，又称纳税登记，是税务机关依据税法规定，对纳税人的生产、经营活动进行登记管理的一项法定制度，也是纳税人为履行纳税义务，就有关纳税事宜依法向税务机关办理登记的一种法定手续。税务登记是税务机关对纳税人实施税收管理的首要环节和基础工作，是征纳双方法律关系成立的依据和证明，也是纳税人必须依法履行的义务。

税务登记种类包括：开业登记，变更登记，停业、复业登记，注销登记，外出经营报验登记，税务登记证管理、扣缴税款登记。

1. 开业税务登记

（1）开业税务登记的对象。根据有关规定，开业税务登记的纳税人分为以下两类：

①领取营业执照从事生产、经营的纳税人。包括企业，即从事生产经营的单位或组织，包括国有、集体、私营企业，中外合资合作企业、外商独资企业，以及各种联营、联合、股份制企业等。企业在外地设立的分支机构和从事生产、经营的场所。个体工商户。从事生产、经营的事业单位。

②其他纳税人。根据有关法规规定，不从事生产、经营，但依照法律、法规的规定负有纳税义务的单位和个人，除临时取得应税收入或发生应税行为以及只缴纳个人所得税、车船税的外，都应按规定向税务机关办理税务登记。

(2)开业税务登记的时间和地点。

①从事生产、经营的纳税人，应当自领取营业执照之日起30日内，向生产、经营地或者纳税义务发生地的主管税务机关申报办理税务登记，如实填写税务登记表并按照税务机关的要求提供有关证件、资料。

②除上述以外的其他纳税人，除国家机关和个人外，应当自纳税义务发生之日起30日内，持有关证件向所在地主管税务机关申报办理税务登记。

(3)开业税务登记的内容。包括单位名称、法定代表人或业主姓名及其居民身份、护照或者其他证明身份的合法证件；住所、经营地点；登记注册类型及所属主管单位；核算方式；行业、经营范围、经营方式；注册资金(资本)、投资总额、开户银行及账号；经营期限、从业人数、营业执照号码；财务负责人、办税人员；其他有关事项；企业在外地的分支机构或者从事生产、经营的场所，还应当登记总机构名称、地址、法人代表、主要业务范围、财务负责人。

(4)开业税务登记程序。

①税务登记的申请。纳税人必须严格按照规定的期限，向当地主管税务机关及时申报办理税务登记手续，实事求是地填报登记项目，并如实回答税务机关提出的问题。纳税人所属的本县(市)以外的非独立经济核算的分支机构，除由总机构申报办理税务登记外，还应当自设立之日起30日内，向分支机构所在地税务机关申报办理注册税务登记。在申报办理税务登记时，纳税人应认真填写《税务登记表》。

②办理税务登记时应提供的证件、资料。包括营业执照或其他核准执业证件及工商登记表，或其他核准执业登记表复印件；有关机关、部门批准设立的文件；有关合同、章程、协议书；法定代表人和董事会成员名单；法定代表人(负责人)或业主居民身份证、护照或者其他证明身份的合法证件；组织机构统一代码证书；住所或经营场所证明；委托代理协议书复印件；属于享受税收优惠政策的企业，还应包括需要提供的相应证明、资料，税务机关需要的其他资料、证件；企业在外地的分支机构或者从事生产、经营的场所，在办理税务登记时，还应当提供由总机构所在地税务机关出具的在外地设立分支机构的证明。

③税务登记表的种类、适用对象。内资企业税务登记表。适用于核发税务登记证的国有企业、集体企业、股份合作企业、国有联营企业、集体联营企业、国有与集体联营企业、其他联营企业、国有独资公司、其他有限责任公司、股份有限公司、私营独资企业、私营合作企业、私营有限责任公司、私营股份有限公司、其他企业填用。

分支机构税务登记表。主要适用于核发注册税务登记证的各种类型企业的非独立核算分支机构填用。

个体经营税务登记表。主要适用于核发税务登记证的个体工商业户填用。

其他单位税务登记表。主要适用于除工商行政管理机关外，其他部门批准登记核发税务登记证的纳税人。

涉外企业税务登记表。主要适用于中外合资经营企业、合作经营企业和外国企业填用。

(5)税务登记表的受理、审核。

①受理。税务机关对申请办理税务登记的单位和个人所提供的《申请税务登记报告书》，及要求报送的各种附列资料、证件进行查验，对手续完备、符合要求的，方可受理登记，并根据其经济类型发给相应的税务登记表。

②审核。税务登记审核工作，既是税务机关税务登记工作的开始，也是税务登记管理工

作的关键。为此，加强税务登记申请的审核就显得十分必要。通过税务登记申请的审核。可以发现应申报办理税务登记户数，实际办理税务登记户数，进而掌握申报办理税务登记户的行业构成等税务管理信息。

为此，税务机关对纳税人填报的《税务登记表》、提供的证件和资料，应当在收到之日起 30 日内审核完毕，符合规定的，予以登记；对不符合规定的不予登记，并应在 30 日内予以答复。

(6)税务登记证的核发。

根据《征管法》第十五条规定“税务机关应当自收到申报之日起 30 日内审核并发给税务登记证件。”因此，税务机关对纳税人填报的税务登记表及附送资料、证件审核无误的，应在 30 日内发给税务登记证件。具体规定如下：

①对从事生产、经营并经工商行政管理部门核发营业执照的纳税人，核发税务登记证及其副本。

②对未取得营业执照或工商登记核发临时营业执照从事生产经营的纳税人，暂核发税务登记证及其副本，并在正副本右上角加盖“临时”章。

③对纳税人非独立核算的分支机构及非从事生产经营的纳税人(除临时取得应税收入或发生应税行为以及只缴纳个人所得税、车船税的外)，核发注册税务登记证及其副本。

④对外商投资企业、外国企业及外商投资企业分支机构，分别核发外商投资企业税务登记证及其副本、外国企业税务登记证及其副本、外商投资企业分支机构税务注册证及其副本。

对既没有税收纳税义务又不需领用收费(经营)票据的社会团体等，可以只登记不发证。

(7)税务登记证件的使用。

纳税人应按国家有关规定使用税务登记证件，纳税人办理下列事项时必须持税务登记证件：开立银行账户；申请减税、免税、退税；申请办理延期申报、延期缴纳税款；领购发票；申请开具外出经营活动税收管理证明；办理停业、歇业；其他有关税务事项。税务登记证件不得转借、涂改、损毁、买卖或者伪造。

2. 变更登记

(1)适用范围，纳税人办理税务登记后，如发生下列情形之一，应当办理变更税务登记：改变名称、改变法定代表人、改变经济性质或经济类型、改变住所和经营地点、改变生产经营和经营方式、增减注册资金(资本)、改变隶属关系、改变生产经营期限、改变或增减银行账号、改变生产经营权属以及改变其他税务登记内容的。

(2)时间要求，纳税人税务登记内容发生变化的，应当自工商行政管理机关或者其他机关办理变更登记之日起 30 日内，持有关证件向原税务登记机关申报办理变更税务登记。纳税人税务登记内容发生变化，不需要到工商行政管理机关或者其他机关办理变更登记的，应当自发生变化之日起 30 日内，持有关证件向原税务登记机关申报办理变更税务登记。

3. 停业、复业登记

(1)停业登记，纳税人暂停生产经营活动，应当办理停业纳税登记。实行定期定额征收方式的纳税人在核准的经营期限内需要停业的，应向税务机关提出停业登记，说明停业的理由、时间、停业前纳税情况和发票领用、保存情况，并如实填写申请停业登记表。纳税人停业期限不得超过 1 年。

(2)复业登记。纳税人应当于恢复生产、经营之前，向税务机关提出复业登记申请，经确认后办理复业登记。纳税人停业期满不能及时恢复生产、经营的，应当在停业期满前向税务机关提出延长停业登记。纳税人停业期满未按期复业又不申请延长停业的，税务机关应当视为已恢复营业，实施正常的税收征收管理。

4. 注销登记

（1）适用范围。纳税人因经营期限届满而自动解散；企业由于改组、分立、合并等原因而被撤销；企业资不抵债而破产；纳税人住所、经营地址迁移而涉及改变原主管税务机关的；纳税人被工商行政管理部门吊销营业执照；以及纳税人依法终止履行纳税义务的其他情形。

（2）时间要求。纳税人发生解散、破产、撤销以及其他情形，依法终止纳税义务的，应当在向工商行政管理机关办理注销登记前，持有关证件向原税务登记管理机关申报办理注销税务登记；按照规定不需要在工商管理机关办理注销登记的，应当自有关机关批准或者宣告终止之日起15日内，持有关证件向原税务登记管理机关申报办理注销税务登记。

纳税人因住所、生产、经营场所变动而涉及改变主管税务登记机关的，应当在向工商行政管理机关申请办理变更或注销登记前，或者住所、生产、经营场所变动前，向原税务登记机关申报办理注销税务登记，并在30日内向迁达地主管税务登记机关申报办理税务登记。纳税人被工商行政管理机关吊销营业执照的，应当自营业执照被吊销之日起15日内，向原税务登记机关申报办理注销税务登记。

5. 外出经营报验登记

（1）纳税人到外县（市）临时从事生产经营活动的，应当在外出生产经营以前，持税务登记证向主管税务机关申请开具《外出经营活动税收管理证明》（以下简称《外管证》）。

（2）税务机关按照一地一证的原则，核发《外管证》，《外管证》的有效期限一般为30日，最长不得超过180天。

（3）纳税人应当在《外管证》注明地进行生产经营前向当地税务机关报验登记，并提交税务登记证件副本和《外管证》。纳税人在《外管证》注明地销售货物的，还要填写《外出经营货物报验单》，申报查验货物。

（4）纳税人外出经营活动结束，应当向经营地税务机关填报《外出经营活动情况申报表》，并结清税款、缴销发票。

（5）纳税人应当在《外管证》有效期届满后10日内，持《外管证》回原税务登记地税务机关办理《外管证》缴销手续。

6. 纳税人税种登记

纳税人在办理开业或变更税务登记的同时应当申请填报税种登记，由税务机关根据其生产、经营范围及拥有的财产等情况，认定录入纳税人所适用的税种、税目、税率、报缴税款期限、征收方式和缴库方式等。税务机关依据《纳税人税种登记表》所填写的项目，自受理之日起3日内进行税种登记。

7. 扣缴义务人扣缴税款登记

扣缴义务人应当自扣缴义务发生之日起30日内，向所在地的主管税务机关申报办理扣缴税款登记，领取扣缴税款登记证件；税务机关对已办理税务登记的扣缴义务人，可以只在其税务登记证件上登记扣缴税款事项，不再发给扣缴税款登记证件。

（二）发票开具与管理

发票，是指在购销商品、提供或者接受服务以及从事其他经营活动中，开具、收取的收付款书面证明。它是确定经营收支行为发生的法定凭证，是会计核算的原始依据，也是税务稽查的重要依据。

1. 发票的种类

发票可以分为以下三类：

(1)增值税专用发票。增值税专用发票是指专门用于结算销售货物和提供加工、修理修配劳务使用的一种发票。增值税专用发票只限于增值税一般纳税人领购使用，增值税小规模纳税人不得领购使用。

增值税专用发票的基本联次为三联，各联的用途为:发票联，作为购买方核算采购成本和增值税进项税额的记账凭证;抵扣联，是购货方报送主管税务机关认证和留存备查的凭证;记账联，是销货方核算销售额和销项税额的主要凭证。其他联次用途，由一般纳税人自行确定。

(2)普通发票。普通发票主要由营业税纳税人和增值税小规模纳税人使用，增值税一般纳税人在不能开具专用发票的情况下也可使用普通发票。

普通发票由行业发票和专用发票组成。前者适用于某个行业的经营业务，如商业零售统一发票、商业批发统一发票、工业企业产品销售统一发票等;后者仅适用于某一经营项目，如广告费用结算发票、商品房销售发票等。普通发票一般为三联:第一联为存根联，开票方留存备查;第二联为发票联，作为付款或收款原始凭证，填开后的发票联要加盖财务章或发票专用章;第三联为记账联，开票方作为记账原始凭证。

(3)专业发票。专业发票是指国有金融、保险企业的存贷、汇兑、转账凭证、保险凭证;国有邮政、电信企业的邮票、邮单、话务、电报收据;国有铁路、航空和交通部门、国有公路、水上运输企业的客票、货票等。经国家税务总局或省、自治区税务机关批准，专业发票可由政府和主管部门自行管理，不套印税务机关统一发票监制章，也可根据税收征管的需要纳入统一发票管理。

2. 发票的开具要求

单位和个人在销售商品、提供服务以及从事其他经营活动时，对外发生经营业务收取款项时，收款方应向付款方开具发票。

(1)单位和个人应在发生经营业务、确认营业收入时，才能开具发票。未发生经营业务一律不得开具发票。

(2)开具发票时应按号码顺序填开，填写项目齐全、内容真实、字迹清楚、全部联次一次性复写或打印，内容完全一致，并在发票联和抵扣联加盖单位财务印章或者发票专用章。

(3)填写发票应当使用中文。民族自治地区可以同时使用当地通用的一种民族文字;外商投资企业和外资企业可以同时使用一种外国文字。

(4)使用电子计算机开具发票必须报主管税务机关批准，并使用税务机关统一监制的机打发票。开具后的存根联应当按照顺序号装订成册，以备税务机关检查。

(5)开具发票时限、地点应符合规定。

(6)任何单位和个人不得转借、转让、代开发票。未经税务机关批准，不得拆本使用发票。不得自行扩大专业发票使用范围。禁止倒买倒卖发票等违法行为。已开具的发票存根联和发票登记簿应当保存5年。

(三)纳税申报管理

纳税申报，是指纳税人、扣缴义务人按照法律、行政法规的规定，在申报期内就纳税事项向税务机关提出书面申报的一种法定手续。

纳税人应当依照法律、行政法规规定的申报期限、申报内容如实办理纳税申报，报送纳税申报表、财务会计报表，以及税务机关根据需要要求纳税人报送的其他纳税资料。纳税申报的方式主要有：

1. 直接申报

直接申报，即上门申报。纳税人直接到税务机关办理纳税申报。其主要方法是：

(1)在法定的纳税申报期内，由纳税人自行计算、自行填开缴款书并通过银行缴纳税款，然后持纳税申报表、缴款书报查联和有关资料，向税务机关办理申报。

(2)纳税人在银行开设税款预储账户，按期提前储入当期应纳税款，并在法定的申报纳税期内向税务机关报送纳税申报表和有关资料，由税务机关通知银行划款入库。

(3)在法定的申报纳税期内，纳税人持纳税申报表和有关资料以及与应付税款等额的支票，报送税务机关；税务机关集中报缴数字清单、支票，统一交由国库办理清算。

2. 邮寄申报

邮寄申报，是指经税务机关批准的纳税人使用统一规定的纳税申报特快专递专用信封，通过邮政部门办理交寄手续，并向邮政部门索取收据作为申报凭据的方式。

邮寄申报以寄出地的邮政局邮戳日期为实际申报日期。凡实行查账征收方式的纳税人，经主管税务机关批准，可以采用邮寄纳税申报的办法。邮寄申报的邮件内容包括纳税申报表、财务会计报表以及税务机关要求纳税人报送的其他纳税资料。

3. 数据电文申报

数据电文申报，是指经税务机关批准的纳税人经由电子手段、光学手段或类似手段生成、储存或传递的信息，这些手段包括电子数据交换、电子邮件、电报、电传或传真等。如目前纳税人的网上申报就是数据电文申报的一种形式。

采用数据电文形式进行纳税申报的，申报日期是税务机关收到该数据电文的时间。采用数据电文方式进行纳税申报或者报送代扣代缴、代收代缴报告表的，还应在申报结束后，在规定的时间内，将电子数据的材料书面报送(邮寄)税务机关；或者按税务机关的要求保存，必要时按税务机关的要求出具。税务机关收到的纳税人数据电文与报送的书面资料不一致时，应以书面数据为准。

4. 简易申报

简易申报，是指实行定期定额征收的纳税人，经税务机关批准，通过以缴纳税款凭证代替申报的一种申报方式。

5. 其他方式

其他方式，是指纳税人、扣缴义务人采用直接办理、邮寄办理、数据电文办理以外的方法向税务机关办理纳税申报或者报送代扣代缴、代收代缴报告表。如纳税人、扣缴义务人委托他人代理向税务机关办理纳税申报或者报送代扣代缴、代收代缴报告表等。

二、税款征收

税款征收是税务机关依照税收法律、法规的规定，将纳税人应当缴纳的税款组织征收入库的一系列活动的总称。它是税收征收管理工作的中心环节，在整个税收征收管理工作中占有极其重要的地位。

（一）税款征收方式

税款征收方式是指税务机关根据各税种的不同特点和征纳双方的具体条件而确定的计算、征收税款的形式和方法。根据《税收征管法》及其实施细则的规定，我国的税款征收主要有以下几种方式：

1. 查账征收

查账征收是指由纳税人依据账簿记载，先自行计算缴纳，事后经税务机关查账核实，如有不符合税法规定的，可以多退少补。这种税款征收方式主要对已建立会计账册、会计记录完整的单位采用。

2. 查定征收

查定征收是指由税务机关根据纳税人的生产设备等情况在正常条件下的生产、销售情况，对其生产的应税产品查定产量和销售额，然后依税法规定的税率征收的一种方式。这种税款征收方式主要对生产不固定、账册不健全的单位采用。

3. 查验征收

查验征收是指由税务机关对纳税申报人的应税产品进行查验后征税，并贴上完税证、查验证或盖查验戳，并据以征税的一种征收方式。这种税款征收方式主要对财务制度不健全，生产经营不固定，零星分散，流动性大的税源适用。

4. 定期定额征收

定期定额征收是指税务机关依照有关法律、法规的规定，按照一定的程序，核定纳税人在一定经营时期内的应纳税经营额及收益额，并以此为计税依据，确定其应纳税额（包括增值税额、消费税额、营业税额、所得税额等）的一种税款征收方式。这种税款征收方式适用于生产经营规模小，又确无建账能力，经主管税务机关审核批准，可以不设置账簿或暂缓建账的小型纳税人。

5. 代扣代缴

代扣代缴是指按照税法规定，负有扣缴税款的法定义务人，在向纳税人支付款项时，从所支付的款项中直接扣收税款的方式。其目的是对零星分散、不易控制的税源实行源泉控制，例如个人所得税的征收。

6. 代收代缴

代收代缴是指按照税法规定，负有收缴税款的法定义务人，对纳税人应纳的税款进行代收代缴的方式。即由与纳税人有经济业务往来的单位和个人在向纳税人收取款项时依照税法的规定收取税款。这种方式一般适用于税收网络覆盖不到或很难控制的领域，如受托加工应征消费税的消费品，由受托方代收代缴的消费税。

7. 委托代征

委托代征是指受托单位按照税务机关核发的代征证书的要求，以税务机关的名义向纳税人征收零散税款征收方式，如海关代征进口环节货物的增值税。

8. 其他方式

税款征收方式还有邮寄申报纳税、自计自填自缴、自报核缴方式等。

（二）税款征收措施

为了保证税款征收的顺利进行，《税收征管法》赋予了税务机关在税款征收中根据不同情况可以采取的措施，主要有以下内容：

1. 加收滞纳金

根据《税收征管法》的规定，纳税人未按照规定期限缴纳税款的，扣缴义务人未按照规定期限解缴税款的，税务机关除责令限期缴纳外，从滞纳税款之日起，按日加收滞纳税款万分之五的滞纳金。

2. 补缴和追征税款

因税务机关的责任，致使纳税人、扣缴义务人未缴或者少缴税款的，税务机关在3年内可以要求纳税人、扣缴义务人补缴税款，但是不得加收滞纳金。

因纳税人、扣缴义务人计算错误等失误，未缴或少缴税款的，税务机关在3年内可以追征税款、滞纳金；有特殊情况的，追征期可以延长到5年。上述所称"有特殊情况的"，是指纳税人或者扣缴义务人因计算错误等失误而未缴或者少缴、未扣或者少扣、未收或者少收税款，且数额在10万元以上的。补缴和追征税款的期限，自纳税人、扣缴义务人应缴未缴或者少缴税款之日起计算。

对偷税、抗税、骗税的，税务机关追征其未缴或者少缴的税款、滞纳金或者所骗取的税款，不受期限的限制，即税务机关可以无限期追征。

3. 核定应纳税额

(1)核定应纳税额的对象。

根据《税收征管法》的规定，有下列情形之一的纳税人，税务机关有权核定其应纳税额：

①依照法律、行政法规的规定可以不设置账簿的；

②依照法律、行政法规的规定应当设置账簿但未设置的；

③擅自销毁账簿或者拒不提供纳税资料的；

④虽设置账簿，但账目混乱或者成本资料、收入凭证、费用凭证残缺不全，难以查账的；

⑤发生纳税义务，未按照规定的期限办理纳税申报，经税务机关责令限期申报，逾期仍未申报的；

⑥纳税人申报的计税依据明显偏低，又无正当理由的；

⑦未按照规定办理税务登记的从事生产、经营的纳税人以及临时经营的纳税人。

(2)核定应纳税额的方式。

为了减少核定应纳税额的随意性，使核定的税额更接近纳税人实际情况和法定负担水平。税务机关按以下方式进行核定：

①参照当地同类行业或者类似行业中经营规模和收入水平相近的纳税人的收入额和利润率核定；

②按照成本加合理费用和利润核定；

③按照耗用的原材料、燃料、动力等推算或者测算核定；

④按照其他合理的方法核定。

采用上述所列一种方法不足以正确核定应纳税额时，可以同时采用两种以上的方法核定。

4. 税收保全措施

根据《税收征管法》的规定，税务机关有根据认为从事生产、经营的纳税人有逃避纳税义务行为的，可以在规定的纳税期之前，责令限期缴纳应纳税款；在限期内发现纳税人有明显的转移、隐匿其应纳税的商品、货物以及其他财产或者应纳税收入的迹象的，税务机关可以责成纳税人提供纳税担保。

如果纳税人不能提供纳税担保，经县以上税务局(分局)局长批准，税务机关可以采取下列税收保全措施：

(1)书面通知纳税人开户银行或者其他金融机构冻结纳税人的金额相当于应纳税款的存款；

(2)扣押、查封纳税人的价值相当于应纳税款的商品、货物或者其他财产。

上述所说的纳税担保，包括由纳税人提供并经税务机关认可的纳税担保人，以及纳税人所拥有的未设置抵押权的财产；但国家机关不得作纳税担保人。

纳税人在税务机关规定的限期内缴纳税款的，税务机关必须立即解除税收保全措施；限期期满仍未缴纳税款的，经县以上税务局(分局)局长批准，税务机关可以书面通知纳税人开户银行或者其他金融机构从其冻结的存款中扣缴税款，或者依法拍卖或者变卖所扣押、查封的商品、货物或者其他财产，以拍卖或者变卖所得抵缴税款。

个人及其所扶养家属维持生活必需的住房和用品，不在税收保全措施的范围之内。

税务机关扣押商品、货物或者其他财产时，应开付收据；查封商品、货物或者其他财产时，应开付清单。

纳税人在限期内已缴纳税款，税务机关未立即解除税收保全措施，或因税务机关滥用职权违法采取税收保全措施以及采取税收保全措施不当，使纳税人的合法利益遭受损失的，税务机关应当承担赔偿责任。

根据《税收征管法》的规定，税务机关对从事生产、经营的纳税人以前纳税期的纳税情况进行税务检查时，发现纳税人有逃避纳税义务行为，并有明显的转移、隐匿其应纳税的商品、货物以及其他财产或者应纳税收入的迹象的，可以按照法定批准权限采取税收保全措施。

5. 税收强制执行措施

《税收征管法》的规定，从事生产、经营的纳税人、扣缴义务人未按照规定的期限缴纳或者解缴税款，纳税担保人未按照规定的期限缴纳所担保的税款，由税务机关责令限期缴纳；逾期仍未缴纳的，经县以上税务局(分局)局长批准。税务机关可以采取下列强制执行措施。

(1)书面通知其开户银行或者其他金融机构从其存款中扣缴税款；

(2)扣押、查封、依法拍卖或者变卖其价值相当于应纳税款的商品、货物或者其他财产，以拍卖或者变卖所得抵缴税款。

税务机关采取强制执行措施时，对相应纳税人、扣缴义务人、纳税担保人未缴纳的滞纳金同时强制执行。

税务机关将扣押、查封的商品、货物或者其他财产变价抵缴税款时，应当交由依法成立的拍卖机构拍卖，或者交由商业企业按市场价格收购。国家禁止自由买卖的物品，应当交由有关单位按照国家规定的价格收购。

对未按照规定办理税务登记的从事生产、经营的纳税人，以及临时从事经营的纳税人，《税收征管法》规定了简易征收措施，即税务机关核定其应纳税额并责令缴纳；不缴纳的，税务机关可以扣押其价值相当于应纳税款的商品、货物。扣押后缴纳应纳税款的，税务机关应立即解除扣押，并归还所扣押的商品、货物；扣押后仍不缴纳应纳税款的，经县以上税务局(分局)局长批准，可以依法拍卖或者变卖所扣押的商品、货物，以拍卖或者变卖所得抵缴税款。

对个人及其扶养家属维持生活所必需的住房和用品，不在强制执行措施的范围之内。

税务机关滥用职权，违法采取强制执行措施，或者采取强制执行措施不当，使纳税人、扣缴义务人或者纳税担保人的合法权益遭受损失的，应当依法承担赔偿责任。

根据《税收征管法》的规定，税务机关对从事生产、经营的纳税人以前纳税期的纳税情况进行税务检查时，发现纳税人有逃避纳税义务行为，并有明显的转移、隐匿其应纳税的商品、货物以及其他财产或者应纳税收入的迹象的，可以按照法定批准权限采取强制执行措施。

6. 阻止出境

根据《税收征管法》的规定，欠缴税款的纳税人或者其法定代表人需要出境的，应当在出境前向税务机关结清应纳税款、滞纳金，或者提供纳税担保。未结清税款、滞纳金，又不提供担保的，税务机关可以通知出境管理机关阻止其出境。阻止出境的范围适用于未结清税款、滞纳金，又不提供担保的纳税人或者其法定代表人。

7. 税款优先执行

《税收征管法》规定了税收优先权，主要内容有以下几个方面：

(1)税务机关征收税款，税收优先于无担保债权，法律另有规定的除外。

(2)纳税人欠缴的税款发生在纳税人以其财产设定抵押、质押或者纳税人的财产被留置之前的，税收应当先于抵押权、质权和留置权执行。

(3)税收优先于罚款、没收违法所得，即纳税人欠缴税款，同时又被行政机关决定处以罚款、没收违法所得的，税收优先于罚款、没收违法所得。

8. 其他

纳税人有合并、分立情形的，应当向税务机关报告，并依法缴清税款。纳税人合并时未缴清税款的，应当由合并后的纳税人继续履行未履行的纳税义务；纳税人分立时未缴清税款的，分立后的纳税人对未履行的纳税义务应当承担连带责任。

欠缴税款的纳税人因怠于行使到期债权，或者放弃到期债权，或者无偿转让财产，或者以明显不合理的低价转让财产而受让人知道该情形，对国家税收造成损害的，税务机关可以依照我国《合同法》的规定行使代位权、撤销权。

税务机关依法行使代位权、撤销权的，不免除欠缴税款的纳税人尚未履行的纳税义务和应承担的法律责任。

三、税务代理

(一)税务代理的概念

税务代理是指税务代理人在国家税法规定的代理范围内，接受纳税人、扣缴义务人的委托，代为办理各项税务行为的总称。它是社会中介服务的一部分。

(二)税务代理的特点

1. 中介性

税务代理业是一个独立的社会中介服务行业，其业务的开展、经营管理都属于社会中介服务的一部分，税务代理机构与税务机关不存在任何隶属关系。

2. 法定性

税务代理机构的设立法定、业务范围法定、业务的开展法定。税务代理必须按国家有关法律的规定进行，并受到法律的保护。

3. 自愿性

委托税务代理人代为办理税务事宜是纳税人、扣缴义务人自愿采取的一种办税方式，无论是税务代理人还是任何国家机关都不能强制纳税人、扣缴义务人进行税务代理，是否委托税务代理是纳税人、扣缴义务人的权利。

4. 公正性

税务代理作为一种社会中介服务，必须站在公正、客观的立场，按照国家的税收法律、行政法规的规定，以及税务机关依照税收法律、法规的规定作出的决定，为纳税人、扣缴义务人代理税务事宜，并要符合委托人的合法意愿，既不能损害纳税人、扣缴义务人的合法权益，也不能损害国家的利益。税务代理必须按照依法代理、自愿有偿、客观公正和严格管理的原则进行。

（三）税务代理的法定业务范围

税务代理人是指具有税务代理资格的机构和人员。即具有进行税务代理的相关知识、经验和能力，具有税务代理资格，经国家税务总局及省、自治区、直辖市国家税务局批准，从事税务代理的专门人员及其工作机构。从事税务代理的专门人员称为税务师，税务师必须加入税务代理机构才能从事税务代理业务，一个税务师只能加入一个税务代理机构。

《税务代理试行办法》规定，注册税务师可以接受纳税人、扣缴义务人的委托从事下列范围内的业务代理：

1. 涉税服务类业务

包括代办税务登记；办理纳税、退税和减免税申报；建账记账；办理增值税一般纳税人资格认定申请；利用主机共享服务系统为增值税一般纳税人代开增值税专用发票；代为制作涉税文书；开展税务咨询（顾问）、税收筹划、涉税培训等涉税服务业务。

2. 涉税鉴证业务

包括企业所得税汇算清缴纳税申报的鉴证；企业税前弥补亏损和财产损失的鉴证；国家税务总局和省税务局规定的其他涉税鉴证业务。

纳税人、扣缴义务人可根据需要委托税务代理人进行全面代理、单项代理或临时代理、常年代理。税务代理人不能代理应由税务机关行使的行政职权，税务机关按照法律、行政法规规定委托其代理的除外。

四、法律责任

法律责任，是指违反法律规定的行为应当承担的法律后果，也是对违法者的制裁。根据《税收征收管理法》、《税收征收管理法实施细则》有关规定，对税务法律关系中的主体由于其行为违法，应当依法承担税务违法责任。税收违法行为承担的法律责任形式包括行政法律责任和刑事法律责任两大类。

（一）税务违法行政处罚

行政处罚，是指国家行政机关及法定授权组织依法对违反法律规范，尚未构成犯罪的公民、法人和其他组织所给予的行政法律制裁。税务行政处罚，是行政处罚的一部分，其法律依据是《行政处罚法》和《税收征收管理法》，其特点与行政处罚一样，主体是税务机关，即必须是具有执法主体资格的各级税务机关，客体是违反法律、法规的管理相对人，涉及税务领域的具体行政处罚种类主要有：

1. 责令限期改正

主要适用于情节轻微或尚未构成实际危害后果的违法行为。是一种较轻的处罚形式既可以起到教育的作用，又具有一定的处罚作用。

2. 罚款

是对违反税收法律法规，不履行法定义务的当事人的一种经济上的处罚。由于罚款既不影响被处罚人的人身自由及其合法活动，又能起到对违法行为的惩戒作用，因而是税务行政处罚中应用最广的一种。

3. 没收财产

是对行政管理相对一方当事人的财产权予以剥夺的处罚。具体有两种情况：一是对相对一方当事人非法所得的财物的没收，就性质而言，这些财物并非相对一方当事人所有，而是被其非法占有；二是财物虽系相对一方当事人所有，但因其用于非法活动而被没收。

4. 收缴未用发票和暂停供应发票。

5. 停止出口退税权。

（二）税务违法刑事处罚

刑事处罚，是指犯罪行为应当承担的法律责任，即由人民法院依照《刑法》等法律规定，追究犯罪分子刑罚的法律责任。根据我国《刑法》规定，刑罚分为主刑和附加型。主刑分为管制、拘役、有期徒刑、无期徒刑和死刑。附加刑分为罚金、剥夺政治权利、没收财产。对犯罪的外国人，可驱逐出境。根据《税收征收管理法》规定，下列行为情节严重构成犯罪的，应当追究刑事责任：

1. 纳税人伪造、变造、隐匿、擅自销毁账簿、记账凭证，或者在账簿上多列支出或者不列、少列收入，或者经税务机关通知申报而拒不申报或者进行虚假的纳税申报，不缴或者少缴应纳税款的。（偷税）

2. 纳税人欠缴应纳税款，采取转移或者隐匿财产的手段，妨碍税务机关追缴欠缴的税款的。（逃税）

3. 以假报出口或者其他欺骗手段，骗取国家出口退税款的。（骗税）

4. 以暴力、威胁方法拒不缴纳税款的。（抗税）

5. 非法印制发票的。

6. 未经税务机关依法委托征收税款，致使他人合法权益受到严重损失的。

7. 税务人员徇私舞弊，对依法应当移交司法机关追究刑事责任的不移交。

8. 税务人员与纳税人、扣缴义务人勾结，唆使或者协助纳税人、扣缴义务人偷逃税款行为的。

9. 税务人员徇私舞弊或者玩忽职守，不征或者少征应征税款，致使国家税收遭受重大损失的。

10. 税务人员对控告、检举税收违法违纪行为的纳税人、扣缴义务人以及其他检举人进行打击报复的。

（三）税务行政复议

1. 税务行政复议的概念

税务行政复议是我国行政复议制度的一个重要组成部分。税务行政复议是指当事人(纳税人、扣缴义务人、纳税担保人及其他税务当事人)不服税务机关及其工作人员做出的税务具体行政行为，依法向上一级税务机关(复议机关)提出申请，复议机关经审理对原税务机关具体行政行为依法做出维持、变更、撤销等决定的活动。

2. 税务行政复议的受案范围

纳税人、扣缴义务人、纳税担保人同税务机关在纳税上发生争议时，必须先依照税务机关的纳税决定缴纳或者解缴税款及滞纳金或者提供相应的担保，然后可以依法申请行政复议。对行政复议决定不服的，可以依法向人民法院起诉。申请人对税务机关下列具体行政行为不服可提出行政复议申请：

(1)征税行为，包括确认纳税主体、征税对象、征税范围、减税、免税、退税、抵扣税款、适用税率、计税依据、纳税环节、纳税期限、纳税地点和税款征收方式等具体行政行为，征收税款、加收滞纳金，扣缴义务人、受税务机关委托的单位和个人做出的代扣代缴、代收代缴、代征行为等。

(2)行政许可、行政审批行为。

(3)发票管理行为，包括发售、收缴、代开发票等。

(4)税收保全措施、强制执行措施。

(5)行政处罚行为，包括罚款、没收财物和违法所得、停止出口退税权。

(6)不依法履行职责的行为，包括颁发税务登记、开具、出具完税凭证、外出经营活动税收管理证明、行政赔偿、行政奖励、其他不依法履行职责的行为。

(7)资格认定行为。

(8)不依法确认纳税担保行为。

(9)政府信息公开工作中的具体行政行为。

(10)纳税信用等级评定行为。

(11)通知出入境管理机关阻止出境行为。

(12)其他具体行政行为。

当事人对税务机关的处罚决定、强制执行措施或者税收保全措施不服的，可以依法申请行政复议，也可以依法向人民法院起诉。

当事人对税务机关的处罚决定逾期不申请行政复议，也不向人民法院起诉，又不履行的，作出处罚决定的税务机关可以采取强制执行措施，或者申请人民法院强制执行。

纳税人、代扣代缴人、纳税担保人对省级以下各级地方税务局做出的税务具体行政行为不服的，向上一级机关申请复议，对省级地方税务局做出的具体行政行为不服的，向国家税务总局或省级人民政府申请复议。

对国家税务总局做出的具体行政行为不服的，向国家税务总局申请行政复议。对行政复议决定不服，申请人可以向人民法院提起行政诉讼；也可以向国务院申请裁决，国务院的裁决为终局裁决。

★　★　★　★

案例一:英奇公司增值税应纳税额计算

英奇公司为增值税一般纳税人，生产和销售甲商品适用增值税税率为17%。2014 年 2 月销售给一般纳税人 A 商品一批，开出增值税专用发票中注明销售额为 80 万元;销售给某小规模纳税人 A 商品一批，开出一张普通发票，销售额 35.1 万元，另收取包装费 0.117 万元。外购原材料一批，从供货方取得的增值税专用发票上注明的增值税税额为 10 万元，另支付运费 1 万元，取得运输公司开具的增值税专用发票上注明税额为 0.11 万元。计算该公司 2 月份增值税销项税额。

【案例分析】该公司销售给小规模纳税人 A 商品销售额 3.51 万元属于含税销售额，另收取包装费 0.117 万元属于价外费用应计入销售额，在计算增值税销售额时应换算为不含增值税的销售额;该公司购进的原材料进项税额 10 万元和运输费用的进项税额 0.11 万元因取得增值税专用发票,均可抵扣。

(1)该公司 2 月增值税销售额 $=80+\dfrac{35.1+0.117}{1+17\%}=110.1$(万元)

(2)该公司 2 月增值税销项税额 $=110.1\times17\%=18.717$(万元)

(3)该公司 2 月份应纳增值税额为 $=18.717-10-0.11=8.607$(万元)

案例二:芦荟化妆品生产有限公司消费税应纳税额计算

芦荟化妆品生产有限公司为增值税一般纳税人，8 月 10 日向某商场销售化妆品一批，开具增值税专用发票，取得不含增值税销售额 60 万元，增值税额 10.2 万元;8 月 16 日向某单位销售化妆品一批，开具普通发票，取得含增值税销售额 9.36 万元。化妆品适用消费税税率 30%。该化妆品生产企业 10 月应缴纳的消费税额为多少?

【案例分析】

(1)化妆品的应税销售额 $=60+4.68\div(1+17\%)=68$(万元)

(2)应缴纳的消费税额 $=68\times30\%=20.4$(万元)

案例三:恒大建筑工程公司营业税应纳税额计算

恒大建筑工程公司下辖 3 个施工队、1 个招待所和 1 个歌厅(均为非独立核算单位)。2014 年经营业务如下:建筑公司承包某建筑工程项目，并与建设方签订建筑工程施工总承包合同，总包合同明确工程总造价 3000 万元;下辖的招待所取得客房收入 30 万元;歌厅收入 55 万元。计算该公司当月应纳的营业税是多少?(建筑业营业税税率 3%，服务业税率 5%，娱乐业税率 20%)。

【案例分析】:

(1)恒大建筑公司总承包建筑工程应缴纳的营业税 $=3000\times3\%=90$(万元)

(2)恒大建筑公司招待所收入应缴纳的营业税 $=30\times5\%=1.5$(万元)

(3)恒大建筑公司歌厅收入应缴纳的营业税 $=55\times5\%=11$(万元)

案例四:东方机械厂企业所得税应纳税额计算

东方机械厂为居民企业，2014 年发生经营业务如下:

1.取得产品销售收入 4000 万元。

2. 发生产品销售成本 2600 万元。

3. 发生销售费用 770 万元(其中广告费 650 万元);管理费用 480 万元(其中业务招待费 25 万元);财务费用 60 万元。

4. 销售税金 160 万元(含增值税 120 万元)。

5. 营业外收入 80 万元,营业外支出 50 万元(含通过公益性社会团体向贫困山区捐款 30 万元,支付税收滞纳金 6 万元)。

6. 计入成本、费用中的实发工资总额 200 万元、拨缴职工工会经费 5 万元、发生职工福利费 31 万元、发生职工教育经费 7 万元。

要求:计算该企业 2014 年度实际应纳的企业所得税。

【案例分析】

(1) 会计利润总额 = 4000 + 80 − 2600 − 770 − 480 − 60 − 40 − 50 = 80(万元)

(2) 广告费和业务宣传费调增所得额 = 650 − 4000 × 15% = 650 − 600 = 50 (万元)

(3) 业务招待费调增所得额 = 25 − 25 × 60% = 25 − 15 = 10(万元)

4000 × 5‰ = 20 万元 > 25 × 60% = 15 (万元)

(4) 捐赠支出应调增所得额 = 30 − 80 × 12% = 20.4 (万元)

(5) 工会经费应调增所得额 = 5 − 200 × 2% = 1 (万元)

(6) 职工福利费应调增所得额 = 31 − 200 × 14% = 3 (万元)

(7) 职工教育经费应调增所得额 = 7 − 200 × 2.5% = 2(万元)

(8) 应纳税所得额 = 80 + 50 + 10 + 20.4 + 6 + 1 + 3 + 2 = 172.4(万元)

(9) 2014 年应缴企业所得税 = 172.4 × 25% = 43.1 (万元)

案例五:李华个人所得税应纳税额计算

中国公民李华 2014 年 3 月份取得收入有:当月工资收入 5700 元;因其编著的教材出版,获得稿酬 3800 元;转让一项专利的使用权收入 30000 元。请为李华计算当月应缴的个人所得税是多少?

【案例分析】

(1)李华当月工资收入应纳税所得额 = 5700 − 3500 = 2200(元);应纳税额 = 2200 × 10% − 105 = 115(元)

(2)李华当月稿酬收入应纳税所得额 = 3800 − 800 = 3000(元);应纳税额 = 3000 × 20% × (1 − 30%) = 420(元)

(3)李华当月专利权转让收入应纳税所得额 = 30000(1 − 20%) = 24000(元);应纳税额 = 24000 × 20% = 4800(元)

■ 第四章　财政法律制度

【本章提要】

本章要点包括：预算法律制度的构成，国家预算，预算管理的职权，预算收入与预算支出，预算组织程序，决算，预决算的监督；政府采购法律制度的构成；政府采购的概念、原则、功能、执行模式、当事人、方式及监督检查等；国库单一账户体系，财政收入收缴方式和程序，财政支出支付方式和程序。

第一节　预算法律制度

一、预算法律制度的构成

预算法律制度是指国家经过法定程序制定的，用以调整在国家进行预算资金的筹集、分配、使用和管理过程中发生的经济关系的法律规范的总称。我国预算法律制度由《预算法》、《预算法实施条例》以及有关国家预算管理的其他法规制度构成。

(一)《预算法》

1994 年 3 月 22 日，第八届全国人民代表大会第二次会议通过《预算法》，自 1995 年 1 月 1 日起施行。《预算法》是我国第一部财政基本法律，是我国国家预算管理工作的根本性法律，是制定其他预算法律的基本依据。它的颁布施行，对于强化预算的分配和监督职能，健全财政预算制度，加强国家宏观调控，保障经济和社会的健康发展，具有十分重要的意义。

在财政法的体系中，预算法是核心法。由于财政活动的主要内容是进行预算资金的筹集、分配、使用和管理，并且，财政工作的主要任务是组织和实现权力机关批准的财政收支计划，因此，从此意义上说，没有预算就没有财政。

(二)《预算法实施条例》

为了保证实施《预算法》，使之更具可操作性，为预算及其监督提供更为具体明确的行为准则，1995 年 11 月 2 日国务院第三十七次常务会议通过，1995 年 11 月 22 日国务院令第一百八十六号发布了《中华人民共和国预算法实施条例》，自发布之日起施行。根据预算法所确立的基本原则和规定，对其中的有关法律概念，以及预算管理的方法和程序等作了具体规定。

二、国家预算

（一）国家预算的概念

国家预算也可以称为政府预算或公共预算，是指经法定程序批准的、国家在一定期间内预定的财政收支计划，是国家进行财政分配的依据和宏观调控的重要手段。国家预算是实现财政职能的基本手段，反映国家的施政方针和社会经济政策，规定政府活动的范围和方向。

就公共财政而言，国家预算就是指经法定程序审核批准的具有法律效力的政府年度财政收支计划，是政府筹集、分配和管理财政资金的重要工具。

狭义的预算指预算文件或预算书；广义的预算指编制、批准、执行、预算、审计结果的公布与评价等所有环节，实际上是整个预算制度。

国家预算作为一种管理工具，是任何国家政府进行财政管理所必需的，国家预算一般都要包括三方面的内容：第一，收入和支出的种类和数量，以及这些种类和数量所表现出来的收支性质和作用；第二，各类国家机关和部门在处理这些收支问题上的关系，及其所处的地位和承担的责任；第三，在收入和支出的实现上所必须经过的编制、批准、执行、管理和监督等预算过程。

（二）国家预算的作用

国家预算作为政府的年度财政收支计划，对政府活动和经济发展具有重要作用。

1. 财力保证作用

国家预算既是保障国家机器运转的物质条件，又是政府实施各项社会经济政策的财力保证。

2. 调节制约作用

国家预算作为国家的基本财政计划安排，是国家财政实行宏观控制的主要依据和手段。国家预算的收支规模可调节社会总供给和总需求的平衡，预算支出的结构可调节国民经济结构，因而国家预算的编制和执行情况对国民经济和社会发展都有直接的制约作用。

3. 反映监督作用

国家预算反映政府活动的范围、方向和国家政策。同时，国家预算要经过国家权力机构的审批后方能生效。因而又是国家重要的法律文件，体现国家权力机构和全体公民对政府活动的制约和监督。国家预算是国民经济的综合反映，预算收入反映国民经济发展规模和经济效益水平，预算支出反映各项建设事业发展的基本情况。

（三）国家预算的级次划分

依据财政法原理中的“一级政权，一级财政”的原则，我国《预算法》规定，国家实行一级政府一级预算。我国国家预算共分为五级，具体包括：

1. 中央预算；
2. 省级（省、自治区、直辖市）预算；
3. 地市级（设区的市、自治州）预算；
4. 县市级（县、自治县、不设区的市、市辖区）预算；
5. 乡镇级（乡、民族乡、镇）预算。

其中，对于不具备设立预算条件的乡、民族乡、镇，经省、自治区、直辖市政府确定，可以暂不设立预算。县级以上地方政府的派出机关，根据本级政府授权进行预算管理活动，但是不作为一级预算。

（四）国家预算的构成

我国的国家预算，根据国家政权结构和行政区划的不同，可以分为中央预算、地方预算、各级总预算和部门预算、单位预算。

1. 中央预算

中央预算是中央履行职能的基本财力保证，主要表现中央政府的预算收支活动，在国家预算管理体系中居于主导地位。

中央预算是指中央政府预算，由中央各部门（含直属单位）的预算组成。中央预算包括地方向中央上解的收入数额和中央对地方返还或者给予补助的数额。其中，中央各部门是指与财政部直接发生预算缴款、拨款关系的国家机关、军队、政党组织和社会团体。

2. 地方预算

地方预算是经法定程序批准的地方各级政府的财政收支计划的通称，包括省级及省级以下的预算。地方预算负有组织大部分预算收入和相当部分预算支出的重要任务，是保证地方政府职能实施的财力保证，并在预算体系中居于基础性地位。

地方预算由各省、自治区、直辖市总预算组成。地方各级总预算由本级政府预算和下一级总预算组成；下一级只有本级预算的，下一级总预算即指下一级本机的预算；没有下一级预算的，总预算即指本级预算。地方各级政府预算由本级各部门（含直属单位）的预算组成。地方各级政府预算包括下级政府向上级政府上缴的收入数额和上级政府对下级政府返还或者给予补助的数额。

3. 总预算

总预算由汇总的本级政府预算和汇总的下一级政府的总预算汇编而成，不仅包括本级政府的一般财政收支和特别预算，也包括下级政府的总预算。

4. 部门单位预算

部门预算是编制政府预算的一种具体制度和方法。它是由各级政府的各个部门编制的，反映各个政府部门所有的收入和支出的财政预算。各部门预算由本部门所属各单位预算组成。

单位预算是列入部门预算的国家机关、社会团体和其他单位的收支预算。单位预算是由事业行政单位根据事业发展计划和行政任务编制的，并经过规定程序批准的年度财务收支计划，它是各级总预算构成的基本单位。各部门预算由本部门所属各单位预算组成。本部门机关经费预算，应当纳入本部门预算。

三、预算管理的职权

根据统一领导、分级管理、权责结合的原则，《预算法》明确地规定了各级人民代表大会及其常务委员会、各级政府、各级财政部门和各部门、各单位的预算职权。

（一）各级人民代表大会以及常务委员会的职权

根据《预算法》的规定，各级人民代表大会的预算职权如下：

1. 全国人民代表大会的职权

(1)审查中央和地方预算草案及中央和地方预算执行情况的报告；

(2)批准中央预算和中央预算执行情况的报告；

(3)改变或者撤销全国人民代表大会常务委员会关于预算、决算的不适当的决议。

相应地，全国人大常委会的预算管理职权是：

①负责监督中央和地方预算的执行；

②审查和批准中央预算的调整方案；

③审查和批准中央决算；

④撤销国务院制定的同宪法、法律相抵触的关于预算、决算的行政法规、决定和命令；

⑤撤销省、自治区、直辖市人民代表大会及其常务委员会制定的同宪法、法律和行政法规相抵触的关于预算、决算的地方性法规和决议。

2. 县级以上地方各级人民代表大会的职权

(1)审查本级总预算草案及本级总预算执行情况的报告；

(2)批准本级预算和本级预算执行情况的报告；

(3)改变或者撤销本级人民代表大会常务委员会关于预算、决算的不适当的决议；

(4)撤销本级政府关于预算、决算的不适当的决定和命令。

相应地，县级以上地方各级人民代表大会常务委员会负责：

①监督本级总预算的执行；

②审查和批准本级预算的调整方案；

③审查和批准本级政府决算(以下简称本级决算)；

④撤销本级政府和下一级人民代表大会及其常务委员会关于预算、决算的不适当的决定、命令和决议。

3. 乡、民族乡、镇的人民代表大会的职权

(1)审查和批准本级预算和本级预算执行情况的报告；

(2)监督本级预算的执行；

(3)审查和批准本级预算的调整方案；

(4)审查和批准本级决算；

(5)撤销本级政府关于预算、决算的不适当的决定和命令。

乡级不设人大常委会。

(二)各级政府的职权

1. 国务院

国务院编制中央预算、决算草案；向全国人民代表大会作关于中央和地方预算草案的报告；将省、自治区、直辖市政府报送备案的预算汇总后报全国人民代表大会常务委员会备案；组织中央和地方预算的执行；决定中央预算预备费的动用；编制中央预算调整方案；监督中央各部门和地方政府的预算执行；改变或者撤销中央各部门和地方政府关于预算、决算的不适当的决定、命令；向全国人民代表大会、全国人民代表大会常务委员会报告中央和地方预算的执行情况。

2. 县级以上地方各级政府

县级以上地方各级政府编制本级预算、决算草案；向本级人民代表大会作关于本级总预算草案的报告；将下一级政府报送备案的预算汇总后报本级人民代表大会常务委员会备案；组织本级总预算的执行；决定本级预算预备费的动用；编制本级预算的调整方案；监督本级各部门

和下级政府的预算执行；改变或者撤销本级各部门和下级政府关于预算、决算的不适当的决定、命令；向本级人民代表大会、本级人民代表大会常务委员会报告本级总预算的执行情况。

3. 乡、民族乡、镇政府

乡、民族乡、镇政府编制本级预算、决算草案；向本级人民代表大会作关于本级预算草案的报告；组织本级预算的执行；决定本级预算预备费的动用；编制本级预算的调整方案；向本级人民代表大会报告本级预算的执行情况。

(三)各级财政部门的预算管理职权

根据《预算法》的规定，各级财政部门的预算职权主要包括：

1. 国务院财政部门的职权

(1)具体编制中央预算、决算草案；

(2)具体组织中央和地方预算的执行；

(3)提出中央预算预备费动用方案；

(4)具体编制中央预算的调整方案；

(5)定期向国务院报告中央和地方预算的执行情况。

2. 地方各级政府财政部门的职权

(1)具体编制本级预算、决算草案；

(2)具体组织本级总预算的执行；

(3)提出本级预算预备费动用方案；

(4)具体编制本级预算的调整方案；

(5)定期向本级政府和上一级政府财政部门报告本级总预算的执行情况。

(四)各部门、各单位的预算管理职权

1. 各部门的职权

根据《预算法》的规定，各部门的预算职权包括：

(1)各部门编制本部门预算、决算草案；

(2)组织和监督本部门预算的执行；

(3)定期向本级政府财政部门报告预算的执行情况。

2. 各单位的职权

(1)编制本单位预算、决算草案；

(2)按照国家规定上缴预算收入，安排预算支出；

(3)接受国家有关部门的监督。

四、预算收入与预算支出

国家预算由预算收入和预算支出组成。

(一)预算收入

1. 预算收入按其来源划分为税收收入、依照规定应当上缴的国有资产收益、专项收入和其他收入。

(1)税收收入。税收是国家财政收入的主要来源，是国家预算收入最主要部分，目前来自税收的收入占全部财政收入的90%以上。按现行税制主要有流传税、所得税、资源税、财产

税和行为税，流转税和所得税居于主体地位。

(2)依照规定应当上缴的国有资产收益。国家可依其所有者的地位，凭借经济力量，以平等的民主主体身份来取得国有资产收益。只有各部门和各单位占有、使用和依法处分境内外国有资产产生的收益依照规定应当上缴预算的部分，才构成预算收入的一部分。如国有股息收入。

(3)专项收入。专项收入是指根据特定需要由国务院批准或者经国务院授权由财政部批准，设置、征集和纳入预算管理、有专项用途的收入。

(4)其他收入。其他收入是指不属于上述的各项收入，包括各种罚没收入、公产收入及杂项收入等。

2. 预算收入按分享程度划分为中央预算收入、地方预算收入、中央和地方预算共享收入

(1)中央预算收入。中央预算收入是指按照分税制财政管理体制，纳入中央预算、地方不参与分享的收入，包括中央本级收入和地方按照规定向中央上解的收入。

(2)地方预算收入。地方预算收入是指按照分税制财政管理体制，纳入地方预算、中央不参与分享的收入，包括地方本级收入和中央按照规定返还或者补助地方的收入。

(3)中央和地方预算共享收入。中央和地方预算共享收入是指按照分税制财政管理体制，中央预算和地方预算对同一税种的收入按照一定划分标准或者比例分享的收入。

(二)预算支出

预算支出，是国家对集中的预算收入有计划地分配和使用而安排的支出。

预算支出划分为中央预算支出和地方预算支出。中央预算支出是指按照分税制财政管理体制，由中央财政承担并列入中央预算的支出，包括中央本级支出和中央返还或者补助地方的支出；地方预算支出是指按照分税制财政管理体制，由地方财政承担并列入地方预算的支出，包括地方本级支出和地方按照规定上解中央的支出。

我国预算法规定的预算支出的形式包括：

1. 经济建设支出；
2. 教育、科学、文化、卫生、体育等事业发展支出；
3. 国家管理费用支出；
4. 国防支出；
5. 各项补贴支出；
6. 其他支出。

五、预算组织程序

预算组织程序包括预算的编制、审批、执行和调整。

(一)预算的编制

国家预算编制是预算计划管理的起点，是预算计划管理的关键环节，国家预算需要按照一定的程序进行编制，还要按法定程序进行审批。国务院应当及时下达关于编制下一年度预算草案的指示。编制预算草案的具体事项由财政部门负责部署。预算草案是指各级政府、各部门、各单位编制的未经法定程序审查和批准的预算收支计划。

1. 预算年度

预算年度一般为一年，但各国预算年度的起止日期不尽一致，可分为历年制和跨年制。历年制是按公历年度计，国家预算年度与公历年一致，即从公历1月1日起至12月31日止。目前，世界多数国家的预算采取历年制，如中国、法国、德国、意大利、挪威、瑞士、荷兰等国。跨年制是指一个预算年度跨越两个公历年度，但总时长仍等于一个日历年度。世界上有不少国家的预算年度采用跨年制，其起止日期选择主要有三类：一是以英国、日本、印度为代表，从4月1日起至次年3月31日止。二是以瑞典、澳大利亚为代表，从7月1日起至次年6月30日止。三是以美国、泰国为代表，从10月1日起至次年9月30日止。

我国国家预算年度采取的是公历年制。《预算法》规定，预算年度自公历1月1日起，至12月31日止。各预算活动的主体都必须按照法律规定的时间要求及时地编制预算，即各级政府、各部门、各单位应当按照国务院规定的时间编制预算草案。只有及时地编制预算才能保证国家财政税收活动的正常依法进行。

2. 预算草案的编制依据

(1)各级政府编制年度预算草案的依据包括：法律、法规；国民经济和社会发展计划、财政中长期计划以及有关的财政经济政策；本级政府的预算管理职权和财政管理体制确定的预算收支范围；上一年度预算执行情况和本年度预算收支变化因素；上级政府对编制本年度预算草案的指示和要求。

(2)各部门、各单位编制年度预算草案的依据包括：法律、法规；本级政府的指示和要求以及本级政府财政部门的部署；本部门、本单位的职责、任务和事业发展计划；本部门、本单位的定员定额标准；本部门、本单位上一年度预算执行情况和本年度预算收支变化因素。

中央预算和地方各级政府预算，应当参考上一年预算执行情况和本年度收支预测进行编制。

3. 预算草案的编制内容

(1)中央预算的编制内容：本级预算收入和支出；上一年度结余用于本年度安排的支出；返还或者补助地方的支出；地方上解的收入。

(2)地方各级政府预算的编制内容：本级预算收入和支出；上一年度结余用于本年度安排的支出；上级返还或者补助的收入；返还或者补助下级的支出；上解上级的支出；下级上解的收入。

(二)预算的审批

预算的审批，是指国家各级权力机关对同级政府所提出的预算草案进行审查和批准的活动。预算的审批是使预算草案转变为正式预算的关键阶段，只有经过审批的预算才是具有法律效力的、相关预算主体必须遵守的正式预算。为此，我国《预算法》专门规定，经本级人民代表大会批准的预算，非经法定程序，不得改变。

中央预算由全国人民代表大会审查和批准。地方各级政府预算由本级人民代表大会审查和批准。预算的备案，即各级政府预算批准后，必须依法向相应的国家机关备案，以加强预算监督，预算备案是与预算审批密切相关的一个制度。而预算的批复，是指各级政府预算经过本级人民代表大会的批准之后，本级政府财政部门应当及时向本级政府各部门批复预算。各省、自治区、直辖市政府应当按照国务院规定的时间将本级总预算草案报国务院审核汇总。

1. 预算草案的初审

依据《预算法》规定，国务院财政部门应当在每年全国人民代表大会会议举行的一个月前，将中央预算草案的主要内容提交全国人大财政经济委员会进行初步审查。

省、自治区、直辖市、社区的市、自治州政府财政部门应当在本级人大会议举行的一个月前，将本级预算草案的主要内容提交本级人大有关的专门委员会，或者根据本级人大常委会主任会议的决定提交本级人大常委会有关的工作委员会进行初步审查。

县、自治县、不设区的市、市辖区政府财政部门应当在本级人大会议举行的一个月前，将本级预算草案的主要内容提交本级人大常委会进行初步审查。

预算草案在提交相应的权力机关进行初审后，即进入了预算审批阶段。

2. 预算的审批与批复

我国《预算法》规定，中央预算由全国人民代表大会审查和批准；地方各级政府预算由本级人民代表大会审查和批准。

此外，我国《预算法》规定，各级政府预算经本级人民代表大会批准后，本级政府财政部门应当及时向本级各部门批复预算。各部门应当及时向所属各单位批复预算。

根据《实施条例》的规定，财政部应当自全国人民代表大会批准中央预算草案之日起 30 日内，批复中央部门预算。中央各部门应当自财政部批复本部门预算之日起 15 日内批复所属各单位预算。

地方各级政府预算草案经本级人民代表大会批准后，为当年本级政府预算。县级以上地方各级政府部门应当自本级人民代表大会批准本级政府预算草案之日起 30 日内，批复本级各部门预算。地方各部门应当自财政部门批复本部门预算之日起 15 日内，批复所属各单位预算。

（三）预算的执行

预算执行是指经法定程序批准的预算进入具体实施阶段，各级政府、各部门、各预算单位在组织实施本级权力机关批准的本级预算中筹措预算收入、拨付预算支出等的活动。

1. 预算执行的依据

预算执行当然要以经过权力机关依法定程序批准的预算为依据，对此固无疑义，但由于我国法律规定预算年度为历年制，即自公历 1 月 1 日起至 12 月 31 日止，而我国的全国人大会议都是在每年春季才召开，这就会造成有一段时间的预算执行无预算可依的局面，为了解决这一问题，《预算法》规定，预算年度开始后，各级政府预算草案的本级人民代表大会批准前，本级政府可以先按照上一年同期的预算支出数额安排支出，预算经本级人民代表大会批准后按照批准的预算执行。

2. 预算执行的主体

我国预算执行的主体包括各级政府、各级政府财政部门、预算收入征收部门、国家金库、各有关部门和有关单位。只有法律规定有预算执行权的主体，才能依法执行预算。同时，不同的预算执行主体享有不同的权力，担负不同的职责。

3. 预算执行的要求

《预算法》规定，各级预算由本级政府组织执行，具体工作由本级政府财政部门负责。预算收入征收部门必须依法及时、足额征收应征收的预算收入。有预算收入上缴任务的部门和单位，必须依照法规的规定，将应上缴的预算资金及时足额地上缴国库。各级政府财政部门必须依照法律和规定及时、足额地拨付预算支出资金，并加强管理和监督。

（四）预算的调整

预算调整是指经全国人民代表大会批准的中央预算和经地方各级人民代表大会批准的本

级预算，在执行中因特殊情况需要增加支出或者减少收入，使原批准的收支平衡的预算的总支出超过总收入，或者使原批准的预算中举借债务的数额增加的部分变更。预算是一种计划，它确定以后，往往会受到主客观条件的影响和制约，原来预料不到的一些特殊情况也会出现，导致预算收支由原来的平衡变得不平衡，这时就必须依法进行预算调整。

1. 预算调整方案的审批

各级政府对于必须进行的预算调整，应当编制预算调整方案。中央预算的调整方案必须提请全国人民代表大会常务委员会审查和批准。预算调整固然是正常的活动，但它又是对已经产生法律效力的预算的变动，必须严格依照法定程序来进行，任何政府或者部门都不得擅自变动预算。县级以上地方各级政府预算的调整方案必须提请本级人民代表大会常务委员会审查和批准。乡、民族乡、镇政府预算的调整方案必须提请本级人民代表大会审查和批准。未经批准，不得调整预算。

另外，根据《预算法实施条例》的有关规定，以下几个问题需要注意：一是预算调整方案由政府财政部门负责具体编制。预算调整方案应当列明调整的原因、项目、数额、措施及有关说明，经本级政府审定后，提请本级人民代表大会常务委员会审查和批准。二是接受上级返还或者补助的地方政府，应当按照上级政府规定的用途使用款项，不得擅自改变用途。三是政府有关部门以本级预算安排的资金拨付给下级政府有关部门的专款，必须经本级政府财政部门同意并办理预算划转手续。四是各部门、各单位的预算支出，必须按照本级政府财政部门批复的预算科目和数额执行，不得挪用。确需作出调整的，必须经本级政府财政部门同意。五是年度预算确定后，企业、事业单位改变隶属关系，引起预算级次和关系变化的，应当在改变财务关系的同时，相应办理预算划转。

2. 预算调整方案的备案

根据《预算法》规定，地方各级政府预算的调整方案经批准后，由本级政府报上一级政府备案。

3. 不属于预算调整的范围

根据《预算法》规定，在预算执行中，因上级政府返还或者给予补助而引起的预算收支变化，不属于预算调整。接受返还或者补助款项的县级以上地方各级政府应当向本级人民代表大会常务委员会报告有关情况；接受返还或者补助款项的乡、民族乡、镇政府应当向本级人民代表大会报告有关情况。

六、决算

决算是指对年度预算收支执行结果的会计报告，是预算执行的总结，是国家管理预算活动的最后一道程序。它包括决算报表和文字说明两个部分。

（一）决算草案的编制

编制决算可以总结预算年度中预算管理方面的经验和教训，集中反映当年国民经济和社会发展的情况，供国家决策时参考。

决算草案由各级政府、各部门、各单位在每一预算年度终了后按国务院规定的时间编制，具体事项由国务院财政部门部署。编制决算草案，必须符合法律、行政法规，做到收支数额准确、内容完整、报送及时。

各部门对所属各单位的决算草案，应当审核并汇总编制本部门的决算草案，在规定的期限内报本级政府财政部门审核。各级政府财政部门对本级各部门决算草案审核后发现有不符合法律、行政法规规定的有权予以纠正。

(二)决算草案的审查批准

国务院财政部门编制中央决算草案，报国务院审定后，由国务院提请全国人民代表大会常务委员会审查和批准。县级以上地方各级政府财政部门编制本级决算草案，报本级政府审定后，由本级政府提请本级人民代表大会常务委员会审查和批准。乡、民族乡、镇政府编制本级决算草案，提请本级人民代表大会审查和批准。

各级政府决算经批准后，财政部门应当向本级各部门批复决算。地方各级政府应当将经批准的决算，报上一级政府备案。国务院和县级以上地方各级政府对下一级政府依照规定报送备案的决算，认为有同法律、行政法规相抵触或者有其他不适当之处，需要撤销批准该项决算的决议的，应当提请本级人民代表大会常务委员会审议决定；经审议决定撤销的，该下级人民代表大会常务委员会应当责成本级政府依照本法规定重新编制决算草案，提请本级人民代表大会常务委员会审查和批准。

七、预决算的监督

为了保证预算、决算的贯彻实施，各级国家权力机关、政府及财政审计部门应依法履行法律赋予的预算决算监督职责：

(一)各级国家权力机关的监督

根据《预算法》规定，全国人民代表大会及其常务委员会对中央和地方预算、决算进行监督。县级以上地方各级人民代表大会及其常务委员会对本级和下级政府预算、决算进行监督。乡、民族乡、镇人民代表大会对本级预算、决算进行监督。

(二)各级政府部门的监督

《预算法》规定，各级政府监督下级政府的预算执行；下级政府应当定期向上一级政府报告预算执行情况。

(三)各级政府财政部门的监督

《预算法》规定，各级政府财政部门负责监督检查本级各部门及其所属各单位预算的执行；并向本级政府和上一级政府财政部门报告预算执行情况。

(四)各级政府审计部门的监督

《预算法》规定，各级政府审计部门对本级各部门、各单位和下级政府的预算执行、决算实行审计监督。

第二节　政府采购法律制度

一、政府采购法律制度的构成

政府采购法律制度，是指调整各级国家机关、事业单位和团体组织，使用财政性资金依法采购货物、工程和服务的活动的法律规范的总称。我国的政府采购法律制度由《政府采购法》、国务院各部门特别是财政部颁布的一系列部门规章，以及地方性法规和政府规章组成。

（一）政府采购法

2002年6月29日，第九届全国人民代表大会常务委员会第二十八次会议通过《政府采购法》，自2003年1月1日起施行。该法共分九章88条，包括总则、政府采购当事人、政府采购方式、政府采购程序、政府采购合同、质疑与投诉、监督检查、法律责任和附则。《政府采购法》是规范我国政府采购活动的根本性法律，也是制定其他政府采购法规制度的基本依据。《政府采购法》的颁布实施，规范了政府采购行为，提高了政府采购资金的使用效益，保护了政府采购当事人的合法权益，维护了国家利益和社会公共利益。

（二）政府采购部门规章

政府采购部门规章主要是指国务院财政部门制定的规章。虽然目前国务院尚未出台有关政府采购方面的行政法规，但国务院各部门，特别是财政部颁布了一系列有关政府采购的部门规章，以细化《政府采购法》中的原则性规定，增强可操作性。有关政府采购方面的部门规章有《政府采购信息公告管理办法》（财政部令第19号）、《政府采购货物和服务招标投标管理办法》（财政部令第18号）等。

（三）政府采购地方性法规和政府规章

各地政府也根据各地的具体情况颁布了规范本行政区域内政府采购活动的地方性法规和政府规章。这些法规和规章都以《政府采购法》为依据，同时结合了本地区的实际情况，具有较强的针对性和操作性。广东省十一届人大常委会第十四次会议通过了《广东省实施〈政府采购法〉办法》，该办法是广东省近十年来颁布的首部财政地方性法规，于2010年3月1日起实施。政府采购地方性规章是指省、自治区、直辖市的人民政府制定的地方规范性文件。1998年12月24日上海市人民政府发布了《上海市政府采购管理办法》，1999年4月22日北京市政府发布了《北京市政府采购办法》和《北京市政府采购目录》都属于政府采购地方性政府规章。

二、政府采购的概念

政府采购是指各级国家机关、事业单位和团体组织，使用财政性资金采购依法制定的集中采购目录以内的或者采购限额标准以上的货物、工程和服务的行为。

（一）政府采购的主体范围

政府采购的主体，亦即采购人，是指使用财政性资金采购依法制定的集中采购目录以内的或者限额标准以上的货物、工程和服务的国家机关、事业单位和团体组织。国家机关是指各级国家权力机关、行政机关、司法机关、党务机关等；事业单位是指依法设立的履行科教文卫体医等公共事业发展职能的机构和单位；社会团体是指依法设立的由财政供养的从事公共社会活动的团体组织，如有关行业协会等。

在2002年6月颁布的《政府采购法》中，对政府采购的界定是："本法所称政府采购，是指各级国家机关、事业单位、团体组织，使用财政性资金采购依法制定的集中采购目录以内的或者采购限额标准以上的货物、工程和服务的行为。"《政府采购法》没有将国有企业纳入政府采购的主体范围。

（二）政府采购的资金范围

采购资金的性质是确定采购行为是否属于政府采购制度规范范围的重要依据。根据政府采购的上述定义，政府采购资金为财政性资金。按照财政部的现行规定，财政性资金是指预算内资金、预算外资金，以及与财政资金相配套的单位自筹资金的总和。预算外资金是指政府批准的各项收费或基金等。

（三）政府集中采购目录和政府采购限额标准

政府集中采购目录和采购限额标准由省级以上人民政府确定并公布。属于中央预算的政府采购项目，其集中采购目录和政府采购限额标准由国务院确定并公布；属于地方预算的政府采购项目，其集中采购目录和政府采购限额标准由省、自治区、直辖市人民政府或者其授权的机构确定并公布。

（四）政府采购的对象范围

政府采购的对象包括货物、工程和服务，采购的形式包括购买、租赁、委托、雇用等。货物指各种形态和种类的物品，包括原材料、燃料、设备、产品等。工程指建设工程，包括建筑物和构筑物的新建、改建、扩建、装修、拆除、修缮等。服务指除货物和工程以外的其他政府采购对象。

三、政府采购的原则

《政府采购法》规定，政府采购应当遵循公开透明原则、公平竞争原则、公正原则和诚实信用原则。

（一）公开透明原则

公开透明原则，是指政府采购所进行的有关活动都必须公开进行，有关采购的法律、政策、程序和采购活动对社会公开，所有相关信息都必须公之于众。这也是各国通用的一条原则，贯穿在政府采购整个活动的过程中，包括有关采购的法律和程序应公开并严格执行；采购的项目要求、合同条件、采购过程、采购结果等采购信息要公开；采购活动要逐项作好采购记录以备审查监督；供应商还可对有关活动和程序进行质疑和投诉。正是因为政府采购活动公开透明的特性，政府采购才被称为阳光工程。只有在阳光下进行的政府采购活动，才能最有效地保证它的合理性，使有关供应商和社会公众了解采购情况，监督采购资金的使用。

公开透明原则应当贯穿于政府采购全过程，具体体现为以下三个方面：

一是公开的内容。应当公开的政府采购信息包括政府采购法规政策，省级以上人民政府公布的集中采购目录、政府采购限额标准和公开招标数额标准，政府采购招标业务代理机构名录，招标投标信息，财政部门受理政府采购投诉的联系方式及投诉处理决定，财政部门对集中采购机构的考核结果，采购代理机构、供应商不良行为记录名单等。

二是公开的标准。政府采购公开的信息应当符合内容真实、准确可靠、发布及时、便于获得查找等标准。

三是公开的途径。政府采购信息应当在省级以上财政部门指定的政府采购信息发布媒体上向社会公开发布。

（二）公平竞争原则

公平竞争原则要求政府采购活动在确保公平的前提下充分引入竞争机制。政府采购要通过公平竞争选择最优的供应商，取得最好的采购效果，所有参加竞争的供应商机会均等并受到同等待遇，不得有任何歧视行为，同时应在程序上保证有利于合同相对方权利的实现。因此，公平竞争原则可以进一步划分为竞争性原则和公平性原则。

竞争性原则的作用在于提高政府采购的效率，即在政府采购过程中引入竞争机制，通过供应商之间的竞争形成买方市场，从而保证政府采购在质量、价格上获得有利地位。政府采购竞争的主要方式是采用竞价方式，如招标投标等。

政府采购的公平性原则主要有两方面的内容：一是机会均等，即政府采购应允许符合条件参加投标的供应商参与竞争，政府采购主体不能无故将希望参加政府采购的供应商排斥在外，如《政府采购法》第 25 条第 1 款规定，政府采购当事人“不得以任何手段排斥其他供应商参与竞争”，第 64 条第 2 款规定“任何单位和个人不得违反本法规定，要求采购人或者采购工作人员向其指定的供应商进行采购”；二是待遇平等，即政府采购应对所有的参加者同行对待，不得厚此薄彼。比如资格预审和投标评价应对所有投标人都使用同一标准，采购机构向所有投标人提供的信息都应一致等。如《政府采购法》第 22 条第 2 款规定采购人“不得以不合理的条件对供应商实行差别待遇或者歧视待遇”。

只有公平竞争才能保证财政资金的使用效益，也只有公平竞争才能让参与政府采购的供应商信服，维护政府采购在市场上的声誉，有利于引导整个市场形成良性竞争的环境。

（三）公正原则

公正原则是指在公开、公平原则上所取得的结果的公正和整个操作程序和过程的公正。公正原则更主要地体现在确定供应商上，如评标标准明确严格、评标程序的公正、利害关系人的回避制度等。政府采购当事人在采购活动中的地位是平等的，任何一方不得向另一方提出不合理的要求，不得将自己的意志强加给对方。公正原则是建立在公开透明和公平的基础上的，只有公开透明和公平，才能有公正的政府采购的结果。

（四）诚实信用原则

诚实信用原则本是民事活动的基本原则，政府采购既包括民事因素也包括公共管理的因素，也应遵守民事活动的基本原则。诚实信用原则要求政府采购各方都要诚实守信，不得有欺骗背信的行为，以善意的方式行使权利，尊重他人利益和公共利益，忠实地履行约定义务。诚实信用原则约束的是政府采购活动中的各方当事人，要求采购主体在项目发标、信息发布、评标审标中要真实，不得有所隐瞒；也要求供应商在提供物品、服务时达到投标时作出的承诺，树立相应的责任意识。

四、政府采购的功能

（一）节约财政支出，提高采购资金的使用效益

推行政府采购的初衷就是为了加强财政支出管理，提高财政资金的使用效能。实行统一集中的政府采购与分散的采购方式相比较，可以扩大采购规模，形成规模效应，有利于降低采购成本。与此同时，政府采购通过引入竞争激励机制，吸引多数供应商的参与，能有效节约资金的支出。通过政府采购能使政府财政资金得到最大限度的利用，并且易形成买方市场，进一步提高财政资金的使用效益。

（二）强化宏观调控

政府可以通过调整采购总量来实现对经济的总量调控，以促进经济增长，保持宏观经济稳定。政府在政府采购中具有一定的主动性，政府可以通过调整采购总量来实现对经济的总量调控；在市场经济条件下，市场在资源配置上起决定性作用，为了弥补市场缺陷，政府必须用有限的资源进行调控，政府采购作为政府调控的主要手段之一，主要是通过增减采购支出来调控社会总需求。政府可以通过调整采购总量来实现对经济的总量调控，达到稳定物价、保持宏观经济稳定的目的。

比如，政府可以通过调整采购总量来调控社会总需求，进而促进社会总供给和总需求的平衡；可以通过调整采购品种、数量和频率等影响国民经济产业结构和产品结构；可以通过对采购地区的选择以平衡地区间的经济发展。《政府采购法》明确规定，政府采购应当有助于实现国家的经济和社会发展政策目标，包括保护环境，扶持不发达地区和少数民族地区，促进中小企业发展等。

（三）活跃市场经济

政府采购必须遵循公开、公平、公正的原则，在竞标过程中执行严密、透明的"优胜劣汰"机制，所有这些都会调动供应商参与政府采购的积极性，并能够促使供应商不断提高产品质量、降低生产成本或改善售后服务，以使自己能够赢得政府订单。供应商竞争能力的提高又能够带动整个国内市场经济的繁荣。从国际竞争的角度看，政府采购有助于供应商迈出国门、走向国际市场，提高我国产品在国际市场上的竞争力，并早日进入国际政府采购市场。

（四）推进反腐倡廉

政府采购制度是财政监督机制的有机组成部分，是财政分配职能的延伸，通过财政、审计、供应商、社会公众等全方位的参与和监督，能有效制止幕后交易、权钱交易、暗箱操作等腐败现象，最终实现对财政支出使用的监督和管理。推行政府采购制度应当作为党风廉政建设的一项重要内容抓紧抓好，中纪委也提出把推行政府采购制度作为从源头上、机制上预防和治理腐败的重要措施之一，这些都突出体现了政府采购的监管功能。

（五）保护民族产业

发挥政府采购对民族产业的保护功能是世界上许多国家通行的做法，民族产业是一国经济的基石，对其保护不仅是经济全球化对提高民族产业竞争力的要求，也是维护国家安全和民族利益的需要。在众多的非关税贸易壁垒中，政府采购是世界各国为保护民族产业所普遍采用的手段。根据我国《政府采购法》的规定，除极少数法定情形外，政府采购应当采购本国货物、工程和服务。这一规定就体现了国货优先原则，即政府采购保护民族产业的功能。

五、政府采购的执行模式

《政府采购法》规定，政府采购实行集中采购和分散采购相结合。采购人采购纳入集中采购目录的政府采购项目，应当实行集中采购。

（一）集中采购

集中采购是指由政府设立的职能机构统一为其他政府机构提供采购服务的一种采购组织

实施形式。按照《政府采购法》的规定，集中采购必须委托集中采购机构代理采购。设区的市、自治州以上人民政府根据本级政府采购项目组织集中采购的需要设立集中采购机构。

实行集中采购的优点是：

1. 取得规模效益，降低采购成本；

2. 争取价格优势和优质服务；

3. 保证采购质量；

4. 贯彻落实政府采购有关政策取向，便于实施统一的管理和监督。

缺点是：

1. 难以适应紧急情况采购；

2. 难以满足用户多样性需求；

3. 采购程序复杂；

4. 采购周期较长。

(二)分散采购

分散采购是指由各预算单位自行开展采购活动的一种采购组织实施形式。《政府采购法》规定，采购未纳入集中采购目录的政府采购项目，可以自行采购，也可以委托集中采购机构在委托的范围内代理采购。

实行分散采购的优点是：

1. 具有灵活性；

2. 自主性强；

3. 手续简便；

4. 满足采购及时性和多样性的需求。

缺点是：

1. 失去了规模效益，加大了采购成本；

2. 会导致资产闲置及资金浪费，不利于国家宏观调控；

3. 容易滋生腐败。

六、政府采购当事人

政府采购当事人，是指在政府采购活动中享有权利和承担义务的各类主体，包括采购人、供应商和采购代理机构等。

(一)采购人

采购人是政府采购中货物、工程和服务的直接需求者。作为政府采购的采购人，一般具有两个重要特征：一是采购人是依法进行政府采购的国家机关、事业单位和团体组织；二是采购人的政府采购行为从筹划、决策到实施，都必须在《政府采购法》等法律法规的规范内进行。

从政府采购法的规定来看，采购人的权利主要包括：

1. 自行选择采购代理机构的权利；

2. 要求采购代理机构遵守委托协议约定的权利；

3. 审查政府采购供应商的资格的权利；

4. 依法确定中标供应商的权利；

5. 签订采购合同并参与对供应商履约验收的权利；

6. 特殊情况下提出特殊要求的权利，例如，对于纳入集中采购目录属于本部门、本系统有特殊要求的项目，可以实行部门集中采购；属于本单位有特殊要求的项目，经省级以上人民政府批准，可以自行采购；

7. 其他合法权利。

采购人的义务主要包括：

1. 遵守政府采购的各项法律、法规和规章制度；

2. 接受和配合政府采购监督管理部门的监督检查，同时还要接受和配合审计机关的审计监督以及监察机关的监察；

3. 尊重供应商的正当合法权益；

4. 遵守采购代理机构的工作秩序；

5. 在规定时间内与中标供应商签订政府采购合同；

6. 在指定媒体及时向社会发布政府采购信息、招标结果；

7. 依法答复供应商的询问和质疑；

8. 妥善保存反映每项采购活动的采购文件；

9. 其他法定义务。

(二)供应商

供应商是指向采购人提供货物、工程或者服务的法人、其他组织或者自然人。《政府采购法》规定，供应商参加政府采购活动应当具备以下条件：具有独立承担民事责任的能力；具有良好的商业信誉和健全的财务会计制度；具有履行合同所必需的设备和专业技术能力；有依法缴纳税收和社会保障资金的良好记录；参加政府采购活动前三年内，在经营活动中没有重大违法记录；法律、行政法规规定的其他条件。

从《政府采购法》的规定来看，供应商的权利主要包括：

1. 平等地取得政府采购供应商资格的权利；

2. 平等地获得政府采购信息的权利；

3. 自主、平等地参加政府采购竞争的权利；

4. 就政府采购活动事项提出询问、质疑和投诉的权利；

5. 自主、平等地签订政府采购合同的权利；

6. 要求采购人或采购代理机构保守其商业秘密的权利；

7. 监督政府采购依法公开、公正进行的权利；

8. 其他合法权利。

供应商的义务主要包括：

1. 遵守政府采购的各项法律、法规和规章制度；

2. 按规定接受供应商资格审查，并在资格审查中客观真实地反映自身情况；

3. 在政府采购活动中，满足采购人或采购代理机构的正当要求；

4. 投标中标后，按规定程序签订政府采购合同并严格履行合同义务；

5. 其他法定义务。

(三)采购代理机构

采购代理机构是指具备一定条件，经政府有关部门批准而依法拥有政府采购代理资格的社会中介机构。《政府采购法》中所称的集中采购机构就是采购代理机构。

采购代理机构分为一般采购代理机构和集中采购机构。一般采购代理机构的资格由国务院有关部门或省级人民政府有关部门认定，主要负责分散采购的代理业务。集中采购机构是进行政府集中采购的法定代理机构，由设区的市、自治州以上人民政府根据本级政府采购项目组织集中采购的需要设立。

政府采购代理机构作为一种特殊的利益主体，应当对包括自身在内的政府采购当事人负责，自觉履行政府采购法律规定的义务，依法开展代理采购活动，维护国家利益和社会公共利益。就具体操作过程而言，其义务和责任主要包括：

1. 依法开展代理采购活动并提供良好服务；

2. 依法发布采购信息；

3. 依法接受监督管理；

4. 不得向采购人行贿或者其他不正当手段谋取非法利益；

5. 其他法定义务和责任。

七、政府采购方式

政府采购可以采用公开招标、邀请招标、竞争性谈判、单一来源、询价以及国务院政府采购监督管理部门认定的其他采购方式。其中，公开招标应作为政府采购的主要采购方式。

1. 公开招标

公开招标是指采购人或其委托的政府采购代理机构以招标公告的方式邀请不特定的供应商参加投标竞争，从中择优选择中标供应商的采购方式。货物服务采购项目达到公开招标数额标准的，必须采用公开招标方式。采购人不得将应当以公开招标方式采购的货物或者服务化整为零或者以其他任何方式规避公开招标采购。

2. 邀请招标

邀请招标是指采购人或其委托的政府采购代理机构以投标邀请书的方式邀请三家或三家以上特定的供应商参与投标的采购方式。符合下列情形之一的货物或者服务，可以采用邀请招标方式采购：

(1)具有特殊性，只能从有限范围的供应商处采购的；

(2)采用公开招标方式的费用占政府采购项目总价值的比例过大的。

3. 竞争性谈判

竞争性谈判是指采购人或其委托的政府采购代理机构通过与多家供应商就采购事宜进行谈判，经分析比较后从中确定中标供应商的采购方式。符合下列情形之一的货物或者服务，可以采用竞争性谈判方式采购：

(1)招标后没有供应商投标或者没有合格标的或者重新招标未能成立的；

(2)技术复杂或者性质特殊，不能确定详细规格或者具体要求的；

(3)采用招标所需时间不能满足用户紧急需要的；

(4)不能事先计算出价格总额的。

4. 单一来源

单一来源是指采购人采购不具备竞争条件的物品，只能从惟一的供应商取得采购货物或服务的情况下，直接向该供应商协商采购的采购方式。符合下列情形之一的货物或者服务，可以采用单一来源方式采购：

(1)只能从惟一供应商处采购的；

(2)发生了不可预见的紧急情况不能从其他供应商处采购的；

(3)必须保证原有采购项目一致性或者服务配套的要求，需要继续从原供应商处添购，且添购资金总额不超过原合同采购金额百分之十的。

5. 询价

询价是指采购人向三家以上潜在的供应商发出询价单，对各供应商一次性报出的价格进行分析比较，按照符合采购需求、质量和服务相等且报价最低的原则确定中标供应商的采购方式。采购的货物规格、标准统一、现货货源充足且价格变化幅度小的政府采购项目，可以采用询价方式采购。

《政府采购法》对上述各种政府采购方式的适用条件和情形作了明确规定，并规定了每种采购方式下的具体采购程序。

八、政府采购的监督检查

各级人民政府财政部门是负责政府采购监督管理的部门，依法履行对政府采购活动的监督管理职责。其监督检查的主要内容有：有关政府采购的法律、行政法规和规章的执行情况；采购范围、采购方式和采购程序的执行情况；政府采购人员的职业素质和专业技能。除此以外，审计机关、监察机关、社会公众等应当在政府采购的监督中发挥应有作用，集中采购机构、采购人等也应当建立健全内部监督机制。

第三节　国库集中收付制度

2001 年 2 月，国务院通过了由财政部和中国人民银行制定的《财政国库管理制度改革试点方案》，确立了我国财政国库管理制度改革的目标、指导思想和原则、改革的内容、配套措施及实施步骤。改革方案中明确提出，我国财政国库管理制度改革的目标是建立以国库单一账户体系为基础、资金缴拨以国库集中收付为主要形式的财政国库管理制度。2002 年，财政部和中国人民银行又联合印发了《中央单位财政国库管理制度改革试点资金支付管理办法》。

一、国库集中收付制度

国库集中收付制度一般也称为国库单一账户制度，包括国库集中支付制度和收入收缴管理制度，是指由财政部门代表政府设置国库单一账户体系，所有的财政性资金均纳入国库单一账户体系收缴、支付和管理的制度。财政收入通过国库单一账户体系，直接缴入国库和财政专户；财政支出通过国库单一账户体系，以财政直接支付和财政授权支付的方式，将资金支付到商品和劳务供应者或用款单位，即预算单位使用资金但见不到资金；未支用的资金均保留在国库单一账户，由财政部门代表政府进行管理运作，降低政府筹资成本，为实施宏观调控政策提供可选择的手段。

国库集中收付制度的实施大大提高了财政资金收付管理的规范性、安全性、有效性，增强了透明度。实行国库集中收付制度后，支出单位的财政资金都集中存放在国库，有利于财政部门对资金加强统一调度和管理，使库款调度更加灵活。同时，也将从根本上改变财政资金管理分散、各支出部门和支出单位多头开户、重复开户的混乱局面。财政部门内部实行预算的编制、执行和监督相对分开，从机制上防止了营私舞弊。财政部门、支出单位、结算银行都持有可以相互核对的资金支付账册，预算执行规范透明，有利于加强对财政资金支出全过程的监督和管理，杜绝不合理支出，提高财政资金的使用效益。同时，还能有效地防止利用财政资金谋取私利等腐败现象的发生。

二、国库单一账户体系

（一）国库单一账户体系的概念

国库单一账户体系，是指以财政国库存款账户为核心的各类财政性资金账户的集合，所有财政性资金的收入、支付、存储及资金清算活动均在该账户体系运行。

（二）国库单一账户体系的构成

国库单一账户体系由下列银行账户构成：

财政部门在中国人民银行开设的国库单一账户，简称国库单一账户。该账户用于记录、核算和反映财政预算资金和纳入预算管理的政府性基金的收入和支出。代理银行应当按日将支付的财政预算内资金和纳入预算管理的政府性基金与国库单一账户进行清算。国库单一账户在财政总预算会计中使用，行政单位和事业单位会计中不设置该账户。

财政部门在商业银行开设的零余额账户，简称财政部门零余额账户。该账户用于财政直接支付和与国库单一账户清算。该账户每日发生的支付，于当日营业终了前与国库单一账户清算；营业中单笔支付额在5000万元人民币以上的（含5000万元），应当及时与国库单一账户清算。财政部门零余额账户在国库会计中使用。

财政部门在商业银行为预算单位开设的零余额账户，简称预算单位零余额账户。该账户用于财政授权支付和清算。该账户每日发生的支付，于当日营业终了前由代理银行在财政部门批准的用款额度内与国库单一账户清算；营业中单笔支付额在5000万元人民币以上的（含5000万元），应及时与国库单一账户清算。预算单位零余额账户可以办理转账、提取现金等结算业务，可以向本单位按账户管理规定保留的相应账户划拨工会经费、住房公积金及提租补贴，以及经财政部门批准的特殊款项，不得违反规定向本单位其他账户和上级主管单位、所属下级单位账户划拨资金。预算单位零余额账户在行政单位和事业单位会计中使用。

财政部门在商业银行开设的预算外资金财政专户，简称预算外资金专户。该专户用于记录、核算和反映预算外资金的收入和支出活动，并用于预算外资金日常收支清算。预算外资金专户在财政部门设立和使用。

经国务院或国务院授权财政部门批准为预算单位在商业银行开设的特殊专户，简称特设专户。该专户用于记录、核算和反映预算单位的特殊专项支出活动，并用于与国库单一账户清算。特设专户在按规定申请设置了特设专户的预算单位使用。

财政部门是持有和管理国库单一账户体系的职能部门，任何单位不得擅自设立、变更或撤销国库单一账户体系中的各类银行账户。中国人民银行按照有关规定，对国库单一账户和代理银行进行管理和监督。这里所指的代理银行，是指由财政部门确定的、具体办理财政性资金支付业务的商业银行。

三、财政收入收缴方式和程序

（一）收缴方式

财政收入的收缴分为直接缴库和集中汇缴两种方式。

1. 直接缴库

直接缴库，是指由缴款单位或缴款人按有关法律法规规定，直接将应缴收入缴入国库单一账户或预算外资金财政专户。

2. 集中汇缴

集中汇缴，是指由征收机关（有关法定单位）按有关法律规定，将所收的应缴收入汇总缴入国库单一账户或预算外资金财政专户。

（二）收缴程序

1. 直接缴库程序

直接缴库的税收收入，由纳税人或税务代理人提出纳税申报，经征收机关审核无误后，由纳税人通过开户银行将税款缴入国库单一账户。直接缴库的其他收入，比照上述程序缴入国库单一账户或预算外资金财政专户。

2. 集中汇缴程序

小额零散税收和法律另有规定的应缴收入，由征收机关于收缴收入的当日汇总缴入国库单一账户。非税收入中的现金缴款，比照本程序缴入国库单一账户或预算外资金财政专户。

四、财政支出支付方式和程序

（一）支付方式

财政性资金的支付实行财政直接支付和财政授权支付两种方式。

1. 财政直接支付

财政直接支付，是指由财政部门向中国人民银行和代理银行签发支付指令，代理银行根据支付指令通过国库单一账户体系将资金直接支付到收款人（即商品或劳务的供应商等）或用款单位（即具体申请和使用财政性资金的预算单位）账户。

2. 财政授权支付

财政授权支付，是指预算单位按照财政部门的授权，自行向代理银行签发支付指令，代理银行根据支付指令，在财政部门批准的预算单位的用款额度内，通过国库单一账户体系将资金支付到收款人账户。

（二）支付程序

1. 财政直接支付程序

预算单位实行财政直接支付的财政性资金包括工资支出、工程采购支出、物品和服务采购支出。

财政直接支付的申请由一级预算单位汇总，填写“财政直接支付汇总申请书”，报财政部门国库支付执行机构。财政部门国库支付执行机构审核一级预算单位提出的支付申请无误后，开具“财政直接支付汇总清算额度通知单”和“财政直接支付凭证”，经财政部门国库管理机构加盖印章签发后，分别送中国人民银行和代理银行。代理银行根据“财政直接支付凭证”及时将资金直接支付给收款人或用款单位。

2. 财政授权支付程序

财政授权支付程序适用于未纳入工资支出、工程采购支出、物品和服务采购支出管理的购买支出和零星支出。其包括单件物品或单项服务购买额不足10万元人民币的购买支出；年度财政投资不足50万元人民币的工程采购支出；特别紧急的支出和经财政部门批准的其他支出。

财政部门根据批准的一级预算单位用款计划中月度授权支付额度，每月25日前以“财政授权支付汇总清算额度通知单”、“财政授权支付额度通知单”的形式分别通知中国人民银行、代理银行。代理银行在收到财政部门下达的“财政授权支付额度通知单”时，向相关预算单位发出“财政授权支付额度到账通知书”。基层预算单位凭据“财政授权支付额度到账通知书”所确定的额度支用资金；代理银行凭据“财政授权支付额度通知单”受理预算单位财政授权支付业务，控制预算单位的支付金额，并与国库单一账户进行资金清算。预算单位支用授权额度时，填制财政部门统一制定的“财政授权支付凭证”送代理银行；代理银行根据“财政授权支付凭证”，通过零余额账户办理资金支付。

★　★　★　★

案例一：海口市全面实施国库集中支付

今天从海口市财政部门了解到，从2014年起，海口市将对各有关预算单位实施国库集中支付制度。

据海口市财政局相关负责人介绍，海口市于日前印发了通知，决定从2014年1月起对各有关预算单位实施国库集中支付制度。即预算单位无需开设零余额账户，单位的用款计划申报、用款申请等，由其财务主管部门（单位）负责，单位的授权支付通过其财务主管部门（单位）的零余额账户支付；直接支付通过财政零余额账户支付。

案例分析：国库集中支付制度和国库集中收缴制度共同构成了国库集中收付制度。国库集中收付制度是指政府将所有财政性资金都纳入国库单一账户体系管理，收入直接缴入国库或财政专户，支出通过国库单一账户体系支付到商品和劳务供应者或用款单位。

（来源：海口晚报，2014年4月1日）

案例二：新密市加强政府采购监督 从源头上预防腐败滋生

2013年，新密市出台了《关于加强政府采购合同监督管理工作的通知》，完善协议采购制度，协调下发了《新密市协议供货二次询价采购管理办法（试行）》，提高采购服务质量，节约采购费用。制定年度《政府集中采购目录和采购限额标准及公开招标数额标准》，并对执行情况进行检查。

加大采购的事前、事中、事后监督，采购审批、采购程序、采购资金直拨三个环节一环扣一环，强化监督管理，做好源头监控。在新密政府网开辟政府采购专栏，搭建信息公开平台，对采购信息、招标信息、中标信息进行公开，保证信息的开放性和互动性。同时，市纪委、监察局组成督查组，不定期对政府采购情况的监督检查，发现问题，严肃处理。

案例分析：该市按照《政府采购法》“采管分离”的规定，明确了各职能部门对政府采购工作事前、事中、事后的监管职责，建立了政府采购代理机构工作考核机制，规范了采购行为，优化了采购环境，有利于从源头上预防政府采购领域腐败问题，切实提高了政府采购工作的执行力，促进了政府采购工作的健康发展。

（人民网河南分网 henan. people. com. cn）

■ 第五章　会计职业道德

【本章提要】

本章要点包括：会计职业道德的概念、功能，会计职业道德与会计法律制度的关系；会计职业道德规范的主要内容；会计职业道德教育与修养；会计职业道德建设。

第一节　会计职业道德概述

一、职业道德的概念与特征

（一）职业道德的概念

职业道德的概念有广义和狭义之分。广义的职业道德，是指从业人员在职业活动中应该遵循的行为准则，涵盖了从业人员与服务对象、职业与职工、职业与职业之间的关系。狭义的职业道德，是指在一定职业活动中应遵循的、体现一定职业特征的、调整一定职业关系的职业行为准则和规范。

医生的职业道德是救死扶伤、治病救人、实行人道主义；法官的职业道德是清正廉明、刚直不阿；商人的职业道德是买卖公平、童叟无欺；注册会计师的职业道德是独立、客观、公正；军人的职业道德是服从命令、不怕牺牲。这些职业道德规范用来指导和约束职业行为，以保证职业活动的正常进行。

（二）职业道德的特征

1. 职业性

职业道德的内容与职业实践活动密切相关，反映着特定职业活动对从业人员的行为要求。一定的职业道德规范只适用于一定的职业活动领域。有些具体的行业道德规范，只适用于本行业，其他行业就不完全适用，或完全不适用。

2. 实践性

职业道德的作用是调整职业关系，对从业人员职业活动的具体行为进行规范，并解决职业实践活动中的具体道德冲突，因此职业道德具有较强的实践性。

3. 继承性

职业道德作为社会意识形态的一种特殊形式，是受社会经济关系决定的，随着社会经济关系的变化而改变;但是，由于职业道德是与职业活动紧密结合的，所以，即使在不同的社会经济发展阶段，同样一种职业因服务对象、服务手段、职业利益、职业责任和义务相对稳定，职业行为的道德要求的核心内容就被继承和发扬。

(三)职业道德的主要内容

职业道德的基本内容包括爱岗敬业、诚实守信、办事公道、服务群众和奉献社会。

1. 爱岗敬业

爱岗，就是热爱自己的工作岗位;敬业，就是尊重自己所从事的职业。爱岗敬业就是对自己的工作要专心、认真、负责任，为实现职业目标而努力。爱岗敬业是职业道德的基础，也是社会主义职业道德所倡导的首要规范。人们之间只有社会分工不同，而无贵贱之分。任何工作岗位的存在，都是服务社会的需要。爱岗与敬业精神是相通的，是相互联系在一起的。爱岗是敬业的基础，敬业是爱岗的具体表现，不爱岗就很难做到敬业，不敬业也很难说是真正的爱岗。爱岗敬业是为人民服务和集体主义精神的具体体现，是社会主义职业道德一切基本规范的基础。

2. 诚实守信

诚实，就是忠诚老实，不说假话。守信，就是信守诺言，说话算数，讲信誉，重信用，履行自己的义务。诚实守信是做人的基本准则，是企业等社会组织安身立命的根本。因此诚实守信也是职业道德的精髓。

3. 办事公道

办事公道，是指处理各种职业事务要站在公正的立场上，按照同一标准和同一原则办理，体现公道正派、客观公正、公平公开、不偏不倚。如一个服务员接待顾客不以貌取人，对不同国籍、不同肤色、不同民族的宾客能一视同仁，同样热情服务，这就是办事公道。一个售货员对于购买其商品的消费者，无论其购买商品的贵贱，同样周到接待，这就是办事公道。

4. 服务群众

服务群众，是指听取群众意见，了解群众需要，端正服务态度，改进服务措施，提高服务质量。服务群众不仅是对各级领导和公务员的要求，而且是对所有从业人员的要求。服务群众是职业道德的核心。

5. 奉献社会

奉献社会，就是要履行对社会、对他人的义务，自觉地、努力地为社会、为他人作出贡献。当社会利益与局部利益、个人利益发生冲突时，要求每一个从业人员把社会利益放在首位。奉献社会是职业道德的出发点和归宿。

(四)职业道德的作用

1. 促进职业活动的健康进行

职业道德最主要的作用就是通过调节职业关系，维护正常的职业活动秩序。人们在从事的各种职业活动中所涉及的各方都会存在着责、权、利的矛盾和差异，职业道德作为职业行为的规范，用来协调职业关系中的各种矛盾和差异，确保职业活动的正常进行，同时也促进职业的健康发展。

2. 对社会道德风尚会产生积极的影响

职业道德是社会道德的一个重要组成部分。职业道德状况对社会道德风尚会产生极大的影响。在我们的现实生活中，人们把商业、交通、医疗、供电、供热等对社会生活影响较大的一些行业和部门形象地比喻为“窗口”行业，这些行业和部门的职业道德水准，直接体现着社会道德风尚的面貌。如果人们都能自觉地遵守各自的职业道德规范，必将会形成良好的社会道德风尚。

二、会计职业道德的概念与特征

（一）会计职业道德概念

会计职业道德，是指在会计职业活动中应当遵循的、体现会计职业特征的、调整会计职业关系的职业行为准则和规范。会计职业道德的含义，包括以下几个方面：

1. 会计职业道德是调整会计职业活动利益关系的手段

会计职业活动中的各种经济关系十分复杂，这些经济关系的实质是经济利益关系。在国家经济体系建设中，各经济主体的利益与国家利益、社会公众利益时常发生冲突。会计职业道德可以配合国家法律制度，调整职业关系中的经济利益关系，维护正常的经济秩序。会计职业道德允许个人和各经济主体获取合法的自身利益，但反对通过损害国家和社会公众利益而获取违法利益。

2. 会计职业道德具有相对稳定性

会计人员在对单位经济业务事项进行确认、计量、记录和报告中，在会计标准的设计、会计政策的制定、会计方法的选择中，都必须遵循其内在的客观经济规律和要求。由于人们面对的是共同的客观经济规律，因此，会计职业道德主要依附于历史继承性和客观经济规律，在社会经济关系不断的变迁中，保持自己的相对稳定性。

3. 会计职业道德具有广泛的社会性

会计职业道德的社会性是由会计职业活动所生成的产品决定的。特别是在所有权和经营权分离的情况下，会计不仅要为政府机构、企业管理层、金融机构等提供符合质量要求的会计信息，而且要为投资者、债权人及社会公众服务，因其服务对象涉及面很广，提供的会计信息是公共产品，所以会计职业道德的优劣将影响国家和社会公众利益。像银广厦、郑百文、蓝田股份等会计造假丑闻就是典型例子，由于会计造假致使广大股东遭受了巨大的损失，严重干扰了社会经济的正常秩序。可见，会计信息质量直接影响着社会经济的发展和社会经济秩序的健康运行，会计职业道德必然受社会关注，具有广泛的社会性。

（二）会计职业道德的特征

1. 具有一定的强制性

法律是具有强制性的，而道德一般不具有强制性。但在我国，为了强化会计职业道德的调整职能，我国会计职业道德中的许多内容都被纳入了会计法律法规。如《会计法》、《会计基础工作规范》等，均对会计职业道德的内容和要求作出了规定。因此，会计职业道德也体现出了一定的强制性。会计职业道德这种独特的强制性，是由会计工作在市场经济活动中的特殊地位所决定的。当然，会计职业道德中还有许多非强制性的内容，而且也在发挥着作用。例如，会计职业道德中的提高技能、强化服务、参与管理等内容都是非强制性要求，但其直接影响到专业胜任能力、会计信息质量和会计职业的声誉，因此也要求会计人员遵守。

2. 较多关注公众利益

会计职业的一个显著特征是会计职业活动与社会公众利益密切联系，当个人利益、经济主体利益与国家利益、社会公众利益出现矛盾时，如果会计人员与经济主体利益协调一致，而忽视了国家利益和社会公众利益，便产生了会计职业道德危机。在会计确认、计量、记录和报告的程序、方法的选择和运用等职业行为上的任何变化，都会直接影响到会计职业关系中的各方利益。因此，会计职业的社会公众利益性，要求会计人员客观公正，在会计职业活动中，发生道德冲突时要坚持准则，把国家利益、社会公众利益放在第一位。

三、会计职业道德功能

（一）指导功能

会计职业道德的指导功能，是指会计职业道德指导会计人员会计行为的功能。会计行为是由会计人员的内心信念来支配的，信念的善与恶将导致行为的是与非。会计职业道德是会计人员共同遵守的行为准则和规范，属于社会意识形态范畴。它对会计人员的行为动机提出的相应要求，能正确引导、规劝和约束会计人员树立良好的职业观念，遵循职业道德要求，从而达到规范会计行为的目的。会计人员只有在会计职业道德规范的指导下才能开展好会计工作。

（二）评价功能

会计职业道德的评价功能，是指对会计人员的行为，根据会计职业道德标准进行客观评判和认定的功能。道德具有通过评价方式来指导和纠正人们的行为和实际活动，以协调人际关系、维护社会秩序的功能。会计职业道德能够通过评价方式，激发会计人员的内在积极性和主动性，促进会计人员自我肯定、自我发展、自我完善，推动会计人员的会计行为从“现有行为”向“应有行为”的转化。

（三）教化功能

会计职业道德的教化功能，是指会计职业道德对会计人员具有教育和感化的功能。人们常把道德比作是催人奋进的引路人，说的就是道德对人的这种教育和感化功能。会计职业道德不仅明确了会计人员会计行为方面的要求，还明确了会计人员自身素质方面的要求，如提高技能、参与管理、强化服务等。能否遵守会计职业道德是会计人员素质高低的重要体现。一个高素质的会计人员必然是遵守会计职业道德规范的典范。会计职业道德规范的这种内在要求对会计人员能起到积极的教育和引导作用，促使其在日常工作和生活中，以此规范来约束和鞭策自己，树立正确的道德观念，培养良好的道德意识，养成高尚的道德品质。另外，会计职业道德规范也会对会计人员的思想、感情和行为产生一种潜移默化的感化作用。现实生活中，会计人员是否遵守道德规范，常常会受到良心的拷问，出现思想上的斗争和情感上的挣扎，即使有人违反了规范，其内心深处也会产生一种羞愧、自责和内疚感，这实际上都是道德规范教化功能的表现。

四、会计职业道德与会计法律制度

（一）会计职业道德与会计法律制度的联系

会计职业道德与会计法律制度两者联系密切，有着共同的目标、相同的调整对象，承担着同样的职责。

1. 两者在根本目的上一致

两者的目标都是为单位利益和国家利益更好地聚财、理财、用财、生财，更好地为我国社会主义现代化建设服务。

2. 两者在作用上相互补充

在规范会计行为时，既需要依赖于会计法律制度的强制功能，又需要借助于会计职业道德的教化功能。极端的会计违规行为必须运用会计法律制度来强制控制和约束，而大量的会计规范则需要会计职业道德来维系。

3. 两者在内容上相互渗透、相互重叠

会计法律制度中含有会计职业道德规范的内容，同时，会计职业道德规范中也包含有会计法律制度的某些条款。

4. 两者在地位上相互转化、相互吸收

最初的会计职业道德规范就是对会计职业行为约定俗成的基本要求，后来有些需要强制实行的规范要求逐渐被吸收到会计法律制度当中，便形成了会计法律制度的重要条款。会计法律制度则是会计职业道德的最低要求。

5. 两者在实施上相互作用、相互促进

会计职业道德是会计法律制度正常运行的社会和思想基础，会计法律制度则是促进会计职业道德规范形成和遵守的制度保障。

（二）会计职业道德与会计法律制度的区别

1. 两者性质不同

会计法律制度反映统治者的意志和愿望，因而在同一社会内，只允许存在一种会计法律制度，并通过国家机器强制执行，因此具有很强的他律性。而会计职业道德并不都代表统治者的意志，很多来自于职业习惯和约定俗成。在同一社会里，会计职业道德不是惟一的。会计职业道德依靠会计从业人员的自觉性，自愿地执行，并依靠社会舆论和良心来实现，基本上是非强制执行的，具有很强的自律性。

2. 两者作用范围不同

会计法律制度侧重于调整会计人员的外在行为和结果的合法化，具有较强的客观性；会计职业道德不仅要求调整会计人员的外在行为，还要调整会计人员的内心精神世界，具有很强的自律性。会计法律制度的各种规定是会计职业关系得以维系的最基本条件，是对会计从业人员行为的最低限度要求，用以维持现有的会计职业关系和正常的会计工作秩序。在实践中，虽然有很多不良的会计行为在违反了会计法律制度的同时也违反了会计职业道德，但也有许多不良会计行为只违反了会计职业道德而没有违反会计法律制度。违反会计职业道德的行为，不一定违反会计法律制度。

3. 两者表现形式不同

会计法律制度是通过一定的程序由国家立法机关或行政管理机关制定的，其表现形式是具体的、明确的、正式形成文字的成文规定。会计职业道德则出自于会计人员的职业生活和职业实践，其表现形式既有明确的成文规定，也有不成文的规范。有的规范仅存在于人们的意识和信念之中，并无具体的表现形式，它依靠社会舆论、道德教育、传统习俗和道德评价来实现。

4. 两者实施保障机制不同

会计法律制度需要一套实施保障机制。这种保障机制不仅体现在其法律规范的内容中具有明确的制裁和处罚条款，而且体现在设有与之相配合的权威的制裁和审判机关。而会计职业道德并没有权威机构对其中的是非曲直明确作出裁定，即使有裁定也是舆论性质的，缺乏权威机构保障对裁定的执行。

（三）会计行为的法治与德治

会计职业道德规定了会计人员的最高行为标准和一些基本原则以及行为规范。会计法律制度所规定的行为规范是会计职业道德的最低要求。会计法律制度所规定的行为规范包括在会计职业道德要求之中，会计职业道德的行为规范不仅其标准比会计法律制度高得多，而且内容和范围也广得多，它贯穿于社会经济活动的各个领域、各个方面。违反会计法律制度的行为必定违反会计职业道德，而违反会计职业道德的行为则不一定违反会计法律制度。因此会计行为的规范，不仅需要会计法律制度作为基本保证，而且依赖于会计人员的道德来实现。要从根本上治理会计行为失范问题，必须要把依法治理和以德治理紧密结合起来，使法治与德治相得益彰，充分发挥各自作用。市场经济呼唤法制建设，但是法制的加强并不意味着道德的削弱。会计职业道德与会计法律制度作为社会规范，两者相辅相成。

第二节　会计职业道德规范的主要内容

会计职业道德规范，是指一定社会经济条件下，对会计职业行为及职业活动的系统要求或明文规定，是会计人员处理职业活动中各种关系的行为准则，是职业道德在会计职业行为和会计职业活动中的具体体现。

我国会计职业道德规范的主要内容为：爱岗敬业、诚实守信、廉洁自律、客观公正、坚持准则、提高技能、参与管理和强化服务。

一、爱岗敬业

（一）爱岗敬业的含义

爱岗敬业指的是忠于职守的事业精神，这是会计职业道德的基础。爱岗，就是会计人员热爱本职工作，安心本职岗位，并为做好本职工作尽心尽力、尽职尽责。它是会计人员的一种意识活动，是敬业精神在其职业活动方式上的有意识的表达。敬业，是指人们对其所从事的会计职业或行业的正确认识和恭敬态度，并用这种严肃恭敬的态度，认真地对待本职工作，将身心与本职工作融为一体。会计人员对会计职业的不同认识和采取的不同态度可以直接导致不同的职业行为及其后果。爱岗敬业是爱岗与敬业的总称。

爱岗和敬业，互为前提，相互支持，相辅相成。“爱岗”是“敬业”的基石，“敬业”是“爱岗”的升华，“敬”由“爱”生，“爱”由“敬”起。如果会计人员对所从事的会计工作不热爱，工作中就难以做到兢兢业业，就不会主动刻苦钻研业务，更新专业知识，提高业务技能；就不会珍惜会计这份工作，努力维护会计职业的声誉和形象；就无法具备与其职务相适应的业务素质和能力，更谈不上坚持准则、客观公正、文明服务，维护国家和集体的利益，为国家和企业承担责任。反之，会计人员虽有热爱会计职业的一腔热情，但如果没有勤奋踏实的工作作风和忠于职守的实际行动，敬业也就成为一句空话。

（二）爱岗敬业的基本要求

1. 热爱会计工作，敬重会计职业

热爱一项工作，首先就意味着对这项工作有一种职业的荣誉感，有自信心和自尊心，要求会计人员要树立“干一行爱一行”的职业思想，体会会计职业中的乐趣，对会计职业充满敬意之情，全身心地投入到会计事业中。热爱会计工作，前提是要正确认识会计职业，树立爱岗敬业的精神。会计人员的爱岗敬业精神，自始至终都是以他们对职业的认识程度以及所采取的态度作为行动的指导，并体现在实际工作当中。只有正确认识会计本质和会计工作的重要性，树立爱岗敬业的精神，会计人员才能安心工作，任劳任怨，从而克服“懒”、“惰”、“拖”的不良习惯和作风。

2. 严肃认真，一丝不苟

这是要求会计人员对待会计工作要严肃细致，不能有丝毫的马虎，防止会计工作出现偏差。对一些损失浪费、违法乱纪的行为和一切不合法不合理的业务开支，要严肃认真地对待，把好关、守好口。同时，从业者对自己本职工作的热爱，必定会体现在对工作所必需的职业技能的态度上，体现在对自己工作成果的追求上，这就是对工作严肃认真、一丝不苟，对技术精益求精。

3. 忠于职守，尽职尽责

这是要求会计人员忠实于服务主体、忠实于社会公众、忠实于国家，严格执行岗位规范，认真履行岗位职责，切实对单位、对社会公众、对国家负责。会计人员忠实于服务主体，就是要客观真实地记录和反映服务主体的经济活动状况，监督其财产安全，同时还应筹划其资金的有效运作，积极参与经营和决策。会计人员忠实于社会公众，就是要正确、真实地对外提供有关服务主体的会计信息，以便让投资者、债权人及其他社会公众获取客观真实的会计信息，从而进行正确判断和合理决策。会计人员忠实于国家，就是要对社会整体利益负责。会计人员所提供的会计信息是否真实、完整、准确，最终影响着国家宏观经济调控的决策。

二、诚实守信

（一）诚实守信的含义

诚实，是指言行跟内心思想一致，不弄虚作假、不欺上瞒下，做老实人、说老实话、办老实事。守信，就是遵守自己所作出的承诺，讲信用，重信用，信守诺言，保守秘密。一般来说，诚实即为守信，守信就是诚实。它们是职业道德的两种不同表现形式。有诚无信，道德品质得不到推广和延伸；有信无诚，信就失去了根基，德就失去了依托。诚实必须守信，可见，诚为本，信为用；诚涵内，信显外。诚与信是一而二，二而一。诚实守信是做人的基本原则，也是会计职业活动和职业道德的精髓。

人无信不立，国无信不强。在现代市场经济社会，“诚信”尤为重要。市场经济是“信用经济”、“契约经济”，注重的就是“诚实守信”。可以说，信用是维护市场经济步入良性发展轨道的前提和基础，是市场经济社会赖以生存的基石。江泽民同志指出：“没有信用，就没有秩序，市场经济就不能健康发展。”朱镕基同志在2001年视察北京国家会计学院时，为北京国家会计学院题词：“诚信为本，操守为重，坚持准则，不做假账。”这是对广大会计人员和注册会计师最基本的要求。

中国现代会计学之父潘序伦先生认为，“诚信”是会计职业道德的重要内容。他终身倡导：“信以立志，信以守身，信以处事，信以待人，毋忘立信，当必有成”，并将其作为立信会计学校的校训。为突显并倡导会计职业的诚信，潘序伦先生一生的实业，皆冠之以“立信”，如立信会计事务所、立信会计学校、立信会计出版社等。

（二）诚实守信的基本要求

“诚”从何来？“信”从何立？“诚”从“心”起，“信”从“行”立。诚实守信要求会计人员在执业活动中讲求信用，保守秘密，以实际发生的经济业务进行真实、完整的会计核算。诚实守信对会计人员的基本要求是：

1. 做老实人，说老实话，办老实事，不搞虚假

做老实人，要求会计人员要言行一致，表里如一，光明正大。说老实话，要求会计人员说话诚实，是一说一，是二说二，不夸大，不缩小，不隐瞒，如实反映和披露单位经济业务事项。办老实事，要求会计人员在工作中踏踏实实，不弄虚作假，不欺上瞒下。总之，会计人员应言行一致，实事求是，如实反映单位经济业务活动情况，正确核算，尽量减少和避免各种失误，不为个人和小集团利益伪造账目，弄虚作假，损害国家和社会公众利益。

2. 实事求是，如实反映

这是要求会计人员根据实际发生的经济业务事项进行会计核算，正确地记录、如实地反映单位经济活动的情况，保证会计资料的真实性和完整性。《会计法》规定，各单位必须根据实际发生的经济业务事项进行会计核算，填制会计凭证，登记会计账簿，编制财务会计报告。任何单位不得以虚假的经济业务事项或者资料进行会计核算。所以，会计人员无论是记账、算账，还是报账，都应当做到内容真实、数字准确、手续完备、账目清楚。不为他人左右，更不为谋取个人私利而歪曲事实，弄虚作假。会计人员能否做到实事求是，如实反映，将直接影响到会计信息的真实性和可靠性。

3. 保守秘密，不为利益所诱惑

保密，就是指会计人员在履行自己的职责时，应有保密意识，依法保守秘密，对机密资料不外传、不外泄，守口如瓶。秘密主要有国家秘密、商业秘密和个人隐私三类。秘密一旦泄露就会对国家、单位或个人造成损失。其中，商业秘密又可分为三类：一是不能向竞争对手公开的秘密，包括生产技术、经营策略、客户及市场情况等；二是对投资者保守的秘密，主要是上市公司在有关信息正式发布前应保守的各项秘密，如尚未正式公布的财务数据、重组计划或意向等；三是对内部人员应保守的秘密，包括上述两类对除有知悉权以外的人员应保密，有些管理活动的手段不能公开等。

我国有关会计法律制度对会计人员保守秘密作了相关的规定。如《注册会计师法》第十九条规定:“注册会计师对执行业务中知悉的商业秘密，负有保密义务。”《会计基础工作规范》第二十三条规定:“会计人员应当保守本单位的商业秘密。除法律规定和单位领导人同意外，不能私自向外界提供或者泄露单位的会计信息。”会计人员不仅要做到不在工作岗位以外的场所谈论、评价企业的经营状况和财务数据，而且要抵制住各种各样的利益诱惑，除法律规定或经单位规定程序批准外，不得以任何借口和形式向其他单位或个人提供单位内部的会计数据和相关资料。

会计人员如果泄露本单位的商业秘密，不仅会对单位的利益产生威胁，同时也将会损害会计人员自身的形象和利益。首先，会计人员是单位里的一分子，泄露单位的商业秘密后会使单位利益受损，单位的损失最终将不同程度地反映到每位员工身上，会计人员因此也会身受其害。其次，泄露商业秘密属于违法行为，一旦查出，泄露秘密的会计人员将承担法律责任。第三，会计人员泄露商业秘密将对整个会计职业的社会声誉产生负面影响，使会计职业信誉“受到怀疑”，整个行业的利益将会蒙受损失。在这一点上，对注册会计师的影响尤为显著。

会计人员要做到保密守信，就要注意不在工作岗位以外的场所谈论、评价企业的经营状况和财务数据，此外，在日常生活中会计人员也应保持必要的警惕，防止无意泄密。俗话说，说者无意，听者有心。人们在日常交流中经常会对熟知的事情脱口而出，而没有想到后果。为了防止这种情况的发生，会计人员要了解自己所知的信息中，哪些是商业秘密，哪些是无关紧要的事项，以防止无意泄密的情况发生。而且要抵制住各种各样的利益诱惑，绝对不能用商业秘密作为谋利的手段。

4. 执业谨慎，信誉至上

这是侧重于对注册会计师行业的要求。其要求注册会计师在执业中应始终保持谨慎态度，严格遵守独立审计准则和执业规范要求，对客户和社会公众尽职尽责，形成“守信光荣，失信可耻”的氛围，以维护职业信誉。注册会计师在选择客户时要谨慎，不要一味地追求营业收入，迎合客户不正当要求，接受违背职业道德的附加条件。注意评估自身的业务能力，正确判断自身的知识、经验和专业能力能否胜任所承担的委托业务。

三、廉洁自律

(一)廉洁自律的含义

廉洁，是指不收受贿赂、不贪污钱财，保持清白。自律，是指会计人员按照一定的标准，自己约束自己、自己控制自己的言行和思想的过程。自律的核心就是用道德观念来自觉地抵制自己的不良欲望。

作为整天与钱财打交道的会计人员，必须两袖清风，不取不义之财，做到面对金钱不眼红。会计人员只有首先做到自身廉洁，严格约束自己，才能要求别人廉洁，才能理直气壮地阻止或防止别人侵占集体利益，正确行使反映和监督的会计职责，保证各项经济活动正常进行。

会计职业自律包括两层含义:会计人员自律和会计行业自律。会计人员自律是一个个体概念，是指会计人员的自我约束，它是靠其正确的价值观和人生观来实现的。会计人员自律是会计职业道德的最高境界。会计行业自律是一个群体概念，是会计职业组织对整个会计职业的会计行为进行自我约束、自我控制的过程。自律的核心就是用道德观念自觉地抵制自己的不良欲望。一个能自律的人，能保持清醒的头脑，把持住自我不迷失方向；而不能自律的人则头脑昏昏，丧失警惕，终将成为权、财的奴隶。

会计人员的廉洁是会计职业道德自律的基础，自律是廉洁的保证。会计人员必须做到既廉洁又自律，二者不可偏废。

(二)廉洁自律的基本要求

廉洁自律是会计职业道德的前提，这既是会计职业道德的内在要求，也是会计职业声誉的"试金石"。会计人员要严格自律，防微杜渐，构筑思想道德防线，这也是防止腐败和非职业道德行为的有效手段。会计工作的特点决定了廉洁自律是会计职业道德的内在要求，是会计人员的行为准则。廉洁自律对会计人员的基本要求是：

1. 树立正确的人生观和价值观

这是要求会计人员必须加强世界观的改造，树立正确的人生观和价值观，自觉摒弃个人主义、享乐主义、拜金主义等错误思想，增强抵制行业不正之风的能力，这是奠定廉洁自律的思想基础。人生观是人们对人生的目的和意义的总的观点和看法。价值观是指人们对于价值的根本观点和看法，它是世界观的一个重要组成部分，包括对价值的本质、功能、创造、认识、实现等有关价值的一系列问题的基本观点和看法。会计人员应以马克思主义、毛泽东思想、邓小平理论、"三个代表"重要思想为指导，树立科学的人生观和价值观，自觉抵制享乐主义、个人主义、拜金主义等错误的思想，这是在会计工作中做到廉洁自律的思想基础。

2. 公私分明，不贪不占

公私分明，是指会计人员严格划分公私界限，公是公，私是私。如果公私分明，就能够廉洁奉公，一尘不染，做到"常在河边走，就是不湿鞋"。不贪不占，是指会计人员不贪、不占、不收礼、不同流合污、不损公肥私，做到一身正气，两袖清风。由于大量的钱财要经过会计人员之手，因此，会计人员因其职业特点最易犯的就是"贪"、"欲"，其根本原因是会计人员忽视了世界观的自我改造，放松了道德的自我修养，弱化了职业道德的自律。

四、客观公正

(一)客观公正的含义

客观，是指按事物的本来面目去反映，不带个人偏见，也不为他人意见所左右。公正，就是公平正直，没有偏失。客观是公正的基础，公正是客观的反映。对于会计职业和会计工作而言，客观就是以客观事实为依据，真实地记录和反映实际经济业务事项；会计核算要准确，记录要可靠，凭证要合法。公正就是要求会计工作按照国家统一的会计准则、财经法律、法规和规章制度的要求依法办事，不偏不倚，做到铁面无私，不避亲疏。客观公正是会计工作的根本，也是维护国家和社会公众利益、维护社会主义市场经济秩序的需要。

(二)客观公正的基本要求

1. 依法办事

这是要求会计人员在工作过程中必须依据《会计法》、《企业会计准则》、《企业会计制度》等法律、法规和制度的规定进行会计业务处理，并对复杂疑难的经济业务，作出客观的会计职业判断。依法办事是会计工作保持客观公正的前提。

2. 实事求是，不偏不倚

这是要求会计人员在具体进行会计业务处理时，要实事求是，保持客观公正的态度。既不损害国家利益，同时又维护单位合法利益和职工个人利益，做到不偏不倚。会计核算过程的客观公正和最终结果的客观公正都是十分重要的，没有客观公正的会计核算过程作为保证，结果的客观公正性就难以保证；没有客观公正的结果，业务操作过程的客观公正就没有意义。

3. 保持应有的独立性

这是要求会计人员应以会计准则、制度为准绳，对会计业务的处理，对会计政策和会计方法的选择，以及对财务会计报告的编制、披露和评价必须独立进行职业判断，做到客观、公平、理智、诚实。对注册会计师保持独立性的要求尤其重要。

注册会计师保持其独立性应当做到以下两点：

第一，注册会计师应当回避可能影响独立性的审计事项，实现形式上的独立。注册会计师在履行其职责时，保持独立性固然十分重要，但财务报表的使用者对这种独立性的信任也很重要。如果审计人员在执业过程中实质上是独立的，但报表的使用者认为他们是客户的辩护人，则审计职业的大部分价值将随之丧失。

第二，注册会计师应当恪守职业良心，保持实质上的独立。形式上独立是实质上独立的必要条件，形式上不独立，就不能保证实质上独立，而形式上独立也不一定能够保持实质上独立。注册会计师更重要的是保持实质上的独立。

五、坚持准则

（一）坚持准则的含义

坚持准则是会计职业道德的核心。坚持准则，是指会计人员在处理业务过程中，严格按照会计法律制度办事，不为主观或他人意志所左右。这里所指的“准则”，不仅指会计准则，而且包括会计法律、国家统一的会计制度以及与会计工作相关的法律制度。

（二）坚持准则的基本要求

会计人员在进行核算和监督的过程中，要以坚持准则作为发生道德冲突时的行动指南，严格按照会计法律制度办事，不为主观或他人意志左右，维护国家利益、社会公众利益和正常的经济秩序。坚持准则对会计人员的基本要求是：

1. 熟悉准则

这是要求会计人员应熟悉和掌握《会计法》、国家统一的会计制度及与会计相关的法律制度，这是遵循准则、坚持准则的前提。只有熟悉准则，才能按准则办事，才能遵纪守法，才能保证会计信息的真实性、完整性。

2. 遵循准则

遵循准则即执行准则。准则是会计人员开展会计工作的外在标准和参照物。会计人员在进行会计核算和监督时要自觉地严格遵守各项准则，自律在先，将单位具体的经济业务事项和经济行为与会计法律和国家统一的会计制度相对照，先作出是否合法合规的判断，对不合法的经济业务不予受理。同时，要求会计人员不仅要经常学习、掌握准则的最新变化，了解本部门、本单位的实际情况，准确地理解和执行准则，还要在面对经济活动中出现的新情况、新问题以及准则未涉及的经济业务或事项时，通过运用所掌握的会计专业理论和技能，作出客观的职业判断，予以妥善处理。

3. 坚持准则

《会计法》规定，单位负责人对本单位会计信息的真实性和完整性负责。单位的会计责任主体是单位负责人。会计人员坚持准则既是对法律负责、对国家负责、对社会公众负责，也是对单位负责人负责。所以，会计人员不能盲从领导，唯领导意图是命。对于与坚持准则相违背的领导命令应作出正确判断，妥善处理。

六、提高技能

（一）提高技能的含义

会计工作的专业性极强，提高技能就是要求会计人员不断通过学习、培训和实践等途径，持续提高会计专业理论水平和职业技能，以达到和维持足够的专业胜任能力。会计职业技能包括：会计理论水平、会计实务能力、职业判断能力、自动更新知识能力、沟通交流能力以及职业经验等。

会计人员在对会计事项进行确认、计量、记录和报告以及对单位内部会计控制制度设计中等都需要有扎实的理论功底和丰富的实践经验；在进行具体业务处理时对会计处理方法的选择、会计估计的变更、会计信息电算化的处理、网络化传输等都是技术性很强的工作。没有娴熟的专业技能，是无法开展会计工作、履行会计职责的。特别是我国加入世界贸易组织以后，中国经济逐渐融入全球经济体系，要求会计准则、会计制度与国际会计惯例充分协调，需要会计人员不断地学习新的会计理论和新的准则制度，熟悉和掌握新的法律法规。

（二）提高技能的基本要求

会计工作质量的优劣，一方面受会计人员技能水平的影响，另一方面则受会计人员道德品行的影响。会计人员的道德品行是会计职业道德的根本和核心，会计人员的技能水平是会计人员职业道德水平的保证。没有娴熟的会计技能，再好的个人道德品行，也无法干好会计工作。提高技能对会计人员的基本要求是：

1. 要有不断提高会计技能的意识和愿望

会计人员应增强提高专业技能的自觉性和紧迫感，主动求知、求学。坚持不懈地学习会计知识，提高专业技术能力，提高业务水平。

2. 要有勤学苦练、刻苦钻研的精神和科学的学习方法

会计人员要勤奋学习、苦练本领。同时，还要会学习，有效学习。通过学习，真正提高会计职业能力。能否做到这一点，既是衡量会计人员事业心的重要尺度，也是衡量会计人员职业道德水准高低的标志。

七、参与管理

（一）参与管理的含义

参与管理，简单地说就是间接参加管理活动，为管理者当参谋，为管理活动服务。会计人员或会计工作并不能够直接进行企业生产经营活动的管理或决策。会计工作或会计人员在管理活动中分别扮演着参谋人员的角色，会计人员应当树立参与管理的意识，在记账、算账、

报账的过程中，积极主动地利用会计数据来分析企业生产经营状况，查找存在的问题，提出合理建议，从而当好参谋。

（二）参与管理的基本要求

会计人员在参与管理的过程中并不直接从事管理活动，而是尽职尽责地履行会计职责，间接地从事管理活动或者说参与管理活动，为管理活动服务。参与管理对会计人员的基本要求是：

1. 努力钻研相关业务，熟悉财经法规和相关制度，提高业务技能，为参与管理奠定坚实的基础。娴熟的业务、精湛的技能，是会计人员参与管理的前提。因此，要求会计人员要有扎实的基本功，掌握会计的基本理论、基本方法和基本技能，做好会计核算的各项基础性工作，同时运用科学的方法对单位财务状况进行分析，提出合理建议。

2. 熟悉服务对象的经营活动和业务流程，使提出的合理化建议更具有针对性和有效性。会计人员应当了解本单位的整体情况，特别是要熟悉本单位的生产经营、业务流程和管理情况，掌握单位的生产经营能力、技术设备条件、产品市场及资源状况等情况。只有如此，才能充分利用会计工作的优势，更好地满足经营管理的需要，才能在参与管理的活动中有针对性地拟定可行性方案，从而提高经营决策的合理性和科学性，更有效地服务于单位的总体发展目标。

八、强化服务

（一）强化服务的含义

强化服务，就是要求会计人员具有文明的服务态度、强烈的服务意识和优良的服务质量。会计工作的性质决定了会计人员要经常与各方面打交道，其一言一行、一举一动不仅反映出自身素质和道德水平的高低，直接影响着会计工作的质量，而且也维系到会计人员的社会形象。

（二）强化服务的基本要求

会计人员的服务态度直接关系到会计行业的声誉和全行业运作的效率。强化服务的关键是提高服务质量，会计人员服务态度好、质量高，就能提高会计职业的信誉，增强会计职业的生命力；反之，就会影响会计职业的声誉，甚至直接影响到全行业的生存和发展。强化服务对会计人员的基本要求是：

1. 强化服务意识

会计人员要树立强烈的服务意识，为管理者服务、为所有者服务、为社会公众服务、为人民服务。不论服务对象的地位高低，都要摆正自己的工作位置，管钱管账是自己的工作职责，参与管理是自己的义务。只有树立了强烈的服务意识，才能做好会计工作，履行会计职能，为单位和社会经济的发展作出应有的贡献。

2. 提高服务质量

提高服务质量并非无原则地满足服务主体的需要，而是在坚持原则、坚持准则的基础上尽量满足用户或服务主体的需要。

第三节 会计职业道德教育与修养

一、会计职业道德教育

会计人员的会计职业道德规范的养成，需要靠对会计人员加强会计职业道德方面的教育，需要会计人员自身加强会计职业道德方面的修养。前者大都属于他律，后者属于自律，两者相辅相成，缺一不可。从他律走向自律，是会计职业道德的最高境界。

(一)会计职业道德教育的含义

会计职业道德教育，是指为了促使会计人员正确履行会计职能，而对其施行有目的、有计划、有组织、有系统的道德教育活动。它是通过一定的教育方式和方法，把会计职业道德观念灌输到会计人员的头脑中，逐步增强其会计职业道德意识，培养会计职业道德情感，不断提高会计职业道德素质。因此，加强对会计人员会计职业道德教育，是提高会计人员道德水平，促使其养成自觉遵守会计职业道德规范良好行为的必要途径。

(二)会计职业道德教育的内容

会计职业道德教育的主要任务是帮助和引导会计人员培养会计职业道德情感，树立会计职业道德信念，遵守会计职业道德规范。因此，会计职业道德教育的内容主要包括以下几个方面：

1. 会计职业道德观念教育

通过普及会计职业道德知识，使会计人员了解会计职业道德对社会经济秩序、会计信息质量的影响，以及违反会计职业道德将会受到的惩戒和处罚，利用广播电视、报刊杂志等媒介，表彰坚持原则、德才兼备会计人员，鞭笞违法违纪的会计行为，树立会计职业道德观念，形成会计人员遵循会计职业道德光荣，违背会计职业道德可耻的氛围。

2. 会计职业道德规范教育

对会计人员开展以会计职业道德规范为主要内容的教育，这是会计职业道德教育的核心内容，并贯穿于会计职业道德教育的始终。通过会计职业道德规范教育，使会计人员深刻领会到爱岗敬业、诚实守信、廉洁自律、客观公正、坚持准则、提高技能、参与管理和强化服务等会计职业道德规范的真谛。

3. 会计职业道德警示教育

通过对违反会计职业道德行为和违法会计行为的典型案例进行讨论和剖析，使会计人员从中得到警示，以提高其法律意识和辨别是非的能力。

除此之外，还应加强对会计人员与会计职业道德相关内容的教育，如法制教育、形势教育、政策教育等。

(三)会计职业道德教育的途径

1. 岗前职业道德教育

岗前职业道德教育，是指对将要从事会计职业的人所进行的道德教育，包括会计专业学历教育和取得会计从业资格中的职业道德教育。这方面教育的重点是会计职业观念、职业情感和职业规范等。

(1)会计专业学历教育中的会计职业道德教育。即对大、中专院校会计专业的在校学生进行会计职业道德教育。《公民道德建设实施纲要》中指出:“学校是进行系统道德教育的重要阵地。各级各类学校必须认真贯彻党的教育方针，全面推进素质教育。”在各大、中专院校会计类专业就读的学生，是会计队伍的预备人员，在校学习阶段是他们的会计职业道德情感、道德观念、是非善恶判断标准初步形成的时期，因此在大、中专院校会计类专业学生中开展会计职业道德教育，是对会计人员实施会计职业道德教育的重要环节。各大、中专院校应在会计类专业中专门开设“会计职业道德”或相关课程，对学生进行全面、系统、细致的会计职业道德教育。

(2)取得会计从业资格中的会计职业道德教育。即对所有将从事会计职业的人员在进入会计职业岗位之前所进行的职业道德教育。在我国，根据财政部门的有关规定，从事会计工作必须取得会计从业资格证。为了使希望从事会计职业的人员在进入会计岗位时具备一定的会计职业道德，财政部在会计从业资格考试科目中增加了《财经法规与会计职业道德》。会计职业的特殊性要求从事该职业的人员必须了解其职业道德规范，树立良好的道德观念，具有良好的道德素质。只有这样，才能指引和约束会计人员的会计行为符合会计职业道德规范的要求，有利于保证会计信息的真实性和完整性，维护社会主义市场经济秩序。

2. 岗位职业道德继续教育

岗位职业道德继续教育，是指已进入会计职业岗位的会计人员重新接受一定形式的、有组织的、知识更新的教育和培训活动。我国《会计人员继续教育规定》明确了会计职业道德教育是会计人员继续教育的一项重要内容，会计人员继续教育是强化会计职业道德教育的有效形式。会计人员继续教育中的会计职业道德教育的目标是:在不断更新、补充、拓展会计专业理论知识，提高业务能力的同时，通过会计职业道德信念教育、会计职业义务教育、会计职业荣誉教育，形成良好的会计职业道德品行。

二、会计职业道德修养

(一)会计职业道德修养的含义

会计职业道德修养，是指会计人员依照会计职业道德的基本要求进行的自我教育、自我改造、自我锻炼、自我提高的活动。会计职业道德修养要求会计人员学习会计职业道德知识，培养自己的职业情感，在履行义务时，克服困难、排除障碍，磨炼会计职业道德意志，树立坚定的会计职业道德信念。会计职业道德修养的最终目的，是把职业道德原则和规范逐步地转化为自己的职业道德品质，从而将职业实践中对职业道德的意识情感和信念上升为职业道德行为习惯，使其贯穿于职业活动的始终。

(二)会计职业道德修养的环节

会计职业道德修养的环节一般包括道德认知、道德情感、道德信念和道德行为等方面，它们之间相互联系，不可缺少，形成一个完整的体系。

1. 形成正确的会计职业道德认知

会计职业道德认知，是指对会计职业道德的准则、行为及其意义的认识、理解和掌握，这是会计职业道德修养的前提和首要环节。没有一定的会计职业道德认知，就不可能形成良好的会计职业道德的行为和习惯，会计职业道德修养也就无从谈起。会计人员要形成正确的会计职业道德认知，就必须加强对会计职业道德知识的学习，正确理解和掌握会计职业道德规范的内容，提高对会计职业道德理想、品质等方面的认识，增强履行职责和道德义务的自觉性。

提高会计职业道德的认识包括两个方面：一是使人们了解职业道德的有关知识，掌握会计职业道德的概念、规范和要求；二是进行会计职业道德评价。人们总是自觉不自觉地对他人或自己的行为进行道德评价。人们道德评价的能力，道德评价活动的深度和广度，标志着一定道德体系原则，规范被人们接受的程度。道德评价也是个人道德观念、道德品质形成的重要因素，它贯穿于道德教育、道德修养等实践活动中。

2. 培养高深的会计职业道德情感

会计职业道德情感，是指会计人员依据一定的会计职业道德标准，对现实的道德关系和自己或他人的道德行为等所产生的爱憎好恶等心理体验，如责任感、自豪感、荣誉感、成就感等。没有较深的会计职业道德情感，就很难进行会计职业道德修养。会计职业道德情感的培养，主要取决于会计人员对本职工作的热爱程度。如果会计人员能充分认识到会计职业的重要性和社会价值，把个人自我价值实现与社会价值实现有机地统一起来，那么他就会树立热爱会计职业、献身会计事业的崇高理想，就能逐步培养起较深的会计职业道德情感。

3. 树立坚定的会计职业道德信念

会计职业道德信念，是指会计人员对会计职业的道德义务具有的强烈责任感和对会计职业的理想目标的坚定信仰，这是会计职业道德修养的核心内容。一旦会计人员树立起坚定的会计职业道德信念，那么他不仅会无比热爱会计职业，对其充满深厚的情感，而且还会增强自觉遵守会计职业道德规范的意识，从而以实际行动来履行自己的义务，切实维护财经纪律和法规，认真做好本职工作。会计人员职业道德信念的树立，首先需要会计人员对会计职业形成正确的道德认知，其次要有较深的道德情感，这是基础和保障。

4. 养成良好的会计职业道德行为

会计职业道德行为，是指会计人员在会计职业道德规范的指引和约束下所具有的从事会计职业时始终自觉遵守规范的行为习惯。会计人员养成良好的会计职业道德行为，不仅是会计职业道德修养的重要环节，也是终极目标。只有当会计人员把遵守会计职业道德规范当成是一种自觉的行为习惯时，会计秩序才能稳定，会计工作也才会健康发展，真正实现无为而治。

职业道德的行为的养成包括四个方面：一是在日常生活中培养，从小事做起，严格遵守行为规范，从自我做起，自觉养成良好习惯；二是在专业学习中训练，增强职业意识，遵守职业规范，重视技能训练，提高职业素养；三是在社会实践中体验，参加社会实践，培养职业情感，学做结合，知行统一；四是在自我修养中提高，体验生活，经常进行“自省”，学习榜样，努力做到“慎独”；五是在职业活动中强化，将职业道德知识内化为信念，将职业道德信念外化为行为。

（三）会计职业道德修养的方法

1. 不断地进行“内省”

“内省”，是指在内心省察自己的思想、言行有无过失，自我审查，自我批评。会计工作是一项非常细致而又复杂的工作，经常与钱、财、物打交道，涉及面广、政策性强、工作要求高，稍有不慎就可能出错，产生较为严重的后果。因此，这就要求会计人员对自己所从事的工作时时刻刻都要自我反省，看看是否符合国家财经法规，是否做到真实、准确、可靠，是否有利于企业发展。通过反复不断地检点自己的言行，反省自己的缺点，不断修正错误，树立正确的职业道德观念，会计人员的职业道德修养必然会得到加强。

2. 要提倡“慎独”精神

“慎独”，是指通过自我约束、自我监督，不论在何种情况下，都坚持自己的道德信念，依据一定的道德原则去行事。“慎独”是一种较高的道德境界，是检验会计人员会计职业道德水平高低的试金石。提倡“慎独”精神就是要求会计人员应时时处处严格要求自己，防止各种私心杂念和不道德行为的产生。慎独的前提是坚定的职业信念和职业良心，其基本特征是以高度自觉性为前提，通过自我约束、自我监督，可以更好地培养、锻炼坚强的职业道德信念和意志。会计职业道德修养讲“慎独”，就是要求每个会计人员严格要求自己，在履行职责时自律谨慎，不管财经法规、制度是否有漏洞，也不管是否有人监督，领导管理是否严格，都按照职业道德的要求去办。

3. 虚心向先进人物学习

先进人物身上不仅反映出较好的工作业绩，而且还体现了良好的职业道德风尚和优良的职业道德品质，他们既是工作上的楷模，更是职业道德上的典范。因此，向先进人物学习可以了解他们的先进事迹，树立学习上的榜样，帮助自己寻找差距，改正不足，激励自己不断努力，加强会计职业道德修养，提高道德水平。

第四节　会计职业道德建设

加强会计职业道德建设是发挥会计职能作用，保证会计工作质量的重要手段。会计职业道德建设是一项复杂的系统工程，要抓好会计职业道德建设，关键在于加强和改善会计职业道德建设的组织和领导，并得到切实的贯彻和实施。

一、财政部门的组织推动

（一）采用多种形式开展会计职业道德宣传教育

会计职业道德建设是会计管理工作的重要组成部分，作为会计管理工作的职能部门，财政部门应把会计职业道德建设纳入管理会计工作的重要议事日程。要充分认识当前形势下加强会计职业道德建设的必要性、艰巨性、紧迫性以及长期性，切实履行管理职能，有计划、有步骤、有重点地开展好各项工作。要因地制宜地加大对会计职业道德的宣传教育力度，注重发挥网络、媒体的宣传作用和舆论的监督作用，积极组织开展形式多样的宣传教育活动，如开展会计职业道德模范评比，举办会计职业道德演讲、论坛、征文、展览及知识竞赛等活动，引导广大会计人员积极参与会计职业道德教育活动，营造会计职业道德建设的氛围。

（二）会计职业道德建设与会计从业资格证书注册登记管理相结合

旧《会计从业资格管理办法》规定会计从业资格证书实行注册登记制度，即取得会计从业资格的人员，被单位聘用从事会计工作时，应由本人或本人所在单位提出申请，按照会计从业资格管理部门规定的时间到会计从业资格管理部门进行注册登记(注意，2013 年 7 月 1 日起施行新的《会计从业资格管理办法》，取消了会计从业资格证书的注册登记制度)。《会计法》、《会计从业资格管理办法》和《会计基础工作规范》均规定会计人员必须遵守会计职业道德，《会计基础工作规范》还明确规定:“会计人员违反会计职业道德的，由所在单位进行处罚;情节严重的，由会计从业资格证书发证机关吊销其会计从业资格证书。”因此，将会计从业资格证书注册登记制度与会计职业道德建设结合起来，有利于强化对会计人员行为的约束，使会计人员像重视自己的会计从业资格一样珍视自己的会计职业道德操守。

(三)会计职业道德建设与会计专业技术资格考评、聘用相结合

我国《会计专业技术资格考试暂行规定》及其实施办法规定，报考初级资格、中级资格的会计人员，应“坚持原则，具备良好的职业道德品质”等。会计专业技术资格考试管理机构在组织报名时，应对参加报名的会计人员的职业道德情况进行检查，对有不遵守会计职业道德规范记录的，应取消其报名资格。高级会计师的考评不仅关注申报人员的学历条件、工作成绩及专业水平，会计职业道德考评也是一项重要内容，考评的主要方式有:一是在考试时增加关于会计职业道德方面的内容;二是在评审方面要对申报人的会计职业道德情况进行严格审查;三是规定一些关于会计职业道德规范的否决条款，比如，申报人如曾在会计、审计、企业管理或其他经济管理工作中犯有严重错误而受到党纪、政纪处分或者曾参与偷税、会计舞弊等活动，则不能参加高级会计师的评审。

另外，各单位在聘用会计人员时，除考察其专业胜任能力外，还应将遵守会计职业道德的情况作为一项重要的考核内容。如果会计人员在遵守会计职业道德方面不符合要求，专业能力即使再强，单位也不会聘用，这将对其个人的发展及切身利益带来直接影响。因此，把会计职业道德建设与会计专业技术资格考评、聘用结合起来，也有利于对会计人员起到约束作用，促使其不断提高职业道德修养，严格遵守职业道德规范。

(四)会计职业道德建设与会计执法检查相结合

财政部门作为《会计法》的执法主体，可以依法对社会各单位执行会计法律制度情况及会计信息质量进行不同形式的检查。在检查中发现的会计人员违反《会计法》的行为，同时也一定是违反会计职业道德的行为，会计人员不仅要承担《会计法》所规定的法律责任，要受到相应的行政处罚或刑事处罚，同时还必须接受到相应的道德制裁，如暂停会计从业资格、在会计行业围内通报批评、指令其参加相应的继续教育课程学习等。各级财政部门要把会计职业道德建设与会计法制建设紧密结合起来，加大对《会计法》等会计法律制度的检查执法力度，严厉打击违法会计行为，维护国家和社会公众利益，维护正常经济秩序，为会计职业道德建设提供强有力的法律支持和政策保障。

(五)会计职业道德建设与会计人员表彰奖励制度相结合

依据我国《会计法》等法律法规的规定，对于认真执行《会计法》，忠于职守，坚持原则，做出显著成绩的会计人员，应给予精神的或者物质的奖励。因此，对于会计职业道德规范的贯彻与实施，既要对违反会计职业道德规范的行为进行惩戒，同时也要对自觉遵守会计职业道德规范的先进单位和先进个人进行表彰，以起到弘扬正气、激励先进、鞭策后进的作用。对会计人员的表彰奖励应注意将物质奖励和精神激励有机结合起来，具体形式有:晋升工资、职级，发放一定数额的奖金，授予荣誉称号，颁发荣誉证书，在公共媒体上积极宣传其先进事

迹等。通过表彰奖励先进，可以树立学习上的榜样，进一步调动广大会计人员模范遵守会计职业道德规范的积极性，不断推动会计职业道德建设活动。

二、会计职业组织的行业自律

行业自律也是一种重要手段，会计职业道德建设还应当充分发挥会计职业组织的自律作用。对于尚未违反会计法律制度，但违反了会计职业道德规范的行为，可由会计职业团体通过自律性监管，根据情节轻重程度采取通报批评、罚款、支付费用、取消其会员资格、警告、参加后续教育等方式进行相应的惩罚。

在我国，目前主要由中国注册会计师协会作为注册会计师的行业自律组织对注册会计师进行自律管理与约束，先后发布了《中国注册会计师职业道德基本准则》、《中国注册会计师职业道德规范指导意见》以及《注册会计师、注册资产评估师行业诚信建设实施纲要》等。这些准则、意见和纲要的出台，对于加强我国注册会计师的职业道德建设，提高其职业道德水平起到了积极的促进作用。另外，中国会计学会作为全国会计领域各类专业组织及个人自愿结成的学术性、专业性、非营利性社会组织，为了加强对个人会员的服务与管理，不断提高会员的职业道德水平，也制定了《中国会计学会个人会员分级管理办法(试行)》。

会计职业组织作为联系政府和会员的桥梁纽带，应不断改革和完善自律机制，加强自身建设，充分发挥自律机制在会计职业道德建设中的促进作用。

三、社会各界齐抓共管

会计职业道德建设除了依靠财政部门组织推动、会计职业组织的行业自律外，还要求社会各界齐抓共管。不仅各级党组织要管，各级机关、组织、群众等也要管。只有重视和发挥各级组织、广大群众和新闻媒体的监督作用，明确职责、各司其职，齐抓共管、形成合力，才能有效地搞好会计职业道德建设，更好地提高广大会计人员的职业道德素质。

根据《会计法》的规定，单位负责人是单位会计工作的责任主体，单位负责人必须重视和加强本单位会计人员的职业道德建设。会计人员职业道德表现好与差，其所在单位是最直接的受益者或受害者。因此，单位任用会计人员时，应当审查其职业记录和诚信档案，任用合格的会计人员。在日常工作中，应注意开展会计人员职业道德和纪律教育，并加强检查，督促会计人员坚持原则、诚实守信。在制度建设上，要重视建立和完善内部控制制度，形成内部约束机制，有效防范舞弊和经营风险。同时，单位负责人要做遵纪守法的表率，支持并督促会计人员遵循会计职业道德，依法开展会计工作。

各有关部门要根据会计职业道德规范的标准，结合本部门、本系统、本行业特点，有针对性地制定出具体的执行要求，通过开展形式多样的宣传教育活动，加大对会计职业道德的宣传力度，认真抓好督促检查工作，推动会计职业道德建设活动的不断深入。

良好的会计职业道德风尚的树立，离不开社会舆论的支持和监督。开展舆论监督是加强社会主义民主法制建设的重要方面，也是强化会计职业道德约束机制的重要手段。加强舆论监督，发挥舆论监督的作用，有利于在全社会形成会计职业道德建设的良好氛围。舆论监督要以新闻媒体为阵地，通过广泛开展会计职业道德的宣传教育，使社会各界了解会计职业道德规范的内容，促进良好的会计职业道德深入人心。社会舆论监督体现在会计人员当中，就是要在全社会会计人员中倡导诚信为荣、失信为耻的职业道德意识，积极引导其加强会计职业修养，自觉遵守会计职业道德规范。要通过对职业道德建设中正反面典型的宣传，发挥出舆论监督的力量，更好地弘扬正气、打击歪风邪气。

★ ★ ★ ★

案例一：公生明，廉生威

刘新华，一个极普通的会计人，在近十年的财会工作中，恪尽职守，勤奋敬业，甘于清贫，淡泊名利。多年的职业生涯使他树立了一个职场信念：没有人能打败你，能打败你的只有你自己，无论对个人还是对公司而言都是如此，必须从自身做起，廉洁自律、诚实守信、坚持原则。他最欣赏的一句话就是“会计人员要有一双透射的眼睛，要知道数字背后是什么，这就需要不断了解企业的运营，了解企业的战略，并结合企业战略制定财务战略，转而达到提升企业的目的”。

刘新华供职的上市公司是一家历史悠久的大型国有企业，但公司的产品质量与国外的同类产品有很大的差距。产品的重要原料有80%靠进口，自己生产的原料质量达不到国内重要大客户的要求。由于进口原料价格昂贵，导致成本居高不下，在市场中价格没有竞争优势，同时进口原料的产量波动也会对其产品造成直接影响。

根据当时的情况，公司要生存下去，就必须对原材料自行生产，进行技术改造，提高原料质量。但进行技术改造，企业就得投入大量的资金，而且相应的生产设备也要大量进口，并且在技术上需要专家指导。公司虽然在目前的情况下还不至于亏损，可是公司现金流不充足，技术改造的大量资金要从银行贷款，同时每年的贷款利息也是笔很大的支出。

这个重大决策从某种程度上讲可能是企业惟一的生存之路，但同样也可能让企业败走麦城，陷入困境。一旦技改投资失败，那对企业来讲就是灭顶之灾，也许从此就一蹶不振，更不要说发展了。这个重大的决策是要经过各部门和领导层的反复讨论，在很大程度上需要真实的财务数据的支持，财务数据是决定是否进行投资和技术改造的重要依据。

然而这个重大的决策却在匆忙之中由企业上市后的第一批领导层作出了。当在第二批领导层接手时，这个决策的失误就已经显山露水了，企业因此而走上亏损之路。第一批领导眼看企业已经深陷泥潭便走的走、溜的溜。于是在危难之际，第二批领导层匆忙上任。作为第二批领导层中的一员，刘新华上任以后开始认真分析公司目前所处的境况：公司所需设备是从国外进口的二手设备，公司高层对这个项目所需资金估计不足，两年内已经陆续投入两个亿，两年的资金利息让企业不堪重负，同时随着国际市场的变化，当企业在大张旗鼓地进行技术改造投入时，国外已经停止生产这种产品了，也就是说这些产品基本属于淘汰品种，受到国外大环境的影响，国内市场对这种产品的需求也急转直下。

刘新华根据对企业目前状况的分析，清楚地意识到企业现在所处的困境，企业实际上已经陷入了一个死循环：用自己的原材料生产出来的产品质量达不到客户要求，可是又不能停止生产，因为机器设备停止生产后重新启动的成本更大，产品不断生产又不断积压，企业为了维持生存，保证现金流，又不得不亏本出售，生产越多，亏损就越多。

总之，企业寄希望的技术改造非但没有给企业带来一条光明之路，反而把企业引入了一个死胡同。还有一个更大的压力，那就是公司已经有一年亏损了，如果再亏损一年就会转入ST企业。在这种情况下，只有良好的年度报告会使投资者增加信心，对公司的股票价格产生有利的影响。

当这些问题摆在面前的时候，企业即将面临会计师事务所的年报审计，尽管一份明晰、详尽的年度报告在中国还属罕见，但不可否认的是年度报告的数字仍然是决定企业价值的核心要素，也是决定社会公众对其的信任度，如果按真实的数字进行披露就势必影响投资者的信心，最直接的是造成公司的股票大幅度下跌，而且极有可能跌破面值。

于是公司领导从企业的利益出发，同时也为了其自身利益，开始要求财务部门在数字上做一些文章，也就是掩饰一些东西，从而达到粉饰报表的目的。

公司的总经理将刘新华找来语重心长地对他说："新华，你是公司的老员工了，对公司应该很有感情，公司对你也不错，培养了你，也曾经送你出去学习深造，现在公司遇到了困难，我们是不是都应该为公司出一把力呢？而且你和你爱人都在这个公司，你也不愿意看着公司就这么垮了吧，公司垮了，对你的家庭也是最为不利的。"

显然公司领导希望刘新华在今年企业年度报表上做文章。刘新华当然对公司当前面临的困境十分清楚，他对企业也很有感情，自从大专毕业后他就被分配到公司从事财务工作，一干就是十多年，加上爱人也是公司的员工，这个公司可以说是他半个家。但在工作中他已经养成了客观、严谨的工作态度，诚实可靠、有责任感的工作作风与职业道德，这些都自动驱使他去增产节约、开源节流、廉洁自律、奉公守法，但并没有教会他如何去舞弊造假。

在经过反复细致的痛苦思考后他对总经理说："我对公司是很有感情的，公司的现状摆在眼前，我也一直在认真思考，但是很难。你看，我手里的借款合同就有整整 89 份之多，总计金额近几个亿，几个亿啊，我拿在手里心里都发慌，这些全是欠国家的钱，每天都有银行打电话追着要钱，那种尴尬与狼狈就不必说了，我现在与那过街的老鼠又有什么区别？现在我只要一听到电话铃声，心里就发慌。我认为现在我们的首要问题是如何真正为企业摆脱困境，而不是在财务上做文章骗取社会信任。"

听了刘新华的话，老总的脸色特别难看，他站了起来，大声地说道："你知道吗，你的态度和决定将会关系到企业的生死存亡，不要被公司暂时的困难所吓倒，如果公司能够挺过今年这一关，就会东山再起，所有这些有点不合理的东西都会得到更正。你们年轻人就是没有经历过大风大浪，一遇到困难就打退堂鼓，这点困难算什么呀，我知道你的能力，只要在报表上面做做文章，一切问题不就迎刃而解了吗？我知道，你为公司做了许多贡献，公司是不会亏待你的，你会为你的付出有所得的，你不要担心以后的生活，我明说吧，你的付出将会为你换来下半辈子的安逸，我希望你能认真考虑一下，你不用立即回答我，回家去和老婆商量一下，我相信孰重孰轻你应该能够分得清。"

回到家里刘新华不停地抽烟，他心里特别矛盾，如果公司挺不过今年，那么就会被沦为 PT 类公司，甚至有退市的威胁，同时这也将影响到他的前途和家庭的命运，而且不可否认的是摆在他面前的还有一份相当的诱惑，如果能在报表上做做文章那么他就会得到一份不菲的收益，非但自己的位子依然会稳如泰山，而且家庭的环境也会得到改善。但刘新华也深刻认识到，一个上市公司的财务报告是面对社会公众的，它应该呈现出充分的透明度。公司数据如果不实将会对投资人和债权人造成损害，从而使广大的中小投资者蒙受更大的损失。如果他按照决策层的要求去做，这不但违背他做人的原则，同样也是违背一个会计人应有的职业道德准则。

显然公司的老总也找他的爱人谈了话，爱人回到家里对刘新华说："你应该好好考虑一下，我们两个人都在一个公司，如果我们两人都丢了工作，那么孩子读书怎么办？而且老总说了公司这些都是暂时性的困难，他说已经联系好了，马上就有新的投资人加入，只要能顺利度过这个困难期，所有的亏损就可以消化掉，他说根本就没有什么风险，是你的胆子太小了。”

听了爱人的话，刘新华叹道:“我何尝不愿为自己的利益和家庭的利益打算，但是，你知道吗，老总说在报表上做做文章，实际上就是要我做假账，你和我都不是小孩子，应该分得清什么是对，什么是错。任何做假都是违背实事求是精神的，违背了实事求是的精神，也就丧失了作为一名合格会计人员最起码的职业道德和行为准则。难道你要我一辈子都活在痛苦的煎熬之中，时时刻刻等着被揭穿的那一天吗?”

刘新华彻夜未眠，直到天色越来越亮。从夜晚到白天，转眼之间已经是烈日当空了，这个世界渐渐苏醒并开始忙碌起来。刘新华依然呆坐着，他一夜未眠但却毫无倦意，就在此时他终于下定了决心。早晨一上班，他就向董事长提交了辞职报告，并且委婉地劝告说:“我认为公司应该想办法真正地走出困境，而不仅仅在报表上做秀，业绩不是做出来的，纸是包不住火的，希望老总能好好考虑考虑，我就言尽于此。”

刘新华走了，离开了他工作十多年的公司，离开了让很多人眼红的位置，带着他会计人的信念和执着走了……

案例分析:刘新华表现出了一个会计人应有的品质，不做假账，廉洁自律是一个会计人应具备的起码底线。从表面上看刘新华“很亏”，他不但丢了财务总监的饭碗，而且对他的家庭也影响不小。但是这样他也许真的是挽救了一个上市公司，毕竟财务造假也只能隐瞒一时，却不能掩盖那越来越严重的经营困境。要想救活一个企业，需要真正在经营上下功夫，找到突破，从根本上改变它。否则无论怎么去包装，都不能解决实质性问题，这些虚假东西一旦被捅破、暴露，就会成为第二个银广厦。

一个上市公司做假所带来的最终巨大的危害就是动摇市场经济的信用基础。如果证券市场的投资人知道上市公司在向他骗钱，他还会甘心买它的股票去投资吗？如果信用基础被破坏，投资者对公众信息失去了信任，企业又如何通过上市来达到筹集资金的目的呢？那最终这个市场就会被淘汰。

如果上市公司股东知道上市公司做假，他还会持有这家公司的股票吗？如果政府知道上市公司在利用虚假会计信息偷漏税款，税务机关还会信任公司的账目和报表来征税吗？如果银行知道公司提供的报表都是假的，他还会借钱给企业吗？如果大家都互不相信，市场经济体系也就难以为继了。

在刘新华的身上折射出了会计人正直诚实的本性;在他的血液里，有着公正、独立、诚信的会计精神，有着刚直不阿、廉洁自律的情操。诚信社会的建设正是无数个刘新华牺牲了个人的利益逐步建立、完善起来的。

案例二:备用金:变通与捍卫

一阵急促尖锐的高跟鞋声传入我的办公室，来人是我们公司营销部门高级经理，她带着不甚愉快的音调对我说:“我的备用金保管人(财务总监秘书兼会计文员)不合作，不给我领取差旅预支费用，我的付款申请书已获总经理批准，明天就要出差外地……”我看了看她的付款申请金额，明白了为什么我的秘书即备用金保管人不同意支付的理由。因为她的预支金额已经超过公司有关“备用金操作规定及其实施程序”的限额。此时作为一个称职的财务总监必须平衡(或叫摆平)备用金保管人与营销部门经理两者间为差旅预支金额一事所引起的争端；也就是财务总监必须支持备用金保管人，因为她是按照规定处理此事。而营销部门经理的申请也经过了总经理的批准，看似小事，却事关重大。因为假设同意以备用金支付，那么以后备用金使用有关原则、规定则形同虚设；假设不同意支付这笔钱，又得罪了一位部门主管，以及批准这位主管背后的总经理。这是一个左右为难的事，偏偏也是会计人员经常遇到的问题。对这个问题我的一贯处理方式是站在财务部门立场，坚持程序处理但有所变通。我决定仍然签发支票，然后由公司司机陪同这位营销部门主管到银行支取现金。作为主管部门遇到问题解决问题是天职，可惜这位营销部门经理并不领情也不买账，因为她认为有后台靠山，气冲冲、带着尖锐的高跟鞋声走出了我的办公室。

我知道过一会儿外籍总经理将会驻足我的财务总监办公室，于是我准备好有关资料，等待老总驾到。

果不出我所料，十分钟后总经理亲自来到。我礼貌地请老总坐，老总手持付款申请书质疑地说："为什么我批准的差旅费预支申请，备用金保管人拒绝支付？回答这个问题需要有技巧。"我回答："请总经理在该申请预支表上再签一次名，我就马上支付，他老人家愣住了。"他又质疑地问："为什么？"于是我把早就准备好的"公司备用金操作规定及其实施程序"文件亮了出来。我说："这个程序是我设计的，经过总经理您批准而实施，同时也通知了各部门。现在这张预支申请表虽经您批准，但已超过我们备用金规定的限额，如果我照付，则属违反已批准实施的规定。不过，若您再签一次名那就代表您'特批'，特别批准您自己批准事件的越权措施。事实上，我已经与营销部经理解释过同时也做好两全的安排，但她不同意。其他部门主管都是按照这种规定执行。我认为还是按照您批准的规定执行，应该不能有所例外。"

听完这番话，明白事理的总经理同意我的两全安排，同时并没有因为这事而有不高兴的脸色，因为这是合情合理与合法的变通处理，在不影响基本原则（即内部控制制度）的前提下，要采取对方最能理解、最易接纳的办法实施。这就是工作的艺术，也是做人的方法。最后，我们的营销经理也只得按规定办事了。

案例分析：从实例中我们可以体会出内部控制制度对于企业的重要性，尤其是对于财会部门或会计人员执行工作的准绳起了很大的明确作用，避免了人为因素的介入。因此，企业有一套健全的内部控制制度，那么会计人员就好落实工作；外审人员好查账，同时降低审计风险；内审人员好绩效，工作轻松。

在会计工作中，会计人员经常会遇到一些处理起来感到"两难"的问题，坚持按制度办事会得罪上级或周围的同事，反之又会使工作丧失原则，使制度形同虚设。本案例告诉我们，在会计工作中也应该讲究工作艺术，以达到最好的工作效果。本案例中财务总监对事务的处理方法，既体现了会计人员坚持准则的道德规范要求，也体现了会计人员参与管理的道德规范要求。当然对于工作中遇到的违法事项必须坚决抵制，决不能变通。

附录

附录一：中华人民共和国会计法

中华人民共和国会计法

(1985年1月21日第六届全国人民代表大会常务委员会第九次会议通过 根据1993年12月29日第八届全国人民代表大会常务委员会第五次会议《关于修改〈中华人民共和国会计法〉的决定》修正 1999年10月31日第九届全国人民代表大会常务委员会第十二次会议修订)

第一章 总 则

第一条 为了规范会计行为，保证会计资料真实、完整，加强经济管理和财务管理，提高经济效益，维护社会主义市场经济秩序，制定本法。

第二条 国家机关、社会团体、公司、企业、事业单位和其他组织(以下统称单位)必须依照本法办理会计事务。

第三条 各单位必须依法设置会计账簿，并保证其真实、完整。

第四条 单位负责人对本单位的会计工作和会计资料的真实性、完整性负责。

第五条 会计机构、会计人员依照本法规定进行会计核算，实行会计监督。

任何单位或者个人不得以任何方式授意、指使、强令会计机构、会计人员伪造、变造会计凭证、会计账簿和其他会计资料，提供虚假财务会计报告。

任何单位或者个人不得对依法履行职责、抵制违反本法规定行为的会计人员实行打击报复。

第六条 对认真执行本法，忠于职守，坚持原则，做出显著成绩的会计人员，给予精神的或者物质的奖励。

第七条 国务院财政部门主管全国的会计工作。

县级以上地方各级人民政府财政部门管理本行政区域内的会计工作。

第八条 国家实行统一的会计制度。国家统一的会计制度由国务院财政部门根据本法制定并公布。

国务院有关部门可以依照本法和国家统一的会计制度制定对会计核算和会计监督有特殊要求的行业实施国家统一的会计制度的具体办法或者补充规定，报国务院财政部门审核批准。

中国人民解放军总后勤部可以依照本法和国家统一的会计制度制定军队实施国家统一的会计制度的具体办法，报国务院财政部门备案。

第二章 会计核算

第九条 各单位必须根据实际发生的经济业务事项进行会计核算，填制会计凭证，登记会计账簿，编制财务会计报告。

任何单位不得以虚假的经济业务事项或者资料进行会计核算。

第十条　下列经济业务事项，应当办理会计手续，进行会计核算：

(一)款项和有价证券的收付；

(二)财物的收发、增减和使用；

(三)债权债务的发生和结算；

(四)资本、基金的增减；

(五)收入、支出、费用、成本的计算；

(六)财务成果的计算和处理；

(七)需要办理会计手续、进行会计核算的其他事项。

第十一条　会计年度自公历1月1日起至12月31日止。

第十二条　会计核算以人民币为记账本位币。

业务收支以人民币以外的货币为主的单位，可以选定其中一种货币作为记账本位币，但是编报的财务会计报告应当折算为人民币。

第十三条　会计凭证、会计账簿、财务会计报告和其他会计资料，必须符合国家统一的会计制度的规定。

使用电子计算机进行会计核算的，其软件及其生成的会计凭证、会计账簿、财务会计报告和其他会计资料，也必须符合国家统一的会计制度的规定。

任何单位和个人不得伪造、变造会计凭证、会计账簿及其他会计资料，不得提供虚假的财务会计报告。

第十四条　会计凭证包括原始凭证和记账凭证。

办理本法第十条所列的经济业务事项，必须填制或者取得原始凭证并及时送交会计机构。

会计机构、会计人员必须按照国家统一的会计制度的规定对原始凭证进行审核，对不真实、不合法的原始凭证有权不予接受，并向单位负责人报告；对记载不准确、不完整的原始凭证予以退回，并要求按照国家统一的会计制度的规定更正、补充。

原始凭证记载的各项内容均不得涂改；原始凭证有错误的，应当由出具单位重开或者更正，更正处应当加盖出具单位印章。原始凭证金额有错误的，应当由出具单位重开，不得在原始凭证上更正。

记账凭证应当根据经过审核的原始凭证及有关资料编制。

第十五条　会计账簿登记，必须以经过审核的会计凭证为依据，并符合有关法律、行政法规和国家统一的会计制度的规定。会计账簿包括总账、明细账、日记账和其他辅助性账簿。

会计账簿应当按照连续编号的页码顺序登记。会计账簿记录发生错误或者隔页、缺号、跳行的，应当按照国家统一的会计制度规定的方法更正，并由会计人员和会计机构负责人(会计主管人员)在更正处盖章。

使用电子计算机进行会计核算的，其会计账簿的登记、更正，应当符合国家统一的会计制度的规定。

第十六条　各单位发生的各项经济业务事项应当在依法设置的会计账簿上统一登记、核算，不得违反本法和国家统一的会计制度的规定私设会计账簿登记、核算。

第十七条　各单位应当定期将会计账簿记录与实物、款项及有关资料相互核对，保证会计账簿记录与实物及款项的实有数额相符、会计账簿记录与会计凭证的有关内容相符、会计账簿之间相对应的记录相符、会计账簿记录与会计报表的有关内容相符。

第十八条　各单位采用的会计处理方法，前后各期应当一致，不得随意变更；确有必要变更的，应当按照国家统一的会计制度的规定变更，并将变更的原因、情况及影响在财务会计报告中说明。

第十九条　单位提供的担保、未决诉讼等或有事项，应当按照国家统一的会计制度的规定，在财务会计报告中予以说明。

第二十条　财务会计报告应当根据经过审核的会计账簿记录和有关资料编制，并符合本法和国家统一的会计制度关于财务会计报告的编制要求、提供对象和提供期限的规定；其他法律、行政法规另有规定的，从其规定。

财务会计报告由会计报表、会计报表附注和财务情况说明书组成。向不同的会计资料使用者提供的财务会计报告，其编制依据应当一致。有关法律、行政法规规定会计报表、会计报表附注和财务情况说明书须经注册会计师审计的，注册会计师及其所在的会计师事务所出具的审计报告应当随同财务会计报告一并提供。

第二十一条　财务会计报告应当由单位负责人和主管会计工作的负责人、会计机构负责人(会计主管人员)签名并盖章；设置总会计师的单位，还须由总会计师签名并盖章。

单位负责人应当保证财务会计报告真实、完整。

第二十二条　会计记录的文字应当使用中文。在民族自治地方，会计记录可以同时使用当地通用的一种民族文字。在中华人民共和国境内的外商投资企业、外国企业和其他外国组织的会计记录可以同时使用一种外国文字。

第二十三条　各单位对会计凭证、会计账簿、财务会计报告和其他会计资料应当建立档案，妥善保管。会计档案的保管期限和销毁办法，由国务院财政部门会同有关部门制定。

第三章　公司、企业会计核算的特别规定

第二十四条　公司、企业进行会计核算，除应当遵守本法第二章的规定外，还应当遵守本章规定。

第二十五条　公司、企业必须根据实际发生的经济业务事项，按照国家统一的会计制度的规定确认、计量和记录资产、负债、所有者权益、收入、费用、成本和利润。

第二十六条　公司、企业进行会计核算不得有下列行为：

(一)随意改变资产、负债、所有者权益的确认标准或者计量方法，虚列、多列、不列或者少列资产、负债、所有者权益；

(二)虚列或者隐瞒收入，推迟或者提前确认收入；

(三)随意改变费用、成本的确认标准或者计量方法，虚列、多列、不列或者少列费用、成本；

(四)随意调整利润的计算、分配方法，编造虚假利润或者隐瞒利润；

(五)违反国家统一的会计制度规定的其他行为。

第四章　会计监督

第二十七条　各单位应当建立、健全本单位内部会计监督制度。单位内部会计监督制度应当符合下列要求：

(一)记账人员与经济业务事项和会计事项的审批人员、经办人员、财物保管人员的职责权限应当明确，并相互分离、相互制约；

（二）重大对外投资、资产处置、资金调度和其他重要经济业务事项的决策和执行的相互监督、相互制约程序应当明确；

（三）财产清查的范围、期限和组织程序应当明确；

（四）对会计资料定期进行内部审计的办法和程序应当明确。

第二十八条　单位负责人应当保证会计机构、会计人员依法履行职责，不得授意、指使、强令会计机构、会计人员违法办理会计事项。

会计机构、会计人员对违反本法和国家统一的会计制度规定的会计事项，有权拒绝办理或者按照职权予以纠正。

第二十九条　会计机构、会计人员发现会计账簿记录与实物、款项及有关资料不相符的，按照国家统一的会计制度的规定有权自行处理的，应当及时处理；无权处理的，应当立即向单位负责人报告，请求查明原因，作出处理。

第三十条　任何单位和个人对违反本法和国家统一的会计制度规定的行为，有权检举。收到检举的部门有权处理的，应当依法按照职责分工及时处理；无权处理的，应当及时移送有权处理的部门处理。收到检举的部门、负责处理的部门应当为检举人保密，不得将检举人姓名和检举材料转给被检举单位和被检举人个人。

第三十一条　有关法律、行政法规规定，须经注册会计师进行审计的单位，应当向受委托的会计师事务所如实提供会计凭证、会计账簿、财务会计报告和其他会计资料以及有关情况。

任何单位或者个人不得以任何方式要求或者示意注册会计师及其所在的会计师事务所出具不实或者不当的审计报告。

财政部门有权对会计师事务所出具审计报告的程序和内容进行监督。

第三十二条　财政部门对各单位的下列情况实施监督：

（一）是否依法设置会计账簿；

（二）会计凭证、会计账簿、财务会计报告和其他会计资料是否真实、完整；

（三）会计核算是否符合本法和国家统一的会计制度的规定；

（四）从事会计工作的人员是否具备从业资格。

在对前款第（二）项所列事项实施监督，发现重大违法嫌疑时，国务院财政部门及其派出机构可以向与被监督单位有经济业务往来的单位和被监督单位开立账户的金融机构查询有关情况，有关单位和金融机构应当给予支持。

第三十三条　财政、审计、税务、人民银行、证券监管、保险监管等部门应当依照有关法律、行政法规规定的职责，对有关单位的会计资料实施监督检查。

前款所列监督检查部门对有关单位的会计资料依法实施监督检查后，应当出具检查结论。有关监督检查部门已经作出的检查结论能够满足其他监督检查部门履行本部门职责需要的，其他监督检查部门应当加以利用，避免重复查账。

第三十四条　依法对有关单位的会计资料实施监督检查的部门及其工作人员对在监督检查中知悉的国家秘密和商业秘密负有保密义务。

第三十五条　各单位必须依照有关法律、行政法规的规定，接受有关监督检查部门依法实施的监督检查，如实提供会计凭证、会计账簿、财务会计报告和其他会计资料以及有关情况，不得拒绝、隐匿、谎报。

第五章　会计机构和会计人员

第三十六条　各单位应当根据会计业务的需要，设置会计机构，或者在有关机构中设置会计人员并指定会计主管人员；不具备设置条件的，应当委托经批准设立从事会计代理记账业务的中介机构代理记账。

国有的和国有资产占控股地位或者主导地位的大、中型企业必须设置总会计师。总会计师的任职资格、任免程序、职责权限由国务院规定。

第三十七条　会计机构内部应当建立稽核制度。

出纳人员不得兼任稽核、会计档案保管和收入、支出、费用、债权债务账目的登记工作。

第三十八条　从事会计工作的人员，必须取得会计从业资格证书。

担任单位会计机构负责人（会计主管人员）的，除取得会计从业资格证书外，还应当具备会计师以上专业技术职务资格或者从事会计工作三年以上经历。

会计人员从业资格管理办法由国务院财政部门规定。

第三十九条　会计人员应当遵守职业道德，提高业务素质。对会计人员的教育和培训工作应当加强。

第四十条　因有提供虚假财务会计报告，做假账，隐匿或者故意销毁会计凭证、会计账簿、财务会计报告，贪污，挪用公款，职务侵占等与会计职务有关的违法行为被依法追究刑事责任的人员，不得取得或者重新取得会计从业资格证书。

除前款规定的人员外，因违法违纪行为被吊销会计从业资格证书的人员，自被吊销会计从业资格证书之日起五年内，不得重新取得会计从业资格证书。

第四十一条　会计人员调动工作或者离职，必须与接管人员办清交接手续。

一般会计人员办理交接手续，由会计机构负责人（会计主管人员）监交；会计机构负责人（会计主管人员）办理交接手续，由单位负责人监交，必要时主管单位可以派人会同监交。

第六章　法律责任

第四十二条　违反本法规定，有下列行为之一的，由县级以上人民政府财政部门责令限期改正，可以对单位并处三千元以上五万元以下的罚款；对其直接负责的主管人员和其他直接责任人员，可以处二千元以上二万元以下的罚款；属于国家工作人员的，还应当由其所在单位或者有关单位依法给予行政处分：

（一）不依法设置会计账簿的；

（二）私设会计账簿的；

（三）未按照规定填制、取得原始凭证或者填制、取得的原始凭证不符合规定的；

（四）以未经审核的会计凭证为依据登记会计账簿或者登记会计账簿不符合规定的；

（五）随意变更会计处理方法的；

（六）向不同的会计资料使用者提供的财务会计报告编制依据不一致的；

（七）未按照规定使用会计记录文字或者记账本位币的；

（八）未按照规定保管会计资料，致使会计资料毁损、灭失的；

（九）未按照规定建立并实施单位内部会计监督制度或者拒绝依法实施的监督或者不如实提供有关会计资料及有关情况的；

（十）任用会计人员不符合本法规定的。

有前款所列行为之一，构成犯罪的，依法追究刑事责任。

会计人员有第一款所列行为之一，情节严重的，由县级以上人民政府财政部门吊销会计从业资格证书。

有关法律对第一款所列行为的处罚另有规定的，依照有关法律的规定办理。

第四十三条　伪造、变造会计凭证、会计账簿，编制虚假财务会计报告，构成犯罪的，依法追究刑事责任。

有前款行为，尚不构成犯罪的，由县级以上人民政府财政部门予以通报，可以对单位并处五千元以上十万元以下的罚款；对其直接负责的主管人员和其他直接责任人员，可以处三千元以上五万元以下的罚款；属于国家工作人员的，还应当由其所在单位或者有关单位依法给予撤职直至开除的行政处分；对其中的会计人员，并由县级以上人民政府财政部门吊销会计从业资格证书。

第四十四条　隐匿或者故意销毁依法应当保存的会计凭证、会计账簿、财务会计报告，构成犯罪的，依法追究刑事责任。

有前款行为，尚不构成犯罪的，由县级以上人民政府财政部门予以通报，可以对单位并处五千元以上十万元以下的罚款；对其直接负责的主管人员和其他直接责任人员，可以处三千元以上五万元以下的罚款；属于国家工作人员的，还应当由其所在单位或者有关单位依法给予撤职直至开除的行政处分；对其中的会计人员，并由县级以上人民政府财政部门吊销会计从业资格证书。

第四十五条　授意、指使、强令会计机构、会计人员及其他人员伪造、变造会计凭证、会计账簿，编制虚假财务会计报告或者隐匿、故意销毁依法应当保存的会计凭证、会计账簿、财务会计报告，构成犯罪的，依法追究刑事责任；尚不构成犯罪的，可以处五千元以上五万元以下的罚款；属于国家工作人员的，还应当由其所在单位或者有关单位依法给予降级、撤职、开除的行政处分。

第四十六条　单位负责人对依法履行职责、抵制违反本法规定行为的会计人员以降级、撤职、调离工作岗位、解聘或者开除等方式实行打击报复，构成犯罪的，依法追究刑事责任；尚不构成犯罪的，由其所在单位或者有关单位依法给予行政处分。对受打击报复的会计人员，应当恢复其名誉和原有职务、级别。

第四十七条　财政部门及有关行政部门的工作人员在实施监督管理中滥用职权、玩忽职守、徇私舞弊或者泄露国家秘密、商业秘密，构成犯罪的，依法追究刑事责任；尚不构成犯罪的，依法给予行政处分。

第四十八条　违反本法第三十条规定，将检举人姓名和检举材料转给被检举单位和被检举人个人的，由所在单位或者有关单位依法给予行政处分。

第四十九条　违反本法规定，同时违反其他法律规定的，由有关部门在各自职权范围内依法进行处罚。

第七章　附则

第五十条　本法下列用语的含义：

单位负责人，是指单位法定代表人或者法律、行政法规规定代表单位行使职权的主要负责人。

国家统一的会计制度，是指国务院财政部门根据本法制定的关于会计核算、会计监督、会计机构和会计人员以及会计工作管理的制度。

第五十一条　个体工商户会计管理的具体办法，由国务院财政部门根据本法的原则另行规定。

第五十二条　本法自2000年7月1日起施行。

附录二:财政部 国家税务总局关于将铁路运输和邮政业纳入营业税改征增值税试点的通知

财政部 国家税务总局
关于将铁路运输和邮政业纳入营业税改征增值税试点的通知
财税〔2013〕106 号

各省、自治区、直辖市、计划单列市财政厅(局)、国家税务局、地方税务局，新疆生产建设兵团财务局：

经国务院批准，铁路运输和邮政业纳入营业税改征增值税(以下称营改增)试点。结合交通运输业和部分现代服务业营改增试点运行中反映的问题，我们对营改增试点政策进行了修改完善。现将有关试点政策一并印发你们，请遵照执行。

一、自 2014 年 1 月 1 日起，在全国范围内开展铁路运输和邮政业营改增试点。

二、各地要高度重视营改增试点工作，切实加强试点工作的组织领导，周密安排，明确责任，采取各种有效措施，做好试点前的各项准备以及试点过程中的监测分析和宣传解释等工作，确保改革的平稳、有序、顺利进行。遇到问题请及时向财政部和国家税务总局反映。

三、本通知附件规定的内容，除另有规定执行时间外，自 2014 年 1 月 1 日起执行。《财政部 国家税务总局关于在全国开展交通运输业和部分现代服务业营业税改征增值税试点税收政策的通知》(财税〔2013〕37 号)自 2014 年 1 月 1 日起废止。

附件:1. 营业税改征增值税试点实施办法
2. 营业税改征增值税试点有关事项的规定
3. 营业税改征增值税试点过渡政策的规定
4. 应税服务适用增值税零税率和免税政策的规定

财政部 国家税务总局
2013 年 12 月 12 日

附件 1:

营业税改征增值税试点实施办法

第一章 纳税人和扣缴义务人

第一条 在中华人民共和国境内(以下称境内)提供交通运输业、邮政业和部分现代服务业服务(以下称应税服务)的单位和个人，为增值税纳税人。纳税人提供应税服务，应当按照本办法缴纳增值税，不再缴纳营业税。

单位，是指企业、行政单位、事业单位、军事单位、社会团体及其他单位。

个人，是指个体工商户和其他个人。

第二条　单位以承包、承租、挂靠方式经营的，承包人、承租人、挂靠人（以下统称承包人）以发包人、出租人、被挂靠人（以下统称发包人）名义对外经营并由发包人承担相关法律责任的，以该发包人为纳税人。否则，以承包人为纳税人。

第三条　纳税人分为一般纳税人和小规模纳税人。

应税服务的年应征增值税销售额（以下称应税服务年销售额）超过财政部和国家税务总局规定标准的纳税人为一般纳税人，未超过规定标准的纳税人为小规模纳税人。

应税服务年销售额超过规定标准的其他个人不属于一般纳税人。应税服务年销售额超过规定标准但不经常提供应税服务的单位和个体工商户可选择按照小规模纳税人纳税。

第四条　未超过规定标准的纳税人会计核算健全，能够提供准确税务资料的，可以向主管税务机关申请一般纳税人资格认定，成为一般纳税人。

会计核算健全，是指能够按照国家统一的会计制度规定设置账簿，根据合法、有效凭证核算。

第五条　符合一般纳税人条件的纳税人应当向主管税务机关申请一般纳税人资格认定。具体认定办法由国家税务总局制定。

除国家税务总局另有规定外，一经认定为一般纳税人后，不得转为小规模纳税人。

第六条　中华人民共和国境外（以下称境外）的单位或者个人在境内提供应税服务，在境内未设有经营机构的，以其代理人为增值税扣缴义务人；在境内没有代理人的，以接受方为增值税扣缴义务人。

第七条　两个或者两个以上的纳税人，经财政部和国家税务总局批准可以视为一个纳税人合并纳税。具体办法由财政部和国家税务总局另行制定。

第二章　应税服务

第八条　应税服务，是指陆路运输服务、水路运输服务、航空运输服务、管道运输服务、邮政普遍服务、邮政特殊服务、其他邮政服务、研发和技术服务、信息技术服务、文化创意服务、物流辅助服务、有形动产租赁服务、鉴证咨询服务、广播影视服务。

应税服务的具体范围按照本办法所附的《应税服务范围注释》执行。

第九条　提供应税服务，是指有偿提供应税服务，但不包括非营业活动中提供的应税服务。

有偿，是指取得货币、货物或者其他经济利益。

非营业活动，是指：

（一）非企业性单位按照法律和行政法规的规定，为履行国家行政管理和公共服务职能收取政府性基金或者行政事业性收费的活动。

（二）单位或者个体工商户聘用的员工为本单位或者雇主提供应税服务。

（三）单位或者个体工商户为员工提供应税服务。

（四）财政部和国家税务总局规定的其他情形。

第十条　在境内提供应税服务，是指应税服务提供方或者接受方在境内。

下列情形不属于在境内提供应税服务：

（一）境外单位或者个人向境内单位或者个人提供完全在境外消费的应税服务。

（二）境外单位或者个人向境内单位或者个人出租完全在境外使用的有形动产。

（三）财政部和国家税务总局规定的其他情形。

第十一条　单位和个体工商户的下列情形，视同提供应税服务：

(一)向其他单位或者个人无偿提供交通运输业、邮政业和部分现代服务业服务，但以公益活动为目的或者以社会公众为对象的除外。

(二)财政部和国家税务总局规定的其他情形。

第三章　税率和征收率

第十二条　增值税税率：

(一)提供有形动产租赁服务，税率为17%。

(二)提供交通运输业服务、邮政业服务，税率为11%。

(三)提供现代服务业服务(有形动产租赁服务除外)，税率为6%。

(四)财政部和国家税务总局规定的应税服务，税率为零。

第十三条　增值税征收率为3%。

第四章　应纳税额的计算

第一节　一般性规定

第十四条　增值税的计税方法，包括一般计税方法和简易计税方法。

第十五条　一般纳税人提供应税服务适用一般计税方法计税。

一般纳税人提供财政部和国家税务总局规定的特定应税服务，可以选择适用简易计税方法计税，但一经选择，36个月内不得变更。

第十六条　小规模纳税人提供应税服务适用简易计税方法计税。

第十七条　境外单位或者个人在境内提供应税服务，在境内未设有经营机构的，扣缴义务人按照下列公式计算应扣缴税额：

应扣缴税额＝接受方支付的价款÷(1＋税率)×税率

第二节　一般计税方法

第十八条　一般计税方法的应纳税额，是指当期销项税额抵扣当期进项税额后的余额。应纳税额计算公式：

应纳税额＝当期销项税额－当期进项税额

当期销项税额小于当期进项税额不足抵扣时，其不足部分可以结转下期继续抵扣。

第十九条　销项税额，是指纳税人提供应税服务按照销售额和增值税税率计算的增值税额。销项税额计算公式：

销项税额＝销售额×税率

第二十条　一般计税方法的销售额不包括销项税额，纳税人采用销售额和销项税额合并定价方法的，按照下列公式计算销售额：

销售额＝含税销售额÷(1＋税率)

第二十一条　进项税额，是指纳税人购进货物或者接受加工修理修配劳务和应税服务，支付或者负担的增值税额。

第二十二条　下列进项税额准予从销项税额中抵扣：

(一)从销售方或者提供方取得的增值税专用发票(含货物运输业增值税专用发票、税控机动车销售统一发票，下同)上注明的增值税额。

(二)从海关取得的海关进口增值税专用缴款书上注明的增值税额。

(三)购进农产品，除取得增值税专用发票或者海关进口增值税专用缴款书外，按照农产品收购发票或者销售发票上注明的农产品买价和13%的扣除率计算的进项税额。计算公式为：

进项税额＝买价×扣除率

买价，是指纳税人购进农产品在农产品收购发票或者销售发票上注明的价款和按照规定缴纳的烟叶税。

购进农产品，按照《农产品增值税进项税额核定扣除试点实施办法》抵扣进项税额的除外。

（四）接受境外单位或者个人提供的应税服务，从税务机关或者境内代理人取得的解缴税款的中华人民共和国税收缴款凭证（以下称税收缴款凭证）上注明的增值税额。

第二十三条　纳税人取得的增值税扣税凭证不符合法律、行政法规或者国家税务总局有关规定的，其进项税额不得从销项税额中抵扣。

增值税扣税凭证，是指增值税专用发票、海关进口增值税专用缴款书、农产品收购发票、农产品销售发票和税收缴款凭证。

纳税人凭税收缴款凭证抵扣进项税额的，应当具备书面合同、付款证明和境外单位的对账单或者发票。资料不全的，其进项税额不得从销项税额中抵扣。

第二十四条　下列项目的进项税额不得从销项税额中抵扣：

（一）用于简易计税方法计税项目、非增值税应税项目、免征增值税项目、集体福利或者个人消费的购进货物、接受加工修理修配劳务或者应税服务。其中涉及的固定资产、专利技术、非专利技术、商誉、商标、著作权、有形动产租赁，仅指专用于上述项目的固定资产、专利技术、非专利技术、商誉、商标、著作权、有形动产租赁。

（二）非正常损失的购进货物及相关的加工修理修配劳务或者交通运输业服务。

（三）非正常损失的在产品、产成品所耗用的购进货物（不包括固定资产）、加工修理修配劳务或者交通运输业服务。

（四）接受的旅客运输服务。

第二十五条　非增值税应税项目，是指非增值税应税劳务、转让无形资产（专利技术、非专利技术、商誉、商标、著作权除外）、销售不动产以及不动产在建工程。

非增值税应税劳务，是指《应税服务范围注释》所列项目以外的营业税应税劳务。

不动产，是指不能移动或者移动后会引起性质、形状改变的财产，包括建筑物、构筑物和其他土地附着物。

纳税人新建、改建、扩建、修缮、装饰不动产，均属于不动产在建工程。

个人消费，包括纳税人的交际应酬消费。

固定资产，是指使用期限超过12个月的机器、机械、运输工具以及其他与生产经营有关的设备、工具、器具等有形动产。

非正常损失，是指因管理不善造成被盗、丢失、霉烂变质的损失，以及被执法部门依法没收或者强令自行销毁的货物。

第二十六条　适用一般计税方法的纳税人，兼营简易计税方法计税项目、非增值税应税劳务、免征增值税项目而无法划分不得抵扣的进项税额，按照下列公式计算不得抵扣的进项税额。

不得抵扣的进项税额＝当期无法划分的全部进项税额×（当期简易计税方法计税项目销售额＋非增值税应税劳务营业额＋免征增值税项目销售额）÷（当期全部销售额＋当期全部营业额）

主管税务机关可以按照上述公式依据年度数据对不得抵扣的进项税额进行清算。

第二十七条　已抵扣进项税额的购进货物、接受加工修理修配劳务或者应税服务，发生本办法第二十四条规定情形（简易计税方法计税项目、非增值税应税劳务、免征增值税项目除外）的，应当将该进项税额从当期进项税额中扣减；无法确定该进项税额的，按照当期实际成本计算应扣减的进项税额。

第二十八条　纳税人提供的适用一般计税方法计税的应税服务，因服务中止或者折让而退还给购买方的增值税额，应当从当期的销项税额中扣减；发生服务中止、购进货物退出、折让而收回的增值税额，应当从当期的进项税额中扣减。

第二十九条　有下列情形之一者，应当按照销售额和增值税税率计算应纳税额，不得抵扣进项税额，也不得使用增值税专用发票：

（一）一般纳税人会计核算不健全，或者不能够提供准确税务资料的。

（二）应当申请办理一般纳税人资格认定而未申请的。

第三节　简易计税方法

第三十条　简易计税方法的应纳税额，是指按照销售额和增值税征收率计算的增值税额，不得抵扣进项税额。应纳税额计算公式：

应纳税额＝销售额×征收率

第三十一条　简易计税方法的销售额不包括其应纳税额，纳税人采用销售额和应纳税额合并定价方法的，按照下列公式计算销售额：

销售额＝含税销售额÷（1＋征收率）

第三十二条　纳税人提供的适用简易计税方法计税的应税服务，因服务中止或者折让而退还给接受方的销售额，应当从当期销售额中扣减。扣减当期销售额后仍有余额造成多缴的税款，可以从以后的应纳税额中扣减。

第四节　销售额的确定

第三十三条　销售额，是指纳税人提供应税服务取得的全部价款和价外费用。

价外费用，是指价外收取的各种性质的价外收费，但不包括同时符合下列条件代为收取的政府性基金或者行政事业性收费：

1. 由国务院或者财政部批准设立的政府性基金，由国务院或者省级人民政府及其财政、价格主管部门批准设立的行政事业性收费；

2. 收取时开具省级以上财政部门印制的财政票据；

3. 所收款项全额上缴财政。

第三十四条　销售额以人民币计算。

纳税人按照人民币以外的货币结算销售额的，应当折合成人民币计算，折合率可以选择销售额发生的当天或者当月1日的人民币汇率中间价。纳税人应当在事先确定采用何种折合率，确定后12个月内不得变更。

第三十五条　纳税人提供适用不同税率或者征收率的应税服务，应当分别核算适用不同税率或者征收率的销售额；未分别核算的，从高适用税率。

第三十六条　纳税人兼营营业税应税项目的，应当分别核算应税服务的销售额和营业税应税项目的营业额；未分别核算的，由主管税务机关核定应税服务的销售额。

第三十七条　纳税人兼营免税、减税项目的，应当分别核算免税、减税项目的销售额；未分别核算的，不得免税、减税。

第三十八条 纳税人提供应税服务，开具增值税专用发票后，发生应税服务中止、折让、开票有误等情形的，应当按照国家税务总局的规定开具红字增值税专用发票；未按照规定开具红字增值税专用发票的，不得按照本办法第二十八条和第三十二条的规定扣减销项税额或者销售额。

第三十九条 纳税人提供应税服务，将价款和折扣额在同一张发票上分别注明的，以折扣后的价款为销售额；未在同一张发票上分别注明的，以价款为销售额，不得扣减折扣额。

第四十条 纳税人提供应税服务的价格明显偏低或者偏高且不具有合理商业目的的，或者发生本办法第十一条所列视同提供应税服务而无销售额的，主管税务机关有权按照下列顺序确定销售额：

（一）按照纳税人最近时期提供同类应税服务的平均价格确定。

（二）按照其他纳税人最近时期提供同类应税服务的平均价格确定。

（三）按照组成计税价格确定。组成计税价格的公式为：

组成计税价格 = 成本 ×（1 + 成本利润率）

成本利润率由国家税务总局确定。

第五章 纳税义务、扣缴义务发生时间和纳税地点

第四十一条 增值税纳税义务发生时间为：

（一）纳税人提供应税服务并收讫销售款项或者取得索取销售款项凭据的当天；先开具发票的，为开具发票的当天。

收讫销售款项，是指纳税人提供应税服务过程中或者完成后收到款项。

取得索取销售款项凭据的当天，是指书面合同确定的付款日期；未签订书面合同或者书面合同未确定付款日期的，为应税服务完成的当天。

（二）纳税人提供有形动产租赁服务采取预收款方式的，其纳税义务发生时间为收到预收款的当天。

（三）纳税人发生本办法第十一条视同提供应税服务的，其纳税义务发生时间为应税服务完成的当天。

（四）增值税扣缴义务发生时间为纳税人增值税纳税义务发生的当天。

第四十二条 增值税纳税地点为：

（一）固定业户应当向其机构所在地或者居住地主管税务机关申报纳税。总机构和分支机构不在同一县（市）的，应当分别向各自所在地的主管税务机关申报纳税；经财政部和国家税务总局或者其授权的财政和税务机关批准，可以由总机构汇总向总机构所在地的主管税务机关申报纳税。

（二）非固定业户应当向应税服务发生地主管税务机关申报纳税；未申报纳税的，由其机构所在地或者居住地主管税务机关补征税款。

（三）扣缴义务人应当向其机构所在地或者居住地主管税务机关申报缴纳扣缴的税款。

第四十三条 增值税的纳税期限分别为 1 日、3 日、5 日、10 日、15 日、1 个月或者 1 个季度。纳税人的具体纳税期限，由主管税务机关根据纳税人应纳税额的大小分别核定。以 1 个季度为纳税期限的规定适用于小规模纳税人以及财政部和国家税务总局规定的其他纳税人。不能按照固定期限纳税的，可以按次纳税。

纳税人以 1 个月或者 1 个季度为 1 个纳税期的，自期满之日起 15 日内申报纳税；以 1 日、

3日、5日、10日或者15日为1个纳税期的，自期满之日起5日内预缴税款，于次月1日起15日内申报纳税并结清上月应纳税款。

扣缴义务人解缴税款的期限，按照前两款规定执行。

第六章　税收减免

第四十四条　纳税人提供应税服务适用免税、减税规定的，可以放弃免税、减税，依照本办法的规定缴纳增值税。放弃免税、减税后，36个月内不得再申请免税、减税。

纳税人提供应税服务同时适用免税和零税率规定的，优先适用零税率。

第四十五条　个人提供应税服务的销售额未达到增值税起征点的，免征增值税；达到起征点的，全额计算缴纳增值税。

增值税起征点不适用于认定为一般纳税人的个体工商户。

第四十六条　增值税起征点幅度如下：

(一)按期纳税的，为月销售额5000－20000元(含本数)。

(二)按次纳税的，为每次(日)销售额300－500元(含本数)。

起征点的调整由财政部和国家税务总局规定。省、自治区、直辖市财政厅(局)和国家税务局应当在规定的幅度内，根据实际情况确定本地区适用的起征点，并报财政部和国家税务总局备案。

第七章　征收管理

第四十七条　营业税改征的增值税，由国家税务局负责征收。

第四十八条　纳税人提供适用零税率的应税服务，应当按期向主管税务机关申报办理退(免)税，具体办法由财政部和国家税务总局制定。

第四十九条　纳税人提供应税服务，应当向索取增值税专用发票的接受方开具增值税专用发票，并在增值税专用发票上分别注明销售额和销项税额。

属于下列情形之一的，不得开具增值税专用发票：

(一)向消费者个人提供应税服务。

(二)适用免征增值税规定的应税服务。

第五十条　小规模纳税人提供应税服务，接受方索取增值税专用发票的，可以向主管税务机关申请代开。

第五十一条　纳税人增值税的征收管理，按照本办法和《中华人民共和国税收征收管理法》及现行增值税征收管理有关规定执行。

第八章　附则

第五十二条　纳税人应当按照国家统一的会计制度进行增值税会计核算。

第五十三条　本办法自2014年1月1日起执行。

附:

应税服务范围注释

一、交通运输业

交通运输业,是指使用运输工具将货物或者旅客送达目的地,使其空间位置得到转移的业务活动。包括陆路运输服务、水路运输服务、航空运输服务和管道运输服务。

(一)陆路运输服务。

陆路运输服务,是指通过陆路(地上或者地下)运送货物或者旅客的运输业务活动,包括铁路运输和其他陆路运输。

1. 铁路运输服务,是指通过铁路运送货物或者旅客的运输业务活动。

2. 其他陆路运输服务,是指铁路运输以外的陆路运输业务活动。包括公路运输、缆车运输、索道运输、地铁运输、城市轻轨运输等。

出租车公司向使用本公司自有出租车的出租车司机收取的管理费用,按陆路运输服务征收增值税。

(二)水路运输服务。

水路运输服务,是指通过江、河、湖、川等天然、人工水道或者海洋航道运送货物或者旅客的运输业务活动。

远洋运输的程租、期租业务,属于水路运输服务。

程租业务,是指远洋运输企业为租船人完成某一特定航次的运输任务并收取租赁费的业务。

期租业务,是指远洋运输企业将配备有操作人员的船舶承租给他人使用一定期限,承租期内听候承租方调遣,不论是否经营,均按天向承租方收取租赁费,发生的固定费用均由船东负担的业务。

(三)航空运输服务。

航空运输服务,是指通过空中航线运送货物或者旅客的运输业务活动。

航空运输的湿租业务,属于航空运输服务。

湿租业务,是指航空运输企业将配备有机组人员的飞机承租给他人使用一定期限,承租期内听候承租方调遣,不论是否经营,均按一定标准向承租方收取租赁费,发生的固定费用均由承租方承担的业务。

航天运输服务,按照航空运输服务征收增值税。

航天运输服务,是指利用火箭等载体将卫星、空间探测器等空间飞行器发射到空间轨道的业务活动。

(四)管道运输服务。

管道运输服务,是指通过管道设施输送气体、液体、固体物质的运输业务活动。

二、邮政业

邮政业,是指中国邮政集团公司及其所属邮政企业提供邮件寄递、邮政汇兑、机要通信和邮政代理等邮政基本服务的业务活动。包括邮政普遍服务、邮政特殊服务和其他邮政服务。

(一)邮政普遍服务。

邮政普遍服务,是指函件、包裹等邮件寄递,以及邮票发行、报刊发行和邮政汇兑等业务活动。

函件,是指信函、印刷品、邮资封片卡、无名址函件和邮政小包等。

包裹，是指按照封装上的名址递送给特定个人或者单位的独立封装的物品，其重量不超过五十千克，任何一边的尺寸不超过一百五十厘米，长、宽、高合计不超过三百厘米。

（二）邮政特殊服务。

邮政特殊服务，是指义务兵平常信函、机要通信、盲人读物和革命烈士遗物的寄递等业务活动。

（三）其他邮政服务。

其他邮政服务，是指邮册等邮品销售、邮政代理等业务活动。

三、部分现代服务业

部分现代服务业，是指围绕制造业、文化产业、现代物流产业等提供技术性、知识性服务的业务活动。包括研发和技术服务、信息技术服务、文化创意服务、物流辅助服务、有形动产租赁服务、鉴证咨询服务、广播影视服务。

（一）研发和技术服务。

研发和技术服务，包括研发服务、技术转让服务、技术咨询服务、合同能源管理服务、工程勘察勘探服务。

1. 研发服务，是指就新技术、新产品、新工艺或者新材料及其系统进行研究与试验开发的业务活动。

2. 技术转让服务，是指转让专利或者非专利技术的所有权或者使用权的业务活动。

3. 技术咨询服务，是指对特定技术项目提供可行性论证、技术预测、技术测试、技术培训、专题技术调查、分析评价报告和专业知识咨询等业务活动。

4. 合同能源管理服务，是指节能服务公司与用能单位以契约形式约定节能目标，节能服务公司提供必要的服务，用能单位以节能效果支付节能服务公司投入及其合理报酬的业务活动。

5. 工程勘察勘探服务，是指在采矿、工程施工前后，对地形、地质构造、地下资源蕴藏情况进行实地调查的业务活动。

（二）信息技术服务。

信息技术服务，是指利用计算机、通信网络等技术对信息进行生产、收集、处理、加工、存储、运输、检索和利用，并提供信息服务的业务活动。包括软件服务、电路设计及测试服务、信息系统服务和业务流程管理服务。

1. 软件服务，是指提供软件开发服务、软件咨询服务、软件维护服务、软件测试服务的业务行为。

2. 电路设计及测试服务，是指提供集成电路和电子电路产品设计、测试及相关技术支持服务的业务行为。

3. 信息系统服务，是指提供信息系统集成、网络管理、桌面管理与维护、信息系统应用、基础信息技术管理平台整合、信息技术基础设施管理、数据中心、托管中心、安全服务的业务行为。包括网站对非自有的网络游戏提供的网络运营服务。

4. 业务流程管理服务，是指依托计算机信息技术提供的人力资源管理、财务经济管理、审计管理、税务管理、金融支付服务、内部数据分析、内部数据挖掘、内部数据管理、内部数据使用、呼叫中心和电子商务平台等服务的业务活动。

（三）文化创意服务。

文化创意服务，包括设计服务、商标和著作权转让服务、知识产权服务、广告服务和会议展览服务。

1. 设计服务，是指把计划、规划、设想通过视觉、文字等形式传递出来的业务活动。包括工业设计、造型设计、服装设计、环境设计、平面设计、包装设计、动漫设计、网游设计、展示设计、网站设计、机械设计、工程设计、广告设计、创意策划、文印晒图等。

2. 商标和著作权转让服务，是指转让商标、商誉和著作权的业务活动。

3. 知识产权服务，是指处理知识产权事务的业务活动。包括对专利、商标、著作权、软件、集成电路布图设计的代理、登记、鉴定、评估、认证、咨询、检索服务。

4. 广告服务，是指利用图书、报纸、杂志、广播、电视、电影、幻灯、路牌、招贴、橱窗、霓虹灯、灯箱、互联网等各种形式为客户的商品、经营服务项目、文体节目或者通告、声明等委托事项进行宣传和提供相关服务的业务活动。包括广告代理和广告的发布、播映、宣传、展示等。

5. 会议展览服务，是指为商品流通、促销、展示、经贸洽谈、民间交流、企业沟通、国际往来等举办或者组织安排的各类展览和会议的业务活动。

（四）物流辅助服务。

物流辅助服务，包括航空服务、港口码头服务、货运客运场站服务、打捞救助服务、货物运输代理服务、代理报关服务、仓储服务、装卸搬运服务和收派服务。

1. 航空服务，包括航空地面服务和通用航空服务。

航空地面服务，是指航空公司、飞机场、民航管理局、航站等向在境内航行或者在境内机场停留的境内外飞机或者其他飞行器提供的导航等劳务性地面服务的业务活动。包括旅客安全检查服务、停机坪管理服务、机场候机厅管理服务、飞机清洗消毒服务、空中飞行管理服务、飞机起降服务、飞行通讯服务、地面信号服务、飞机安全服务、飞机跑道管理服务、空中交通管理服务等。

通用航空服务，是指为专业工作提供飞行服务的业务活动，包括航空摄影、航空培训、航空测量、航空勘探、航空护林、航空吊挂播洒、航空降雨等。

2. 港口码头服务，是指港务船舶调度服务、船舶通讯服务、航道管理服务、航道疏浚服务、灯塔管理服务、航标管理服务、船舶引航服务、理货服务、系解缆服务、停泊和移泊服务、海上船舶溢油清除服务、水上交通管理服务、船只专业清洗消毒检测服务和防止船只漏油服务等为船只提供服务的业务活动。

港口设施经营人收取的港口设施保安费按照“港口码头服务”征收增值税。

3. 货运客运场站服务，是指货运客运场站提供的货物配载服务、运输组织服务、中转换乘服务、车辆调度服务、票务服务、货物打包整理、铁路线路使用服务、加挂铁路客车服务、铁路行包专列发送服务、铁路到达和中转服务、铁路车辆编解服务、车辆挂运服务、铁路接触网服务、铁路机车牵引服务、车辆停放服务等业务活动。

4. 打捞救助服务，是指提供船舶人员救助、船舶财产救助、水上救助和沉船沉物打捞服务的业务活动。

5. 货物运输代理服务，是指接受货物收货人、发货人、船舶所有人、船舶承租人或船舶经营人的委托，以委托人的名义或者以自己的名义，在不直接提供货物运输服务的情况下，为委托人办理货物运输、船舶进出港口、联系安排引航、靠泊、装卸等货物和船舶代理相关业务手续的业务活动。

6. 代理报关服务，是指接受进出口货物的收、发货人委托，代为办理报关手续的业务活动。

7. 仓储服务，是指利用仓库、货场或者其他场所代客贮放、保管货物的业务活动。

8. 装卸搬运服务，是指使用装卸搬运工具或人力、畜力将货物在运输工具之间、装卸现场之间或者运输工具与装卸现场之间进行装卸和搬运的业务活动。

9. 收派服务，是指接受寄件人委托，在承诺的时限内完成函件和包裹的收件、分拣、派送服务的业务活动。

收件服务，是指从寄件人收取函件和包裹，并运送到服务提供方同城的集散中心的业务活动；分拣服务，是指服务提供方在其集散中心对函件和包裹进行归类、分发的业务活动；派送服务，是指服务提供方从其集散中心将函件和包裹送达同城的收件人的业务活动。

（五）有形动产租赁服务。

有形动产租赁，包括有形动产融资租赁和有形动产经营性租赁。

1. 有形动产融资租赁，是指具有融资性质和所有权转移特点的有形动产租赁业务活动。即出租人根据承租人所要求的规格、型号、性能等条件购入有形动产租赁给承租人，合同期内设备所有权属于出租人，承租人只拥有使用权，合同期满付清租金后，承租人有权按照残值购入有形动产，以拥有其所有权。不论出租人是否将有形动产残值销售给承租人，均属于融资租赁。

2. 有形动产经营性租赁，是指在约定时间内将物品、设备等有形动产转让他人使用且租赁物所有权不变更的业务活动。

远洋运输的光租业务、航空运输的干租业务，属于有形动产经营性租赁。

光租业务，是指远洋运输企业将船舶在约定的时间内出租给他人使用，不配备操作人员，不承担运输过程中发生的各项费用，只收取固定租赁费的业务活动。

干租业务，是指航空运输企业将飞机在约定的时间内出租给他人使用，不配备机组人员，不承担运输过程中发生的各项费用，只收取固定租赁费的业务活动。

（六）鉴证咨询服务。

鉴证咨询服务，包括认证服务、鉴证服务和咨询服务。

1. 认证服务，是指具有专业资质的单位利用检测、检验、计量等技术，证明产品、服务、管理体系符合相关技术规范、相关技术规范的强制性要求或者标准的业务活动。

2. 鉴证服务，是指具有专业资质的单位，为委托方的经济活动及有关资料进行鉴证，发表具有证明力的意见的业务活动。包括会计鉴证、税务鉴证、法律鉴证、工程造价鉴证、资产评估、环境评估、房地产土地评估、建筑图纸审核、医疗事故鉴定等。

3. 咨询服务，是指提供和策划财务、税收、法律、内部管理、业务运作和流程管理等信息或者建议的业务活动。

代理记账、翻译服务按照“咨询服务”征收增值税。

（七）广播影视服务。

广播影视服务，包括广播影视节目（作品）的制作服务、发行服务和播映（含放映，下同）服务。

1. 广播影视节目（作品）制作服务，是指进行专题（特别节目）、专栏、综艺、体育、动画片、广播剧、电视剧、电影等广播影视节目和作品制作的服务。具体包括与广播影视节目和作品相关的策划、采编、拍摄、录音、音视频文字图片素材制作、场景布置、后期的剪辑、翻译(编译)、字幕制作、片头、片尾、片花制作、特效制作、影片修复、编目和确权等业务活动。

2. 广播影视节目(作品)发行服务，是指以分账、买断、委托、代理等方式，向影院、电台、电视台、网站等单位和个人发行广播影视节目(作品)以及转让体育赛事等活动的报道及播映权的业务活动。

3. 广播影视节目(作品)播映服务，是指在影院、剧院、录像厅及其他场所播映广播影视节目(作品)，以及通过电台、电视台、卫星通信、互联网、有线电视等无线或有线装置播映广播影视节目(作品)的业务活动。

附件 2:

营业税改征增值税试点有关事项的规定

一、试点纳税人[指按照《营业税改征增值税试点实施办法》(以下称《试点实施办法》)缴纳增值税的纳税人]有关政策

(一)混业经营。

试点纳税人兼有不同税率或者征收率的销售货物、提供加工修理修配劳务或者应税服务的，应当分别核算适用不同税率或者征收率的销售额，未分别核算销售额的，按照以下方法适用税率或者征收率:

1. 兼有不同税率的销售货物、提供加工修理修配劳务或者应税服务的，从高适用税率。

2. 兼有不同征收率的销售货物、提供加工修理修配劳务或者应税服务的，从高适用征收率。

3. 兼有不同税率和征收率的销售货物、提供加工修理修配劳务或者应税服务的，从高适用税率。

(二)油气田企业。

油气田企业提供的应税服务，适用《试点实施办法》规定的增值税税率，不再适用《财政部 国家税务总局关于印发〈油气田企业增值税管理办法〉的通知》(财税〔2009〕8 号)规定的增值税税率。

(三)征税范围。

1. 航空运输企业提供的旅客利用里程积分兑换的航空运输服务，不征收增值税。

2. 试点纳税人根据国家指令无偿提供的铁路运输服务、航空运输服务，属于《试点实施办法》第十一条规定的以公益活动为目的的服务，不征收增值税。

(四)销售额。

1. 融资租赁企业。

(1)经中国人民银行、银监会或者商务部批准从事融资租赁业务的试点纳税人，提供有形动产融资性售后回租服务，以收取的全部价款和价外费用，扣除向承租方收取的有形动产价款本金，以及对外支付的借款利息(包括外汇借款和人民币借款利息)、发行债券利息后的余额为销售额。

融资性售后回租，是指承租方以融资为目的，将资产出售给从事融资租赁业务的企业后，又将该资产租回的业务活动。

试点纳税人提供融资性售后回租服务，向承租方收取的有形动产价款本金，不得开具增值税专用发票，可以开具普通发票。

(2)经中国人民银行、银监会或者商务部批准从事融资租赁业务的纳税人，提供除融资性售后回租以外的有形动产融资租赁服务，以收取的全部价款和价外费用，扣除支付的借款利息(包括外汇借款和人民币借款利息)、发行债券利息、保险费、安装费和车辆购置税后的余额为销售额。

(3)本规定自2013年8月1日起执行。商务部授权的省级商务主管部门和国家经济技术开发区批准的从事融资租赁业务的试点纳税人，2013年12月31日前注册资本达到1.7亿元的，自2013年8月1日起，按照上述规定执行;2014年1月1日以后注册资本达到1.7亿元的，从达到该标准的次月起，按照上述规定执行。

2. 注册在北京市、天津市、上海市、江苏省、浙江省(含宁波市)、安徽省、福建省(含厦门市)、湖北省、广东省(含深圳市)等9省市的试点纳税人提供应税服务(不含有形动产融资租赁服务)，在2013年8月1日前按有关规定以扣除支付价款后的余额为销售额的，此前尚未抵减的部分，允许在2014年6月30日前继续抵减销售额，到期抵减不完的不得继续抵减。

上述尚未抵减的价款，仅限于凭2013年8月1日前开具的符合规定的凭证计算的部分。

3. 航空运输企业的销售额，不包括代收的机场建设费和代售其他航空运输企业客票而代收转付的价款。

4. 自本地区试点实施之日起，试点纳税人中的一般纳税人提供的客运场站服务，以其取得的全部价款和价外费用，扣除支付给承运方运费后的余额为销售额，其从承运方取得的增值税专用发票注明的增值税，不得抵扣。

5. 试点纳税人提供知识产权代理服务、货物运输代理服务和代理报关服务，以其取得的全部价款和价外费用，扣除向委托方收取并代为支付的政府性基金或者行政事业性收费后的余额为销售额。

向委托方收取的政府性基金或者行政事业性收费，不得开具增值税专用发票。

6. 试点纳税人中的一般纳税人提供国际货物运输代理服务，以其取得的全部价款和价外费用，扣除支付给国际运输企业的国际运输费用后的余额为销售额。

国际货物运输代理服务，是指接受货物收货人或其代理人、发货人或其代理人、运输工具所有人、运输工具承租人或运输工具经营人的委托，以委托人的名义或者以自己的名义，在不直接提供货物运输服务的情况下，直接为委托人办理货物的国际运输、从事国际运输的运输工具进出港口、联系安排引航、靠泊、装卸等货物和船舶代理相关业务手续的业务活动。

7. 试点纳税人从全部价款和价外费用中扣除价款，应当取得符合法律、行政法规和国家税务总局规定的有效凭证。否则，不得扣除。

上述凭证是指:

(1)支付给境内单位或者个人的款项，以发票为合法有效凭证。

(2)支付给境外单位或者个人的款项，以该单位或者个人的签收单据为合法有效凭证，税务机关对签收单据有疑义的，可以要求其提供境外公证机构的确认证明。

(3)缴纳的税款，以完税凭证为合法有效凭证。

(4)融资性售后回租服务中向承租方收取的有形动产价款本金，以承租方开具的发票为合法有效凭证。

(5)扣除政府性基金或者行政事业性收费，以省级以上财政部门印制的财政票据为合法有效凭证。

(6)国家税务总局规定的其他凭证。

(五)一般纳税人资格认定。

《试点实施办法》第三条规定的应税服务年销售额标准为500万元(含本数)。

财政部和国家税务总局可以根据试点情况对应税服务年销售额标准进行调整。

(六)计税方法。

1. 试点纳税人中的一般纳税人提供的公共交通运输服务，可以选择按照简易计税方法计算缴纳增值税。公共交通运输服务，包括轮客渡、公交客运、地铁、城市轻轨、出租车、长途客运、班车。其中，班车，是指按固定路线、固定时间运营并在固定站点停靠的运送旅客的陆路运输。

2. 试点纳税人中的一般纳税人，以该地区试点实施之日前购进或者自制的有形动产为标的物提供的经营租赁服务，试点期间可以选择按照简易计税方法计算缴纳增值税。

3. 自本地区试点实施之日起至2017年12月31日，被认定为动漫企业的试点纳税人中的一般纳税人，为开发动漫产品提供的动漫脚本编撰、形象设计、背景设计、动画设计、分镜、动画制作、摄制、描线、上色、画面合成、配音、配乐、音效合成、剪辑、字幕制作、压缩转码(面向网络动漫、手机动漫格式适配)服务，以及在境内转让动漫版权(包括动漫品牌、形象或者内容的授权及再授权)，可以选择按照简易计税方法计算缴纳增值税。

动漫企业和自主开发、生产动漫产品的认定标准和认定程序，按照《文化部财政部国家税务总局关于印发〈动漫企业认定管理办法(试行)〉的通知》(文市发〔2008〕51号)的规定执行。

4. 试点纳税人中的一般纳税人提供的电影放映服务、仓储服务、装卸搬运服务和收派服务，可以选择按照简易计税办法计算缴纳增值税。

5. 试点纳税人中的一般纳税人兼有销售货物、提供加工修理修配劳务的，凡未规定可以选择按照简易计税方法计算缴纳增值税的，其全部销售额应一并按照一般计税方法计算缴纳增值税。

(七)试点前发生的业务。

1. 试点纳税人在本地区试点实施之日前签订的尚未执行完毕的租赁合同，在合同到期日之前继续按照现行营业税政策规定缴纳营业税。

2. 试点纳税人提供应税服务，按照国家有关营业税政策规定差额征收营业税的，因取得的全部价款和价外费用不足以抵减允许扣除项目金额，截至本地区试点实施之日尚未扣除的部分，不得在计算试点纳税人本地区试点实施之日后的销售额时予以抵减，应当向原主管地税机关申请退还营业税。

试点纳税人按照本条第(七)项中第1点规定继续缴纳营业税的有形动产租赁服务，不适用本规定。

3. 试点纳税人提供应税服务在本地区试点实施之日前已缴纳营业税，本地区试点实施之日(含)后因发生退款减除营业额的，应当向原主管地税机关申请退还已缴纳的营业税。

4. 试点纳税人本地区试点实施之日前提供的应税服务，因税收检查等原因需要补缴税款的，应按照现行营业税政策规定补缴营业税。

(八)销售使用过的固定资产。

按照《试点实施办法》和本规定认定的一般纳税人，销售自己使用过的本地区试点实施之日(含)后购进或者自制的固定资产，按照适用税率征收增值税；销售自己使用过的本地区试点实施之日前购进或者自制的固定资产，按照现行旧货相关增值税政策执行。

使用过的固定资产，是指纳税人根据财务会计制度已经计提折旧的固定资产。

(九)扣缴增值税适用税率。

境内的代理人和接受方为境外单位和个人扣缴增值税的，按照适用税率扣缴增值税。

(十)纳税地点。

自2014年1月1日起，属于固定业户的试点纳税人，总分支机构不在同一县(市)，但在同一省(自治区、直辖市、计划单列市)范围内的，经省(自治区、直辖市、计划单列市)财政厅(局)和国家税务局批准，可以由总机构汇总向总机构所在地的主管税务机关申报缴纳增值税。

二、原增值税纳税人[指按照《中华人民共和国增值税暂行条例》(以下称《增值税暂行条例》)缴纳增值税的纳税人]有关政策

(一)进项税额。

1. 原增值税一般纳税人接受试点纳税人提供的应税服务，取得的增值税专用发票上注明的增值税额为进项税额，准予从销项税额中抵扣。

2. 原增值税一般纳税人自用的应征消费税的摩托车、汽车、游艇，其进项税额准予从销项税额中抵扣。

3. 原增值税一般纳税人接受境外单位或者个人提供的应税服务，按照规定应当扣缴增值税的，准予从销项税额中抵扣的进项税额为从税务机关或者代理人取得的解缴税款的税收缴款凭证上注明的增值税额。

纳税人凭税收缴款凭证抵扣进项税额的，应当具备书面合同、付款证明和境外单位的对账单或者发票。资料不全的，其进项税额不得从销项税额中抵扣。

4. 原增值税一般纳税人购进货物或者接受加工修理修配劳务，用于《应税服务范围注释》所列项目的，不属于《增值税暂行条例》第十条所称的用于非增值税应税项目，其进项税额准予从销项税额中抵扣。

5. 原增值税一般纳税人接受试点纳税人提供的应税服务，下列项目的进项税额不得从销项税额中抵扣：

(1)用于简易计税方法计税项目、非增值税应税项目、免征增值税项目、集体福利或者个人消费，其中涉及的专利技术、非专利技术、商誉、商标、著作权、有形动产租赁，仅指专用于上述项目的专利技术、非专利技术、商誉、商标、著作权、有形动产租赁。

(2)接受的旅客运输服务。

(3)与非正常损失的购进货物相关的交通运输业服务。

(4)与非正常损失的在产品、产成品所耗用购进货物相关的交通运输业服务。

上述非增值税应税项目，是指《增值税暂行条例》第十条所称的非增值税应税项目，但不包括《应税服务范围注释》所列项目。

(二)一般纳税人认定。

原增值税一般纳税人兼有应税服务，按照《试点实施办法》和本规定第一条第(五)项的规定应当申请认定一般纳税人的，不需要重新办理一般纳税人认定手续。

（三）增值税期末留抵税额。

原增值税一般纳税人兼有应税服务的，截止到本地区试点实施之日前的增值税期末留抵税额，不得从应税服务的销项税额中抵扣。

三、《国家税务总局关于印发〈营业税税目注释（试行稿）〉的通知》（国税发［1993］149号）中，交通运输业税目，邮电通信业税目中的邮政，服务业税目中仓储业和广告业，转让无形资产税目中的转让商标权、转让著作权、转让专利权、转让非专利技术，停止执行。未停止执行的营业税税目，其中如果有属于《应税服务范围注释》的应税服务，应按本通知规定征收增值税。

邮政储蓄业务按照金融保险业税目征收营业税。

附件3：

营业税改征增值税试点过渡政策的规定

一、下列项目免征增值税

（一）个人转让著作权。

（二）残疾人个人提供应税服务。

（三）航空公司提供飞机播洒农药服务。

（四）试点纳税人提供技术转让、技术开发和与之相关的技术咨询、技术服务。

1. 技术转让，是指转让者将其拥有的专利和非专利技术的所有权或者使用权有偿转让他人的行为；技术开发，是指开发者接受他人委托，就新技术、新产品、新工艺或者新材料及其系统进行研究开发的行为；技术咨询，是指就特定技术项目提供可行性论证、技术预测、专题技术调查、分析评价报告等。

与技术转让、技术开发相关的技术咨询、技术服务，是指转让方（或受托方）根据技术转让或开发合同的规定，为帮助受让方（或委托方）掌握所转让（或委托开发）的技术，而提供的技术咨询、技术服务业务，且这部分技术咨询、服务的价款与技术转让（或开发）的价款应当开在同一张发票上。

2. 审批程序。试点纳税人申请免征增值税时，须持技术转让、开发的书面合同，到试点纳税人所在地省级科技主管部门进行认定，并持有关的书面合同和科技主管部门审核意见证明文件报主管国家税务局备查。

（五）符合条件的节能服务公司实施合同能源管理项目中提供的应税服务。

上述“符合条件”是指同时满足下列条件：

1. 节能服务公司实施合同能源管理项目相关技术，应当符合国家质量监督检验检疫总局和国家标准化管理委员会发布的《合同能源管理技术通则》（GB/T24915－2010）规定的技术要求。

2. 节能服务公司与用能企业签订《节能效益分享型》合同，其合同格式和内容，符合《中华人民共和国合同法》和国家质量监督检验检疫总局和国家标准化管理委员会发布的《合同能源管理技术通则》（GB/T24915－2010）等规定。

（六）自2014年1月1日至2018年12月31日，试点纳税人提供的离岸服务外包业务。

上述离岸服务外包业务，是指试点纳税人根据境外单位与其签订的委托合同，由本企业或其直接转包的企业为境外提供信息技术外包服务（ITO）、技术性业务流程外包服务（BPO）或技术性知识流程外包服务（KPO）（离岸服务外包业务具体内容附后）。

（七）台湾航运公司从事海峡两岸海上直航业务在大陆取得的运输收入。

台湾航运公司，是指取得交通运输部颁发的"台湾海峡两岸间水路运输许可证"且该许可证上注明的公司登记地址在台湾的航运公司。

（八）台湾航空公司从事海峡两岸空中直航业务在大陆取得的运输收入。

台湾航空公司，是指取得中国民用航空局颁发的"经营许可"或依据《海峡两岸空运协议》和《海峡两岸空运补充协议》规定，批准经营两岸旅客、货物和邮件不定期（包机）运输业务，且公司登记地址在台湾的航空公司。

（九）美国 ABS 船级社在非营利宗旨不变、中国船级社在美国享受同等免税待遇的前提下，在中国境内提供的船检服务。

（十）随军家属就业。

1. 为安置随军家属就业而新开办的企业，自领取税务登记证之日起，其提供的应税服务3 年内免征增值税。

享受税收优惠政策的企业，随军家属必须占企业总人数的 60%（含）以上，并有军（含）以上政治和后勤机关出具的证明。

2. 从事个体经营的随军家属，自领取税务登记证之日起，其提供的应税服务 3 年内免征增值税。

随军家属必须有师以上政治机关出具的可以表明其身份的证明，但税务部门应当进行相应的审查认定。

主管税务机关在企业或个人享受免税期间，应当对此类企业进行年度检查，凡不符合条件的，取消其免税政策。

按照上述规定，每一名随军家属可以享受一次免税政策。

（十一）军队转业干部就业。

1. 从事个体经营的军队转业干部，经主管税务机关批准，自领取税务登记证之日起，其提供的应税服务 3 年内免征增值税。

2. 为安置自主择业的军队转业干部就业而新开办的企业，凡安置自主择业的军队转业干部占企业总人数 60%（含）以上的，经主管税务机关批准，自领取税务登记证之日起，其提供的应税服务 3 年内免征增值税。

享受上述优惠政策的自主择业的军队转业干部必须持有师以上部队颁发的转业证件。

（十二）城镇退役士兵就业。

1. 为安置自谋职业的城镇退役士兵就业而新办的服务型企业当年新安置自谋职业的城镇退役士兵达到职工总数 30% 以上，并与其签订 1 年以上期限劳动合同的，经县级以上民政部门认定、税务机关审核，其提供的应税服务（除广告服务外）3 年内免征增值税。

2. 自谋职业的城镇退役士兵从事个体经营的，自领取税务登记证之日起，其提供的应税服务(除广告服务外)3年内免征增值税。

新办的服务型企业，是指《国务院办公厅转发民政部等部门关于扶持城镇退役士兵自谋职业优惠政策意见的通知》(国办发〔2004〕10号)下发后新组建的企业。原有的企业合并、分立、改制、改组、扩建、搬迁、转产以及吸收新成员、改变领导或隶属关系、改变企业名称的，不能视为新办企业。

自谋职业的城镇退役士兵，是指符合城镇安置条件，并与安置地民政部门签订《退役士兵自谋职业协议书》，领取《城镇退役士兵自谋职业证》的士官和义务兵。

(十三)失业人员就业。

1. 持《就业失业登记证》(注明"自主创业税收政策"或附着《高校毕业生自主创业证》)人员从事个体经营的，在3年内按照每户每年8000元为限额依次扣减其当年实际应缴纳的增值税、城市维护建设税、教育费附加和个人所得税。

试点纳税人年度应缴纳税款小于上述扣减限额的，以其实际缴纳的税款为限；大于上述扣减限额的，应当以上述扣减限额为限。

享受优惠政策的个体经营试点纳税人，是指提供《应税服务范围注释》服务(除广告服务外)的试点纳税人。

持《就业失业登记证》(注明"自主创业税收政策"或附着《高校毕业生自主创业证》)人员是指：(1)在人力资源和社会保障部门公共就业服务机构登记失业半年以上的人员；(2)零就业家庭、享受城市居民最低生活保障家庭劳动年龄内的登记失业人员；(3)毕业年度内高校毕业生。

高校毕业生，是指实施高等学历教育的普通高等学校、成人高等学校毕业的学生；毕业年度，是指毕业所在自然年，即1月1日至12月31日。

2. 服务型企业(除广告服务外)在新增加的岗位中，当年新招用持《就业失业登记证》(注明"企业吸纳税收政策")人员，与其签订1年以上期限劳动合同并依法缴纳社会保险费的，在3年内按照实际招用人数予以定额依次扣减增值税、城市维护建设税、教育费附加和企业所得税。定额标准为每人每年4000元，可上下浮动20%，由试点地区省级人民政府根据本地区实际情况在此幅度内确定具体定额标准，并报财政部和国家税务总局备案。

按照上述标准计算的税收扣减额应当在企业当年实际应缴纳的增值税、城市维护建设税、教育费附加和企业所得税税额中扣减，当年扣减不足的，不得结转下年使用。

持《就业失业登记证》(注明"企业吸纳税收政策")人员是指：(1)国有企业下岗失业人员；(2)国有企业关闭破产需要安置的人员；(3)国有企业所办集体企业(即厂办大集体企业)下岗职工；(4)享受最低生活保障且失业1年以上的城镇其他登记失业人员。

服务型企业，是指从事原营业税"服务业"税目范围内业务的企业。

国有企业所办集体企业(即厂办大集体企业)，是指20世纪70、80年代，由国有企业批准或资助兴办的，以安置回城知识青年和国有企业职工子女就业为目的，主要向主办国有企业提供配套产品或劳务服务，在工商行政机关登记注册为集体所有制的企业。厂办大集体企业下岗职工包括在国有企业混岗工作的集体企业下岗职工。

3. 享受上述优惠政策的人员按照下列规定申领《就业失业登记证》、《高校毕业生自主创业证》等凭证：

(1)按照《就业服务与就业管理规定》(劳动和社会保障部令第28号)第六十三条的规定，在法定劳动年龄内，有劳动能力，有就业要求，处于无业状态的城镇常住人员，在公共就业服务机构进行失业登记，申领《就业失业登记证》。其中，农村进城务工人员和其他非本地户籍人员在常住地稳定就业满6个月的，失业后可以在常住地登记。

(2)零就业家庭凭社区出具的证明，城镇低保家庭凭低保证明，在公共就业服务机构登记失业，申领《就业失业登记证》。

(3)毕业年度内高校毕业生在校期间凭学校出具的相关证明，经学校所在地省级教育行政部门核实认定，取得《高校毕业生自主创业证》(仅在毕业年度适用)，并向创业地公共就业服务机构申请取得《就业失业登记证》；高校毕业生离校后直接向创业地公共就业服务机构申领《就业失业登记证》。

(4)服务型企业招录的人员，在公共就业服务机构申领《就业失业登记证》。

(5)《再就业优惠证》不再发放，原持证人员应当到公共就业服务机构换发《就业失业登记证》。正在享受下岗失业人员再就业税收优惠政策的原持证人员，继续享受原税收优惠政策至期满为止。

(6)上述人员申领相关凭证后，由就业和创业地人力资源社会保障部门对人员范围、就业失业状态、已享受政策情况审核认定，在《就业失业登记证》上注明“自主创业税收政策”或“企业吸纳税收政策”字样，同时符合自主创业和企业吸纳税收政策条件的，可同时加注；主管税务机关在《就业失业登记证》上加盖戳记，注明减免税所属时间。

4. 上述税收优惠政策的审批期限为2011年1月1日至2013年12月31日，以试点纳税人到税务机关办理减免税手续之日起作为优惠政策起始时间。税收优惠政策在2013年12月31日未执行到期的，可继续享受至3年期满为止。

(十四)试点纳税人提供的国际货物运输代理服务。

1. 试点纳税人提供国际货物运输代理服务，向委托方收取的全部国际货物运输代理服务收入，以及向国际运输承运人支付的国际运输费用，必须通过金融机构进行结算。

2. 试点纳税人为大陆与香港、澳门、台湾地区之间的货物运输提供的货物运输代理服务参照国际货物运输代理服务有关规定执行。

3. 委托方索取发票的，试点纳税人应当就国际货物运输代理服务收入向委托方全额开具增值税普通发票。

4. 本规定自2013年8月1日起执行。2013年8月1日至本规定发布之日前，已开具增值税专用发票的，应将专用发票追回后方可适用本规定。

(十五)世界银行贷款粮食流通项目投产后的应税服务。

世界银行贷款粮食流通项目，是指《财政部 国家税务总局关于世行贷款粮食流通项目建筑安装工程和服务收入免征营业税的通知》(财税字〔1998〕87号)所附《世行贷款粮食流通项目一览表》所列明的项目。

本规定自2014年1月1日至2015年12月31日执行。

(十六)中国邮政集团公司及其所属邮政企业提供的邮政普遍服务和邮政特殊服务。

(十七)自2014年1月1日至2015年12月31日，中国邮政集团公司及其所属邮政企业为中国邮政速递物流股份有限公司及其子公司(含各级分支机构)代办速递、物流、国际包裹、快递包裹以及礼仪业务等速递物流类业务取得的代理收入，以及为金融机构代办金融保险业务取得的代理收入。

(十八)青藏铁路公司提供的铁路运输服务。

二、下列项目实行增值税即征即退

(一)2015年12月31日前，注册在洋山保税港区和东疆保税港区内的试点纳税人，提供的国内货物运输服务、仓储服务和装卸搬运服务。

(二)安置残疾人的单位，实行由税务机关按照单位实际安置残疾人的人数，限额即征即退增值税的办法。

上述政策仅适用于从事原营业税"服务业"税目(广告服务除外)范围内业务取得的收入占其增值税和营业税业务合计收入的比例达到50%的单位。

有关享受增值税优惠政策单位的条件、定义、管理要求等按照《财政部 国家税务总局关于促进残疾人就业税收优惠政策的通知》(财税〔2007〕92号)中有关规定执行。

(三)2015年12月31日前，试点纳税人中的一般纳税人提供管道运输服务，对其增值税实际税负超过3%的部分实行增值税即征即退政策。

(四)经中国人民银行、银监会或者商务部批准从事融资租赁业务的试点纳税人中的一般纳税人，提供有形动产融资租赁服务，在2015年12月31日前，对其增值税实际税负超过3%的部分实行增值税即征即退政策。商务部授权的省级商务主管部门和国家经济技术开发区批准的从事融资租赁业务的试点纳税人中的一般纳税人，2013年12月31日前注册资本达到1.7亿元的，自2013年8月1日起，按照上述规定执行;2014年1月1日以后注册资本达到1.7亿元的，从达到该标准的次月起，按照上述规定执行。

三、本规定所称增值税实际税负，是指纳税人当期提供应税服务实际缴纳的增值税额占纳税人当期提供应税服务取得的全部价款和价外费用的比例。

四、本地区试点实施之日前，如果试点纳税人已经按照有关政策规定享受了营业税税收优惠，在剩余税收优惠政策期限内，按照本规定享受有关增值税优惠。

附：

离岸服务外包业务

一、信息技术外包服务（ITO）

（一）软件研发及外包

类别	适用范围
软件研发及开发服务	用于金融、政府、教育、制造业、零售、服务、能源、物流、交通、媒体、电信、公共事业和医疗卫生等部门和企业，为用户的运营/生产/供应链/客户关系/人力资源和财务管理、计算机辅助设计/工程等业务进行软件开发，包括定制软件开发，嵌入式软件、套装软件开发，系统软件开发、软件测试等。
软件技术服务	软件咨询、维护、培训、测试等技术性服务。

（二）信息技术研发服务外包

类别	适用范围
集成电路和电子电路设计	集成电路和电子电路产品设计以及相关技术支持服务等。
测试平台	为软件、集成电路和电子电路的开发运用提供测试平台。

（三）信息系统运营维护外包

类别	适用范围
信息系统运营和维护服务	客户内部信息系统集成、网络管理、桌面管理与维护服务；信息工程、地理信息系统、远程维护等信息系统应用服务。
基础信息技术服务	基础信息技术管理平台整合、IT基础设施管理、数据中心、托管中心、安全服务、通讯服务等基础信息技术服务。

二、技术性业务流程外包服务（BPO）

类别	适用范围
企业业务流程设计服务	为客户企业提供内部管理、业务运作等流程设计服务。
企业内部管理服务	为客户企业提供后台管理、人力资源管理、财务、审计与税务管理、金融支付服务、医疗数据及其他内部管理业务的数据分析、数据挖掘、数据管理、数据使用的服务；承接客户专业数据处理、分析和整合服务。
企业运营服务	为客户企业提供技术研发服务、为企业经营、销售、产品售后服务提供的应用客户分析、数据库管理等服务。主要包括金融服务业务、政务与教育业务、制造业务和生命科学、零售和批发与运输业务、卫生保健业务、通讯与公共事业业务、呼叫中心、电子商务平台等。
企业供应链管理服务	为客户提供采购、物流的整体方案设计及数据库服务。

三、技术性知识流程外包服务(KPO)

适用范围
知识产权研究、医药和生物技术研发和测试、产品技术研发、工业设计、分析学和数据挖掘、动漫及网游设计研发、教育课件研发、工程设计等领域。

附件 4:

应税服务适用增值税零税率和免税政策的规定

一、中华人民共和国境内(以下称境内)的单位和个人提供的国际运输服务、向境外单位提供的研发服务和设计服务,适用增值税零税率。

(一)国际运输服务,是指:

1. 在境内载运旅客或者货物出境;

2. 在境外载运旅客或者货物入境;

3. 在境外载运旅客或者货物。

(二)境内的单位和个人适用增值税零税率,以水路运输方式提供国际运输服务的,应当取得《国际船舶运输经营许可证》;以公路运输方式提供国际运输服务的,应当取得《道路运输经营许可证》和《国际汽车运输行车许可证》,且《道路运输经营许可证》的经营范围应当包括"国际运输";以航空运输方式提供国际运输服务的,应当取得《公共航空运输企业经营许可证》且其经营范围应当包括"国际航空客货邮运输业务",或者持有《通用航空经营许可证》且其经营范围应当包括"公务飞行"。

(三)航天运输服务参照国际运输服务,适用增值税零税率。

(四)向境外单位提供的设计服务,不包括对境内不动产提供的设计服务。

二、境内的单位和个人提供的往返香港、澳门、台湾的交通运输服务以及在香港、澳门、台湾提供的交通运输服务(以下称港澳台运输服务),适用增值税零税率。

境内的单位和个人适用增值税零税率,以公路运输方式提供至香港、澳门的交通运输服务的,应当取得《道路运输经营许可证》并具有持《道路运输证》的直通港澳运输车辆;以水路运输方式提供至台湾的交通运输服务的,应当取得《台湾海峡两岸间水路运输许可证》并具有持《台湾海峡两岸间船舶营运证》的船舶;以水路运输方式提供至香港、澳门的交通运输服务的,应当具有获得港澳线路运营许可的船舶;以航空运输方式提供上述交通运输服务的,应当取得《公共航空运输企业经营许可证》且其经营范围应当包括"国际、国内(含港澳)航空客货邮运输业务",或者持有《通用航空经营许可证》且其经营范围应当包括"公务飞行"。

三、自 2013 年 8 月 1 日起,境内的单位或个人提供程租服务,如果租赁的交通工具用于国际运输服务和港澳台运输服务,由出租方按规定申请适用增值税零税率。

自 2013 年 8 月 1 日起,境内的单位或个人向境内单位或个人提供期租、湿租服务,如果承租方利用租赁的交通工具向其他单位或个人提供国际运输服务和港澳台运输服务,由承租方按规定申请适用增值税零税率。境内的单位或个人向境外单位或个人提供期租、湿租服务,由出租方按规定申请适用增值税零税率。

四、境内的单位和个人提供适用增值税零税率的应税服务,如果属于适用简易计税方法的，实行免征增值税办法。如果属于适用增值税一般计税方法的，生产企业实行免抵退税办法，外贸企业外购研发服务和设计服务出口实行免退税办法，外贸企业自己开发的研发服务和设计服务出口，视同生产企业连同其出口货物统一实行免抵退税办法。应税服务退税率为其按照《试点实施办法》第十二条第（一）至（三）项规定适用的增值税税率。实行退（免）税办法的研发服务和设计服务，如果主管税务机关认定出口价格偏高的，有权按照核定的出口价格计算退（免）税，核定的出口价格低于外贸企业购进价格的，低于部分对应的进项税额不予退税，转入成本。

五、境内的单位和个人提供适用增值税零税率应税服务的，可以放弃适用增值税零税率，选择免税或按规定缴纳增值税。放弃适用增值税零税率后，36 个月内不得再申请适用增值税零税率。

六、境内的单位和个人提供适用增值税零税率的应税服务，按月向主管退税的税务机关申报办理增值税免抵退税或免税手续。具体管理办法由国家税务总局商财政部另行制定。

七、境内的单位和个人提供的下列应税服务免征增值税，但财政部和国家税务总局规定适用增值税零税率的除外：

（一）工程、矿产资源在境外的工程勘察勘探服务。

（二）会议展览地点在境外的会议展览服务。

（三）存储地点在境外的仓储服务。

（四）标的物在境外使用的有形动产租赁服务。

（五）为出口货物提供的邮政业服务和收派服务。

（六）在境外提供的广播影视节目（作品）的发行、播映服务。

（七）符合本规定第一条第（一）项规定但不符合第一条第（二）项规定条件的国际运输服务。

（八）符合本规定第二条第一款规定但不符合第二条第二款规定条件的港澳台运输服务。

（九）向境外单位提供的下列应税服务：

1. 技术转让服务、技术咨询服务、合同能源管理服务、软件服务、电路设计及测试服务、信息系统服务、业务流程管理服务、商标著作权转让服务、知识产权服务、物流辅助服务（仓储服务、收派服务除外）、认证服务、鉴证服务、咨询服务、广播影视节目（作品）制作服务、期租服务、程租服务、湿租服务。但不包括：合同标的物在境内的合同能源管理服务，对境内货物或不动产的认证服务、鉴证服务和咨询服务。

2. 广告投放地在境外的广告服务。

附录三:会计从业资格管理办法

中华人民共和国财政部令第73号

——会计从业资格管理办法

《会计从业资格管理办法》已经2012年12月5日财政部部务会议修订通过，现将修订后的《会计从业资格管理办法》公布，自2013年7月1日起施行。

财政部

2012年12月6日

会计从业资格管理办法

第一章 总 则

第一条 为了加强会计从业资格管理，规范会计人员行为，根据《中华人民共和国会计法》(以下简称《会计法》)及相关法律的规定，制定本办法。

第二条 会计从业资格的取得和管理适用本办法。

第三条 在国家机关、社会团体、企业、事业单位和其他组织(以下统称单位)中担任会计机构负责人(会计主管)的人员，以及从事下列会计工作的人员应当取得会计从业资格：

(一)出纳；

(二)稽核；

(三)资本、基金核算；

(四)收入、支出、债权债务核算；

(五)职工薪酬、成本费用、财务成果核算；

(六)财产物资的收发、增减核算；

(七)总账；

(八)财务会计报告编制；

(九)会计机构内会计档案管理；

(十)其他会计工作。

第四条 单位不得任用(聘用)不具备会计从业资格的人员从事会计工作。

不具备会计从业资格的人员，不得从事会计工作，不得参加会计专业技术资格考试或评审、会计专业技术职务的聘任，不得申请取得会计人员荣誉证书。

第五条 除本办法另有规定外，县级以上地方人民政府财政部门负责本行政区域内的会计从业资格管理。

第六条 财政部委托中共中央直属机关事务管理局、国务院机关事务管理局按照各自权限分别负责中央在京单位的会计从业资格的管理。

新疆生产建设兵团财务局负责所属单位的会计从业资格的管理。

财政部委托铁道部负责铁路系统的会计从业资格的管理。

财政部委托中国人民解放军总后勤部、中国人民武装警察部队后勤部分别负责中国人民解放军、中国人民武装警察部队系统的会计从业资格的管理。

第二章 会计从业资格的取得

第七条 国家实行会计从业资格考试制度。

第八条　符合下列条件的人员，可以申请参加会计从业资格考试：

(一)遵守会计和其他财经法律、法规；

(二)具备良好的道德品质；

(三)具备会计专业基础知识和技能。

因有《会计法》第四十二条、第四十三条、第四十四条所列违法情形，被依法吊销会计从业资格证书的人员，自被吊销之日起5年以内不得参加会计从业资格考试，不得重新取得会计从业资格证书。

因有提供虚假财务会计报告，做假账，隐匿或者故意销毁会计凭证、会计账簿、财务会计报告，贪污、挪用公款，职务侵占等与会计职务有关的违法行为，被依法追究刑事责任的人员，不得参加会计从业资格考试，不得取得或者重新取得会计从业资格证书。

第九条　县级以上地方人民政府财政部门、新疆生产建设兵团财务局、中共中央直属机关事务管理局、国务院机关事务管理局、铁道部、中国人民解放军总后勤部、中国人民武装警察部队后勤部(以下简称会计从业资格管理机构)应当对申请参加会计从业资格考试人员的条件进行审核，符合条件的，允许其参加会计从业资格考试。

第十条　会计从业资格考试科目为:财经法规与会计职业道德、会计基础、会计电算化(或者珠算)。

会计从业资格考试大纲、考试合格标准由财政部统一制定和公布。

会计从业资格考试科目实行无纸化考试，无纸化考试题库由财政部统一组织建设。会计从业资格无纸化考试管理相关规定由财政部另行制定。

第十一条　会计从业资格各考试科目应当一次性通过。

会计从业资格管理机构应当在考试结束后及时公布考试结果，通知考试通过人员在考试结果公布之日起6个月内，到指定的会计从业资格管理机构领取会计从业资格证书。

通过会计从业资格考试的人员，应当持本人有效身份证件原件，在规定的期限内，到指定的地点领取会计从业资格证书。

通过会计从业资格考试的人员，可以委托代理人领取会计从业资格证书。代理人领取会计从业资格证书时，应当持本人和委托人的有效身份证件原件。

第十二条　各省、自治区、直辖市、计划单列市财政厅(局)(以下简称省级财政部门)，新疆生产建设兵团财务局，中共中央直属机关事务管理局、国务院机关事务管理局、铁道部、中国人民解放军总后勤部、中国人民武装警察部队后勤部(以下简称中央主管单位)，应当按照本办法第五条、第六条规定的管理范围，负责组织实施会计从业资格考试的下列事项：

(一)制定会计从业资格考试考务规则；

(二)组织会计从业资格考试软件系统的建设及管理；

(三)接收并管理财政部下发的会计从业资格无纸化考试题库；

(四)组织开展会计从业资格考试；

(五)监督检查会计从业资格考试考风、考纪，并依法对违规违纪行为进行处理处罚。

省级财政部门、新疆生产建设兵团财务局和中央主管单位应当根据本办法制定、公布会计从业资格考试的报考办法、考务规则、考试相关要求、报名条件和考试科目。

第十三条　会计从业资格考试收费标准按照国家物价管理部门的有关规定执行。

第十四条　财政部统一规定会计从业资格证书样式和编号规则。

省级财政部门负责本地区会计从业资格证书的印制；新疆生产建设兵团财务局和中央主管单位分别负责本部门、本系统会计从业资格证书的印制。

第十五条　会计从业资格证书是具备会计从业资格的证明文件，在全国范围内有效。

持有会计从业资格证书的人员（以下简称持证人员）不得涂改、出借会计从业资格证书。

第三章　会计从业资格管理

第十六条　持证人员应当接受继续教育，提高业务素质和会计职业道德水平。

持证人员参加继续教育采取学分制管理制度。持证人员继续教育相关规定由财政部另行制定。

第十七条　会计从业资格管理机构应当加强对持证人员继续教育工作的监督、指导。

单位应当鼓励和支持持证人员参加继续教育，保证学习时间，提供必要的学习条件。

第十八条　会计从业资格管理机构应当对开展会计人员继续教育的培训机构进行监督和指导，规范培训市场，确保培训质量。

第十九条　会计从业资格实行信息化管理。会计从业资格管理机构应当建立持证人员从业档案信息系统，及时记载、更新持证人员下列信息：

（一）持证人员的相关基础信息；

（二）持证人员从事会计工作情况；

（三）持证人员的变更、调转登记情况；

（四）持证人员换发会计从业资格证书情况；

（五）持证人员接受继续教育情况；

（六）持证人员受到表彰奖励情况；

（七）持证人员因违反会计法律、法规、规章和会计职业道德被处罚情况。

第二十条　持证人员的姓名、有效身份证件及号码、照片、学历或学位、会计专业技术职务资格、开始从事会计工作时间等基础信息，以及第十九条第（五）和第（六）项内容发生变化的，应当持相关有效证明和会计从业资格证书，到所属会计从业资格管理机构办理从业档案信息变更。会计从业资格管理机构应当在核实相关信息后，为持证人员办理从业档案信息变更。

持证人员的其他相关信息发生变化的，应当登陆所属会计从业资格管理机构指定网站进行信息变更，也可以到所属会计从业资格管理机构办理。

第二十一条　持证人员所属会计从业资格管理机构发生变化的，应当及时办理调转登记手续。

持证人员所属会计从业资格管理机构在各省级财政部门、新疆生产建设兵团财务局、中央主管单位各自管辖范围内发生变化的，应当持会计从业资格证书、工作证明（或户籍证明、居住证明）到调入地所属会计从业资格管理机构办理调转登记。

持证人员所属会计从业资格管理机构在各省级财政部门、新疆生产建设兵团财务局、中央主管单位管辖范围之间发生变化的，应当及时填写调转登记表，持会计从业资格证书，到原会计从业资格管理机构办理调出手续。持证人员应当自办理调出手续之日起3个月内，持会计从业资格证书、调转登记表和在调入地的工作证明（或户籍证明、居住证明），到调入地会计从业资格管理机构办理调入手续。

第二十二条　持证人员应当妥善保管会计从业资格证书。如有遗失，持证人员应当在履行公告程序后，填写补发申请表，持有关证明材料，向所属会计从业资格管理机构申请补发会计从业资格证书。会计从业资格管理机构核实无误后，应当自受理之日起20个工作日内予以补发。

如有毁损，持证人员应当填写补发申请表，持毁损证书原件，向所属会计从业资格管理机构申请补发会计从业资格证书。会计从业资格管理机构核实无误后，应当自受理之日起20个工作日内予以补发。

第二十三条　会计从业资格证书实行6年定期换证制度。

持证人员应当在会计从业资格证书到期前6个月内，填写定期换证登记表，持有效身份证件原件和会计从业资格证书，到所属会计从业资格管理机构办理换证手续。

第二十四条　有下列情形之一的，会计从业资格管理机构可以撤销持证人员的会计从业资格：

（一）会计从业资格管理机构工作人员滥用职权、玩忽职守，作出给予持证人员会计从业资格决定的；

（二）超越法定职权或者违反法定程序，作出给予持证人员会计从业资格决定的；

（三）对不具备会计从业资格的人员，作出给予会计从业资格决定的。

持证人员以欺骗、贿赂、舞弊等不正当手段取得会计从业资格的，会计从业资格管理机构应当撤销其会计从业资格。

第二十五条　持证人员具有下列情形之一的，会计从业资格管理机构应当注销其会计从业资格：

（一）死亡或者丧失行为能力的；

（二）会计从业资格被依法吊销的。

第二十六条　会计从业资格管理机构应当将领取会计从业资格证书和办理会计从业资格证书换发、调转、变更登记的条件、程序、期限以及需要提交的材料和相关申请登记表格示范文本等在办公场所公示，或者在会计从业资格管理机构指定网站进行公示。相关申请登记表格示范文本应当置放于会计从业资格管理机构办公场所，免费提供，或者由申请人从会计从业资格管理机构指定网站下载。

第二十七条　会计从业资格管理机构应当对下列情况实施监督检查：

（一）从事会计工作的人员持有会计从业资格证书情况；

（二）持证人员换发、调转、变更登记会计从业资格证书情况；

（三）持证人员从事会计工作和执行国家统一的会计制度情况；

（四）持证人员遵守会计职业道德情况；

（五）持证人员接受继续教育情况。

会计从业资格管理机构在实施监督检查时，持证人员应当如实提供有关情况和材料，有关单位应当予以配合。

第二十八条　单位和个人对违反本办法规定的行为有权检举，会计从业资格管理机构应当及时核实、处理，并为检举人保密。

第二十九条　持证人员对会计从业资格管理机构的处理处罚决定，享有陈述权、申辩权；有权依法申请行政复议或者提起行政诉讼。

第四章　法律责任

第三十条　参加会计从业资格考试舞弊的，2 年内不得参加会计从业资格考试，由会计从业资格管理机构取消其考试成绩，已取得会计从业资格的，由会计从业资格管理机构撤销其会计从业资格。

第三十一条　持证人员具有下列情形之一的，由会计从业资格管理机构责令其限期改正：

（一）不参加继续教育或参加继续教育未取得规定学分的；

（二）未按照本办法规定办理调转登记的；

（三）未按照本办法规定进行信息更新的。

第三十二条　会计从业资格管理机构及其工作人员在实施会计从业资格管理中滥用职权、玩忽职守、徇私舞弊的，依法给予处分。构成犯罪的，依法追究刑事责任。

第三十三条　会计从业资格管理机构工作人员违反本办法第二十八条规定，将检举人姓名和检举材料转给被检举单位或个人，或者将应当保密的检举信息对外泄露的，由所在单位或者有关单位依法给予处分。构成犯罪的，依法追究刑事责任。

第五章　附 则

第三十四条　省级财政部门、新疆生产建设兵团财务局和中央主管单位可以根据本办法制定具体实施办法，报财政部备案。

第三十五条　香港特别行政区、澳门特别行政区、台湾地区居民和外国居民在境内取得会计从业资格及相关管理适用本办法。

第三十六条　本办法施行之日前已被聘任为高级会计师或者从事会计工作满 20 年，且年满 50 周岁、目前尚在从事会计工作的，经本人申请并提供单位证明等相关材料，会计从业资格管理机构核实无误后，发给会计从业资格证书。

取得注册会计师证书，目前尚在从事会计工作的，经本人申请并提供单位证明等相关材料，会计从业资格管理机构核实无误后，发给会计从业资格证书。

第三十七条　本办法自 2013 年 7 月 1 日起施行。财政部 2005 年 1 月 22 日发布的《会计从业资格管理办法》（财政部令第 26 号）同时废止。

附录四：会计人员继续教育规定

关于印发《会计人员继续教育规定》的通知

财会〔2013〕18 号

中共中央直属机关事务管理局，国家机关事务管理局，解放军总后勤部，武警部队后勤部，各省、自治区、直辖市、计划单列市财政厅（局），新疆生产建设兵团财务局：

为加强会计人员继续教育管理，推进会计人员继续教育工作科学化、规范化、信息化，培养造就高素质的会计队伍，提高会计人员专业胜任能力，适应会计人员继续教育方式、技术手段等新变化，在广泛调查研究的基础上，我部对2006 年11 月印发的《会计人员继续教育规定》（财会〔2006〕19 号）有关内容进行了修订。现将修订后的《会计人员继续教育规定》印发你们，请遵照执行。

附件：会计人员继续教育规定

财政部

2013 年 8 月 27 日

会计人员继续教育规定

第一章　总 则

第一条　为加强持有会计从业资格证书人员（以下简称会计人员）继续教育的管理，推进会计人员继续教育工作科学化、规范化、信息化，培养造就高素质的会计队伍，提高会计人员专业胜任能力，根据《中华人民共和国会计法》（以下简称《会计法》）和《会计从业资格管理办法》的规定，制定本办法。

第二条　会计人员继续教育的管理适用本办法。

第三条　会计人员继续教育应当紧密结合经济社会发展和会计行业发展要求，统筹规划，强化服务，注重质量，全面推进会计人才队伍建设，为经济社会和会计行业发展提供人才保证和智力支持。

第四条　会计人员继续教育工作应当遵循下列基本原则：

（一）以人为本，按需施教。把握会计行业发展趋势和会计人员从业基本要求，突出提升会计人员专业胜任能力，引导会计人员更新知识、拓展技能，提高解决实际问题的能力。

（二）突出重点，提高能力。会计人员继续教育面向会计人员，全面提高会计人员整体素质，进一步改善会计人员知识结构。

（三）加强指导，创新机制。在统筹规划的前提下，有效利用各方面教育资源，引导社会办学单位参与会计人员继续教育，并不断丰富继续教育内容，创新继续教育方式，整合继续教育资源，提高继续教育质量，逐步形成政府部门规划指导、社会单位积极参与、用人单位支持督促的会计人员继续教育新格局。

第五条　会计人员享有参加继续教育的权利和接受继续教育的义务。

第六条　会计人员继续教育的对象是取得会计从业资格的人员。

取得会计从业资格的人员，应当自取得资格的次年开始参加继续教育，并在规定时间内取得规定学分。

第二章 管理体制

第七条 财政部负责全国会计人员继续教育管理的下列事项：

（一）制定全国会计人员继续教育规划；

（二）制定全国会计人员继续教育制度；

（三）拟定全国会计人员继续教育工作重点；

（四）组织开发、评估、推荐全国会计人员继续教育重点教材；

（五）组织全国会计人员继续教育师资培训；

（六）指导、督促各地区和有关部门开展会计人员继续教育工作。

第八条 各省、自治区、直辖市、计划单列市财政厅（局）（以下简称省级财政部门）负责本地区会计人员继续教育管理的下列事项：

（一）依据全国会计人员继续教育制度，制定本地区的会计人员继续教育实施办法；

（二）依据全国会计人员继续教育规划和工作重点，制定本地区会计人员继续教育计划并组织实施；

（三）确定本地区各级财政部门会计人员继续教育管理工作的具体职责和权限；

（四）组织推荐适合本地区的会计人员继续教育教材，或者选用财政部统一组织开发、推荐的全国会计人员继续教育重点教材；

（五）组织本地区会计人员继续教育培训和会计人员继续教育师资培训；

（六）指导、监督本地区会计人员继续教育工作，规范会计人员继续教育培训市场；

（七）监督、检查会计人员接受继续教育情况。

第九条 中共中央直属机关事务管理局、国家机关事务管理局、中国人民解放军总后勤部、中国人民武装警察部队后勤部（以下简称中央主管单位）和新疆生产建设兵团财务局应当按照会计从业资格管理体制，分别负责中央在京单位、中国人民解放军系统、中国人民武装警察部队系统和新疆生产建设兵团财务局会计人员继续教育的组织实施工作。

中央主管单位和新疆生产建设兵团财务局管理会计人员继续教育的职责，比照本办法第八条执行。

第十条 会计人员所在单位负责组织和督促本单位的会计人员参加继续教育。

会计人员所在单位应当遵循教育、考核、使用相结合的原则，鼓励、支持并组织本单位会计人员参加继续教育，保证学习时间，提供必要的学习条件。

第三章 内容与形式

第十一条 会计人员继续教育的内容主要包括会计理论、政策法规、业务知识、技能训练和职业道德等。

（一）会计理论继续教育，重点加强会计基础理论和应用理论的培训，提高会计人员用理论指导实践的能力；

（二）政策法规继续教育，重点加强会计法规制度及其他相关法规制度的培训，提高会计人员依法从事会计工作的能力；

（三）业务知识和技能训练继续教育，重点加强履行岗位职责所必备的会计准则制度等专业知识、内部控制、会计信息化等方面的培训，提高会计人员的实际工作能力和业务技能；

（四）职业道德继续教育，重点加强会计职业道德的培训，提高会计人员职业道德水平。

第十二条　会计人员可以自愿选择参加本办法规定的继续教育形式。

第十三条　会计人员继续教育的形式主要有：

（一）参加县级以上地方人民政府财政部门、中央主管单位、新疆生产建设兵团财务局（以下简称继续教育管理部门）组织的会计人员继续教育师资培训、会计脱产培训、远程网络化会计培训；

（二）参加继续教育管理部门公布的会计人员继续教育机构组织的会计脱产培训、远程网络化会计培训；

（三）参加继续教育管理部门公布的会计人员所在单位组织的会计脱产培训、远程网络化会计培训；

（四）参加财政部组织的全国会计领军人才培训；

（五）参加财政部组织的大中型企事业单位总会计师素质提升工程培训；

（六）参加省级财政部门、中央主管单位、新疆生产建设兵团财务局组织的高端会计人才培训；

（七）参加中国注册会计师继续教育培训；

（八）参加继续教育管理部门组织的其他形式培训。

继续教育管理部门应当按照管理权限，定期公布会计人员继续教育机构或会计人员所在单位名称等相关信息。

第十四条　除本办法第十三条规定的继续教育形式外，会计人员继续教育的形式还包括：

（一）参加财政部组织的全国会计领军人才考试，以及省级财政部门、中央主管单位、新疆生产建设兵团财务局组织的高端会计人才考试；

（二）参加会计、审计专业技术资格考试，以及注册会计师、注册资产评估师、注册税务师考试；

（三）参加国家教育行政主管部门承认的会计类专科以上学位学历教育；

（四）承担继续教育管理部门或其认可的会计学术团体的会计类研究课题，或在有国内统一刊号（CN）的经济管理类报刊上发表会计类论文；

（五）公开出版会计类书籍；

（六）参加省级以上财政部门、中央主管单位、新疆生产建设兵团财务局组织或其认可的会计类知识大赛；

（七）继续教育管理部门认可的其他形式。

第十五条　会计人员继续教育内容应当根据会计人员的从业要求，综合运用讲授式、研究式、案例式、模拟式、体验式等教学方法，提高培训效果和质量。

第十六条　继续教育管理部门应当积极推广网络教育、远程教育、电化教育等方式，提高会计人员继续教育教学和管理的信息化水平。

第四章　学分管理

第十七条　会计人员参加继续教育采取学分制管理制度，每年参加继续教育取得的学分不得少于24学分。

会计人员参加继续教育取得的学分，在全国范围内有效。

第十八条　会计人员参加本办法第十三条规定的继续教育形式，继续教育学分计量标准如下：

（一）参加继续教育管理部门组织的会计人员继续教育师资培训、会计脱产培训、远程网络化会计培训，考试或考核合格的，每学时折算为1学分；

（二）参加继续教育管理部门公布的会计人员继续教育机构组织的会计脱产培训、远程网络化会计培训，考试或考核合格的，每学时折算为1学分；

（三）参加继续教育管理部门公布的会计人员所在单位组织的会计脱产培训、远程网络化会计培训，考试或考核合格的，每学时折算为1学分；

（四）参加财政部组织的全国会计领军人才培训，考试或考核合格的，每学时折算为1学分；

（五）参加财政部组织的大中型企事业单位总会计师素质提升工程培训，考试或考核合格的，每学时折算为1学分；

（六）参加省级财政部门、中央主管单位、新疆生产建设兵团财务局组织的高端会计人才培训，考试或考核合格的，每学时折算为1学分；

（七）参加中国注册会计师继续教育培训，经所属注册会计师协会确认的，每学时折算为1学分。

第十九条　会计人员参加本办法第十四条规定的继续教育形式，继续教育学分计量标准如下：

（一）参加财政部组织的全国会计领军人才考试，以及省级财政部门、中央主管单位、新疆生产建设兵团财务局组织的高端会计人才考试，被录取的，折算为24学分；

（二）参加会计、审计专业技术资格考试，以及注册会计师、注册资产评估师、注册税务师考试，每通过一科考试，折算为24学分；

（三）参加国家教育行政主管部门承认的会计类专科以上学位学历教育，通过当年度一个学习科目考试或考核的，折算为24学分；

（四）独立承担继续教育管理部门或其认可的会计学术团体的会计类研究课题，课题结项的，每项研究课题折算为24学分；与他人合作完成的，每项研究课题的第一作者折算为24学分，其他作者每人折算为12学分；

（五）独立在有国内统一刊号的经济管理类报刊上发表会计类论文的，每篇论文折算为24学分；与他人合作发表的，每篇论文的第一作者折算为24学分，其他作者每人折算为12学分；

（六）独立公开出版会计类书籍的，每本会计类书籍折算为24学分；与他人合作出版的，每本会计类书籍的第一作者折算为24学分，其他作者每人折算为12学分；

（七）参加省级以上财政部门、中央主管单位、新疆生产建设兵团财务局组织或其认可的会计类知识大赛，成绩合格或受到表彰的，折算为24学分。

会计人员参加继续教育取得的学分，均在当年度有效，不得结转下年度。

第二十条　会计人员在省级财政部门、中央主管单位、新疆生产建设兵团财务局管辖范围之间办理调转登记时，未按规定完成继续教育的，应当分情况进行处理：

（一）会计人员未按规定完成以前年度继续教育的，应当在调出地完成以前年度继续教育后，才能办理会计从业资格调转手续。

（二）会计人员未按规定完成当年度继续教育的，调出地应当在其调转登记表中予以注明，会计人员办理调转后，应当在调入地完成当年度继续教育。

第二十一条　会计人员参加未经继续教育管理部门公布的会计人员继续教育机构组织开展的会计人员继续教育，继续教育管理部门不为其办理继续教育事项登记。

会计人员参加未经继续教育管理部门公布的会计人员所在单位组织开展的会计人员继续教育，继续教育管理部门不为其办理继续教育事项登记。

第五章　机构管理

第二十二条　继续教育管理部门应当加强会计人员继续教育机构建设，构建分工明确、优势互补、布局合理、竞争有序的会计人员继续教育体系。

会计人员继续教育应当充分发挥国家会计学院、中华会计函授学校、会计学会、总会计师协会、县级以上地方人民政府财政部门和中央主管单位会计人员培训基地（中心）等教育资源的主渠道作用，鼓励、引导高等院校、科研院所等单位参与会计人员继续教育工作。

第二十三条　会计人员继续教育机构必须同时符合下列条件：

（一）具备承担培训工作相适应的教学场所和教学设施；

（二）拥有与承担培训工作相适应的师资队伍和管理力量；

（三）制定完善的教学培训计划、管理制度和其他相关制度；

（四）能够完成所承担的培训任务，保证培训质量；

（五）符合有关法律法规的规定。

第二十四条　会计人员继续教育机构应当根据会计人员继续教育规划和工作重点等，改进培训方式，科学设置培训内容，加强教学管理，提高教学水平，保证培训质量。

第二十五条　会计人员继续教育机构应当建立健全会计人员继续教育培训档案，如实记载会计人员继续教育情况，并在培训结束后及时将有关情况报送所在地继续教育管理部门。

第六章　师资与教材

第二十六条　会计人员继续教育机构的教学人员，应当具有良好的职业道德修养、较高的理论政策水平、扎实的专业知识基础，有一定的实际工作经验，掌握现代教育培训理论和方法，具备胜任教学、科研工作的能力。

第二十七条　继续教育管理部门应当加强会计人员继续教育教材建设，逐步形成会计人员继续教育教材体系，以适应会计人员继续教育的需要。

第二十八条　会计人员继续教育教材的建设应当坚持开发与利用相结合，加强教材开发的针对性和实用性。提倡会计人员继续教育教材开发社会化，鼓励社会上有能力的部门和单位按照统一的会计人员继续教育规划和工作重点等，参与编制会计人员继续教育教材。

第二十九条　继续教育管理部门应当加强对会计人员继续教育教材的编写、评估、推荐、出版、发行、使用情况的管理和监督。

第三十条　任何部门、单位和个人不得向会计人员强行推销、搭售会计人员继续教育教材。

第七章　监督与检查

第三十一条　会计人员继续教育管理实行登记制度。

会计人员办理继续教育事项登记，可以通过以下两种途径：

(一)会计人员参加继续教育经考试或考核合格后，应当在3个月内持会计从业资格证书、相关证明材料向所属继续教育管理部门办理继续教育事项登记；

(二)继续教育管理部门根据公布的会计人员继续教育机构或会计人员所在单位报送的会计人员继续教育信息，为会计人员办理继续教育事项登记。

继续教育管理部门应当建立健全会计人员从业档案信息系统，如实记载会计人员接受继续教育情况。

第三十二条　会计人员由于病假、在境外工作、生育等原因，无法在当年完成继续教育取得规定学分的，应当提供合理证明，经继续教育管理部门审核确认后，其没有取得的继续教育学分可以顺延至下一年度取得。

第三十三条　继续教育管理部门应当加强对会计人员继续教育情况的监督与检查，并将监督、检查结果作为会计人员参加先进会计工作者评选、颁发会计人员荣誉证书等的依据之一。

对未按规定参加继续教育或者参加继续教育未取得规定学分的会计人员，继续教育管理部门应当责令其限期改正。

第三十四条　继续教育管理部门应当定期对所在地会计人员继续教育机构进行检查、评估。

第三十五条　会计人员继续教育机构不得有下列行为：

(一)采取虚假、欺诈等不正当手段招揽生源的；

(二)以会计人员继续教育名义组织境内外公费旅游或者进行其他高消费活动的；

(三)违反国家有关规定擅自印发与会计人员继续教育相关培训证书的；

(四)以会计人员继续教育名义乱收费或者只收费不培训的。

第三十六条　继续教育管理部门应当将各单位会计人员继续教育情况作为《会计法》执行情况检查、会计从业资格情况检查的内容。

第八章　附则

第三十七条　省级财政部门、中央主管单位和新疆生产建设兵团财务局可根据本办法制定具体实施办法，并报财政部备案。

第三十八条　本办法自2013年10月1日起施行。财政部2006年11月20日发布的《会计人员继续教育规定》(财会〔2006〕19号)同时废止。

附录五：财经法规与会计职业道德考试大纲

关于印发会计从业资格考试大纲（修订）的通知

财办会〔2014〕13号

各省、自治区、直辖市、计划单列市财政厅（局），新疆生产建设兵团财务局，中共中央直属机关事务管理局，国家机关事务管理局财务司，解放军总后勤部财务部，武警部队后勤部财务部：

为了进一步完善会计从业资格考试大纲，促进会计从业资格考试的知识结构科学合理，充分发挥会计从业资格考试在会计市场准入中的作用，根据《会计从业资格管理办法》（财政部令第73号）等有关规定，我部对2009年修订的会计从业资格考试大纲进行了修订，现予印发，自2014年10月1日起施行。会计从业资格考试大纲可以从财政部官方网站政策发布栏目、会计行业管理网站等下载。

各地和各有关部门会计管理机构应当严格按照修订后的会计从业资格考试大纲，认真组织好本地区、本系统的会计从业资格考试工作，确保考试工作平稳顺利。

财政部办公厅

2014年4月4日

财经法规与会计职业道德考试大纲

第一章　会计法律制度

【基本要求】

1. 了解会计法律制度的构成
2. 熟悉会计工作管理体制
3. 熟悉会计档案管理
4. 熟悉内部控制制度
5. 熟悉会计机构的设置
6. 掌握会计核算的要求
7. 掌握会计工作交接的要求
8. 掌握会计违法行为的法律责任

【考试内容】

第一节　会计法律制度的概念与构成

一、会计法律制度的概念

会计法律制度是指国家权力机关和行政机关制定的，用以调整会计关系的各种法律、法规、规章和规范性文件的总称。

会计关系是指会计机构和会计人员在办理会计事务过程中以及国家在管理会计工作过程中发生的各种经济关系。

二、会计法律制度的构成

我国会计法律制度主要包括会计法律、会计行政法规、会计部门规章和地方性会计法规。

(一)会计法律

会计法律是指由全国人民代表大会及其常务委员会经过一定立法程序制定的有关会计工作的法律。

(二)会计行政法规

会计行政法规是指由国务院制定并发布，或者国务院有关部门拟定并经国务院批准发布，调整经济生活中某些方面会计关系的法律规范。

(三)会计部门规章

会计部门规章是指国家主管会计工作的行政部门即财政部以及其他相关部委根据法律和国务院的行政法规、决定、命令，在本部门的权限范围内制定的、调整会计工作中某些方面内容的国家统一的会计准则制度和规范性文件，包括国家统一的会计核算制度、会计监督制度、会计机构和会计人员管理制度及会计工作管理制度等。

(四)地方性会计法规

地方性会计法规是指由省、自治区、直辖市人民代表大会或常务委员会在同宪法、会计法律、行政法规和国家统一的会计准则制度不相抵触的前提下，根据本地区情况制定发布的关于会计核算、会计监督、会计机构和会计人员以及会计工作管理的规范性文件。

第二节　会计工作管理体制

一、会计工作的行政管理

(一)会计工作行政管理体制

我国会计工作行政管理体制实行统一领导、分级管理的原则。

国务院财政部门主管全国的会计工作。县级以上地方各级人民政府财政部门管理本行政区域内的会计工作。

(二)会计工作行政管理的内容

会计工作的行政管理主要包括:(1)制定国家统一的会计准则制度;(2)会计市场管理;(3)会计专业人才评价;(4)会计监督检查。

二、会计工作的自律管理

(一)中国注册会计师协会

中国注册会计师协会是依据《中华人民共和国注册会计师法》(以下简称《注册会计师法》)和《社会团体登记条例》的有关规定设立，在财政部党组和理事会领导下开展行业管理和服务的法定组织。

(二)中国会计学会

中国会计学会创建于1980年，是财政部所属由全国会计领域各类专业组织，以及会计理论界、实务界会计工作者自愿结成的学术性、专业性、非营利性社会组织。

(三)中国总会计师协会

中国总会计师协会是经财政部审核同意、民政部正式批准，依法注册登记成立的跨地区、跨部门、跨行业、跨所有制的非营利性国家一级社团组织，是总会计师行业的全国性自律组织。

三、单位内部的会计工作管理

单位内部的会计工作管理主要包括:(1)单位负责人的职责;(2)会计机构的设置;(3)会计人员的选拔任用;(4)会计人员回避制度。

第三节　会计核算

一、总体要求

(一)会计核算的依据

各单位必须根据实际发生的经济业务事项进行会计核算，填制会计凭证，登记会计账簿，编制财务会计报告。任何单位不得以虚假的经济业务事项或者资料进行会计核算。

(二)对会计资料的基本要求

1. 会计资料的生成和提供必须符合国家统一的会计准则制度的规定;

2. 提供虚假的会计资料是违法行为。

二、会计凭证

会计凭证是指记录经济业务发生或者完成情况的书面证明，是登记账簿的依据。每个企业都必须按一定的程序填制和审核会计凭证，根据审核无误的会计凭证进行账簿登记，如实反映企业的经济业务。《中华人民共和国会计法》(以下简称《会计法》)，对会计凭证的种类、取得、审核、更正等内容进行了规定。

三、会计账簿

会计账簿是指由一定格式的账页组成的，以经过审核的会计凭证为依据，全面、系统、连续地记录各项经济业务的簿籍。《会计法》对会计账簿的种类、登记规则等内容进行了详细的规定。

四、财务报表

财务报表是对企业财务状况、经营成果和现金流量的结构性表述。财务报表至少应当包括下列组成部分:(一)资产负债表;(二)利润表;(三)现金流量表;(四)所有者权益(或股东权益，下同)变动表;(五)附注。财务报表上述组成部分具有同等的重要程度。

五、会计档案管理

(一)会计档案的内容

会计档案是指会计凭证、会计账簿和财务报告等会计核算专业材料，是记录和反映单位经济业务的重要史料和证据。具体包括:(1)会计凭证类;(2)会计账簿类;(3)财务报表类;(4)其他类。

(二)会计档案的管理部门

各级人民政府财政部门和档案行政管理部门共同负责会计档案工作的指导、监督和检查。

(三)会计档案的归档

各单位每年形成的会计档案，应当由会计机构按照归档要求，负责整理立卷归档。

采用电子计算机进行会计核算的单位，应当保存打印出的纸质会计档案。

(四)会计档案的移交

当年形成的会计档案，在会计年度终了后，可暂由会计机构保管一年，期满之后，应当由会计机构编制移交清册，移交本单位档案机构统一保管;未设立档案机构的，应当在会计机构内部指定专人保管。出纳人员不得兼管会计档案。

(五)会计档案的查阅

各单位应当建立健全会计档案查阅、复制登记制度。我国境内所有单位的会计档案不得携带出境。

（六）会计档案的保管期限

会计档案的保管期限分为永久和定期两类。定期保管的会计档案期限分为3年、5年、10年、15年和25年五类。会计档案的保管期限，从会计年度终了后的第一天算起。

（七）会计档案的销毁

1. 销毁程序

对于保管期满可以销毁的会计档案，应当按照规定的程序销毁。

2. 不得销毁的会计档案

对于保管期满但未结清的债权债务原始凭证和涉及到其他未了事项的原始凭证，不得销毁，应单独抽出立卷，由档案部门保管到未了事项完结时为止。单独抽出立卷的会计档案，应当在会计档案销毁清册和会计档案保管清册中列明。

正处于项目建设期间的建设单位，其保管期满的会计档案不得销毁。

第四节　会计监督

一、单位内部会计监督

（一）单位内部会计监督的概念与要求

单位内部会计监督是指会计机构、会计人员依照法律的规定，通过会计手段对经济活动的合法性、合理性和有效性进行的一种监督。

各单位应当建立、健全本单位内部会计监督制度。

（二）内部控制

1. 内部控制的概念与目标

对企业而言，内部控制是指由企业董事会、监事会、经理层和全体员工实施的、旨在实现控制目标的过程。对行政事业单位而言，内部控制是指单位为实现控制目标，通过制定制度、实施措施和执行程序，对经济活动的风险进行防范和管控。

企业内部控制的目标主要包括：合理保证企业经营管理合法合规、资产安全、财务报告及相关信息真实完整，提高经营效率和效果，促进企业实现发展战略。行政事业单位内部控制的目标主要包括：合理保证单位经济活动合法合规、资产安全和使用有效、财务信息真实完整，有效防范舞弊和预防腐败，提高公共服务的效率和效果。

2. 内部控制的原则

企业、行政事业单位建立与实施内部控制，均应遵循全面性原则、重要性原则、制衡性原则和适应性原则。此外，企业还应遵循成本效益原则。

3. 内部控制的责任人

对企业而言，董事会负责内部控制的建立健全和有效实施。监事会对董事会建立与实施内部控制进行监督。经理层负责组织领导企业内部控制的日常运行。企业应当成立专门机构或者指定适当的机构具体负责组织协调内部控制的建立实施及日常工作。

对行政事业单位而言，单位负责人对本单位内部控制的建立健全和有效实施负责。单位应当建立适合本单位实际情况的内部控制体系，并组织实施。

4. 内部控制的内容

企业建立与实施有效的内部控制，应当包括下列要素：

（1）内部环境；（2）风险评估；（3）控制活动；（4）信息与沟通；（5）内部监督。

行政事业单位建立与实施内部控制的具体工作包括：梳理单位各类经济活动的业务流程，明确业务环节，系统分析经济活动风险，确定风险点，选择风险应对策略，在此基础上根据国家有关规定建立健全单位各项内部管理制度并督促相关工作人员认真执行。

5. 内部控制的控制方法

对企业而言，控制措施一般包括：不相容职务分离控制、授权审批控制、会计系统控制、财产保护控制、预算控制、运营分析控制和绩效考评控制等。

行政事业单位内部控制的控制方法一般包括：不相容岗位相互分离、内部授权审批控制、归口管理、预算控制、财产保护控制、会计控制、单据控制、信息内部公开等。

（三）内部审计

1. 内部审计的概念与内容内部审计是指单位内部的一种独立客观的监督和评价活动，它通过单位内部独立的审计机构和审计人员审查和评价本部门、本单位财务收支和其他经营活动以及内部控制的适当性、合法性和有效性来促进单位目标的实现。内部审计的内容是一个不断发展变化的范畴，主要包括：财务审计、经营审计、经济责任审计、管理审计和风险管理等。

2. 内部审计的特点与作用

内部审计的审计机构和审计人员都设在本单位内部，审计的内容更侧重于经营过程是否有效、各项制度是否得到遵守与执行。审计结果的客观性和公正性较低，并且以建议性意见为主。

内部审计在单位内部会计监督制度中的重要作用有：（1）预防保护作用；（2）服务促进作用；（3）评价鉴证作用。

二、会计工作的政府监督

（一）会计工作政府监督的概念

会计工作的政府监督主要是指财政部门代表国家对单位和单位中相关人员的会计行为实施的监督检查，以及对发现的违法会计行为实施的行政处罚。会计工作的政府监督是一种外部监督。

财政部门是会计工作政府监督的实施主体。除财政部门外，审计、税务、人民银行、银行监管、证券监管、保险监管等部门依照有关法律、行政法规规定的职责和权限，可以对有关单位的会计资料实施监督检查。

（二）财政部门会计监督的主要内容

财政部门实施会计监督检查的内容主要包括：（1）对单位依法设置会计账簿的检查；（2）对单位会计资料真实性、完整性的检查；（3）对单位会计核算情况的检查；（4）对单位会计人员从业资格和任职资格的检查；（5）对会计师事务所出具的审计报告的程序和内容的检查。

三、会计工作的社会监督

（一）会计工作社会监督的概念

会计工作的社会监督主要是指由注册会计师及其所在的会计师事务所依法对委托单位的经济活动进行审计、鉴证的一种外部监督。此外，单位和个人检举违反《会计法》和国家统一的会计准则制度规定的行为，也属于会计工作社会监督的范畴。

（二）注册会计师审计与内部审计的关系

注册会计师审计与内部审计既有联系又有区别。二者的联系主要有：（1）都是现代审计体系的重要组成部分;(2)都关注内部控制的健全性和有效性;(3)注册会计师审计可能涉及到对内部审计成果的利用等。

二者的区别主要有:(1)审计独立性不同;(2)审计方式不同;(3)审计的职责和作用不同;(4)接受审计的自愿程度不同。

(三)注册会计师的业务范围

注册会计师执行业务，应当加入会计师事务所。注册会计师可以承办审计业务和会计咨询、会计服务业务。

注册会计师承办业务，由其所在的会计师事务所统一受理并与委托人签订委托合同。会计师事务所对本所注册会计师承办的业务，承担民事责任。

第五节　会计机构与会计人员

一、会计机构的设置

(一)办理会计事务的组织方式

各单位办理会计事务的组织方式有三种:(1)单独设置会计机构;(2)有关机构中配置专职会计人员;(3)实行代理记账。

(二)会计机构负责人的任职资格

担任单位会计机构负责人(会计主管人员)的，除取得会计从业资格证书外，还应当具备会计师以上专业技术职务资格或者从事会计工作3年以上经历。

二、会计工作岗位设置

(一)会计工作岗位的概念

会计工作岗位是指单位会计机构内部根据业务分工而设置的从事会计工作、办理会计事项的具体职位。

(二)会计工作岗位设置的要求

会计工作岗位设置要求包括:(1)按需设岗;(2)符合内部牵制的要求;(3)建立岗位责任制;(4)建立轮岗制度。

三、会计工作交接

(一)交接的范围会计人员工作调动、离职或因病暂时不能工作，应与接管人员办理交接手续。

(二)交接程序

办理会计工作交接，应按以下程序进行:(1)提出交接申请;(2)办理移交手续前的准备工作;(3)移交点收;(4)专人负责监交;(5)交接后的有关事宜。

(三)交接人员的责任

移交人员对其所移交的会计资料的真实性、完整性承担法律责任。

四、会计从业资格

(一)会计从业资格的概念

会计从业资格是指进入会计职业、从事会计工作的一种法定资质。

会计从业资格证书是具备会计从业资格的证明文件，在全国范围内有效。

(二)会计从业资格证书的适用范围

在国家机关、社会团体、企业、事业单位和其他组织中担任会计机构负责人(会计主管)的人员，以及从事下列会计工作的人员应当取得会计从业资格：(1)出纳；(2)稽核；(3)资本、基金核算；(4)收入、支出、债权债务核算；(5)职工薪酬、成本费用、财务成果核算；(6)财产物资的收发、增减核算；(7)总账；(8)财务会计报告编制；(9)会计机构内会计档案管理；(10)其他会计工作。

（三）会计从业资格的取得

1. 会计从业资格的取得实行考试制度

会计从业资格实行无纸化考试，考试科目为：财经法规与会计职业道德、会计基础、会计电算化（或者珠算）。会计从业资格考试科目应当一次性通过。

2. 会计从业资格报名条件

申请参加会计从业资格考试的人员，应当符合下列基本条件：(1)遵守会计和其他财经法律、法规；(2)具备良好的道德品质；(3)具备会计专业基本知识和技能。

（四）会计从业资格的管理

1. 会计从业资格的管理机构

县级以上地方人民政府财政部门负责本行政区域内的会计从业资格管理。中共中央直属机关事务管理局、国家机关事务管理局、中国人民解放军总后勤部、中国人民武装警察部队后勤部等中央主管单位和新疆生产建设兵团财务局等按各自权限负责本部门（本系统）的会计从业资格的管理。

2. 信息化管理制度

会计从业资格实行信息化管理。会计从业资格管理机构应当建立持证人员从业档案信息系统，及时记载、更新持证人员的有关信息。

3. 监督检查制度

会计从业资格管理机构应当对会计从业资格证书的持有、换发、调转、变更登记等情况及持证人员继续教育、遵守会计法律和职业道德等情况实施监督检查。

4. 持证人员继续教育制度

持证人员应当接受继续教育。持证人员参加继续教育采取学分制管理制度。

5. 变更登记制度

持证人员的基础信息及继续教育、表彰奖励等情况发生变化的，应到所属会计从业资格管理机构办理从业档案信息变更。

6. 调转登记制度

持证人员所属会计从业资格管理机构发生变化的，应当及时办理调转登记手续。

7. 定期换证制度

会计从业资格证书实行6年定期换证制度。持证人员应当在会计从业资格证书到期前6个月内，到所属会计从业资格管理机构办理换证手续。

8. 会计从业资格的撤销

有下列情形之一的，会计从业资格管理机构可以撤销持证人员的会计从业资格：(1)会计从业资格管理机构工作人员滥用职权、玩忽职守，作出给予持证人员会计从业资格决定的；(2)超越法定职权或者违反法定程序，作出给予持证人员会计从业资格决定的；(3)对不具备会计从业资格的人员，作出给予会计从业资格决定的。持证人员以欺骗、贿赂、舞弊等不正当手段取得会计从业资格的，会计从业资格管理机构应当撤销其会计从业资格。

9. 会计从业资格的注销

持证人员死亡或者丧失行为能力以及会计从业资格被依法吊销的，会计从业资格管理机构应当注销其会计从业资格。

五、会计专业技术资格与职务

(一)会计专业技术资格

会计专业技术资格分为初级资格、中级资格和高级资格。初级、中级资格的取得实行全国统一考试制度。高级会计师资格的取得实行考试与评审相结合制度。

(二)会计专业职务

会计专业职务分为高级会计师、会计师、助理会计师、会计员。其中，高级会计师为高级职务，会计师为中级职务，助理会计师与会计员为初级职务。

第六节　法律责任

一、法律责任概述

法律责任是指违反法律规定的行为应当承担的法律后果。《会计法》规定的法律责任主要有行政责任和刑事责任。

(一)行政责任

行政责任主要有行政处罚和行政处分两种方式。

行政处罚的类别主要有:(1)罚款;(2)责令限期改正;(3)吊销会计从业资格证书等。

行政处分的形式主要有:(1)警告;(2)记过;(3)记大过;(4)降级;(5)撤职;(6)开除。

(二)刑事责任

刑事责任包括主刑和附加刑两种。主刑分为管制、拘役、有期徒刑、无期徒刑和死刑。附加刑分为罚金、剥夺政治权利、没收财产。对犯罪的外国人，也可以独立或附加适用驱逐出境。

二、不依法设置会计账簿等会计违法行为的法律责任

有不依法设置会计账簿等会计违法行为的，由县级以上人民政府财政部门责令限期改正，可以对单位并处三千元以上五万元以下的罚款;对其直接负责的主管人员和其他直接责任人员，可以处二千元以上二万元以下的罚款;属于国家工作人员的，还应当由其所在单位或者有关单位依法给予行政处分;构成犯罪的，依法追究刑事责任。

会计人员有不依法设置会计账簿等会计违法行为、情节严重的，由县级以上人民政府财政部门吊销其会计从业资格证书。

三、其他会计违法行为的法律责任

(一)伪造、变造会计凭证、会计账簿，编制虚假财务会计报告的法律责任

伪造、变造会计凭证、会计账簿，编制虚假财务会计报告，构成犯罪的，依法追究刑事责任。不构成犯罪的，由县级以上人民政府财政部门予以通报，可以对单位并处五千元以上十万元以下的罚款;对其直接负责的主管人员和其他直接责任人员，可以处三千元以上五万元以下的罚款;属于国家工作人员的，还应由其所在单位或者有关单位依法给予撤职直至开除的行政处分;会计人员，由县级以上人民政府财政部门吊销会计从业资格证书。

(二)隐匿或者故意销毁依法应当保存的会计凭证、会计账簿、财务会计报告的法律责任

隐匿或者故意销毁依法应当保存的会计凭证、会计账簿、财务会计报告，构成犯罪的，依法追究刑事责任。不构成犯罪的，由县级以上人民政府财政部门予以通报，可以对单位并处

五千元以上十万元以下的罚款；对其直接负责的主管人员和其他直接责任人员，可以处三千元以上五万元以下的罚款；属于国家工作人员的，还应由其所在单位或者有关单位依法给予撤职直至开除的行政处分；会计人员，由县级以上人民政府财政部门吊销会计从业资格证书。

（三）授意、指使、强令会计机构、会计人员及其他人员伪造、变造会计凭证、会计账簿，编制虚假财务会计报告或者隐匿、故意销毁依法应当保存的会计凭证、会计账簿、财务会计报告的法律责任

授意、指使、强令会计机构、会计人员及其他人员伪造、变造会计凭证、会计账簿，编制虚假财务会计报告或者隐匿、故意销毁依法应当保存的会计凭证、会计账簿、财务会计报告，构成犯罪的，依法追究刑事责任；不构成犯罪的，可以处五千元以上五万元以下的罚款；属于国家工作人员的，由所在单位或者有关单位依法给予降级、撤职、开除的行政处分。

（四）单位负责人对会计人员实行打击报复的法律责任

单位负责人对依法履行职责的会计人员实行打击报复，构成犯罪的，依法追究刑事责任；尚不构成犯罪的，由其所在单位或者有关单位依法给予行政处分。对受打击报复的会计人员，应当恢复其名誉和原有职务、级别。

第二章　结算法律制度

【基本要求】

1. 了解支付结算的相关概念及其法律构成
2. 了解银行结算账户的开立、变更和撤销
3. 熟悉票据的相关概念
4. 熟悉各银行结算账户的概念、使用范围和开户要求
5. 掌握现金管理的基本要求和现金的内部控制
6. 掌握票据和结算凭证填写的基本要求
7. 掌握支票、商业汇票、银行卡、汇兑结算方式的规定，并能综合分析具体案例

【考试内容】

第一节　现金结算

一、现金结算的概念与特点

（一）现金结算的概念

现金结算是指在商品交易、劳务供应等经济往来中，直接使用现金进行应收应付款结算的一种行为。在我国主要适用于单位与个人之间的款项收付，以及单位之间的转账结算起点金额以下的零星小额收付。

（二）现金结算的特点

现金结算具有直接便利、不安全性、不易宏观控制和管理、费用较高等特点。

二、现金结算的渠道

现金结算的渠道有：(1)付款人直接将现金支付给收款人；(2)付款人委托银行、非银行金融机构或者非金融机构将现金支付给收款人。

三、现金结算的范围

开户单位可以在下列范围内使用现金：

(1)职工工资、津贴；

(2)个人劳务报酬；

(3)根据国家规定颁发给个人的科学技术、文化艺术、体育等各种奖金；

(4)各种劳保、福利费用以及国家规定的对个人的其他支出；

(5)向个人收购农副产品和其他物资的价款；

(6)出差人员必须随身携带的差旅费；

(7)结算起点以下的零星支出；

(8)中国人民银行确定需要支付现金的其他支出。

上述款项结算起点为1000元。结算起点的调整，由中国人民银行确定，报国务院备案。除上述第5、6项外，开户单位支付给个人的款项，超过使用现金限额的部分，应当以支票或者银行本票支付；确需全额支付现金的，经开户银行审核后，予以支付现金。

四、现金使用的限额

现金使用的限额，由开户行根据单位的实际需要核定，一般按照单位3至5天日常零星开支所需确定。边远地区和交通不便地区的开户单位的库存现金限额，可按多于5天、但不得超过15天的日常零星开支的需要确定。经核定的库存现金限额，开户单位必须严格遵守。

对没有在银行单独开立账户的附属单位也要实行现金管理，必须保留的现金，也要核定限额，其限额包括在开户单位的库存限额之内。商业和服务行业的找零备用现金也要根据营业额核定定额，但不包括在开户单位的库存现金限额之内。

第二节 支付结算概述

一、支付结算的概念与特征

(一)支付结算的概念

支付结算是指单位、个人在社会经济活动中使用票据、信用卡和汇兑、托收承付、委托收款等结算方式进行货币给付及其资金清算的行为。

银行、城市信用合作社、农村信用合作社(以下简称银行)以及单位(含个体工商户)和个人是办理支付结算的主体。其中，银行是支付结算和资金清算的中介机构。

(二)支付结算的特征

支付结算的特征主要有:(1)支付结算必须通过中国人民银行批准的金融机构进行;(2)支付结算的发生取决于委托人的意志;(3)实行统一领导，分级管理;(4)支付结算是一种要式行为;(5)支付结算必须依法进行。

二、支付结算的主要法律依据

支付结算方面的法律、法规和制度主要包括:《票据法》、《票据管理实施办法》、《支付结算办法》、《现金管理暂行条例》、《中国人民银行银行卡业务管理办法》、《人民币银行结算账户管理办法》、《异地托收承付结算办法》、《电子支付指引(第一号)》等。

三、支付结算的基本原则

支付结算的基本原则有:(1)恪守信用，履约付款;(2)谁的钱进谁的账，由谁支配;(3)银行不垫款。

四、办理支付结算的要求

(一)办理支付结算的基本要求

1.办理支付结算必须使用中国人民银行统一规定的票据和结算凭证，未使用中国人民银行统一规定的票据，票据无效；未使用中国人民银行统一规定的结算凭证，银行不予受理。

2. 办理支付结算必须按统一的规定开立和使用账户。

3. 填写票据和结算凭证应当全面规范，做到数字正确，要素齐全，不错不漏，字迹清楚，防止涂改。票据和结算凭证金额以中文大写和阿拉伯数码同时记载，二者必须一致，否则，银行不予受理。

4. 票据和结算凭证上的签章和记载事项必须真实，不得变造伪造。

（二）支付结算凭证填写的要求

1. 票据的出票日期必须使用中文大写。月为壹、贰和壹拾的，日为壹至玖和壹拾、贰拾和叁拾的，应在其前加“零”；日为拾壹至拾玖的，应在其前加“壹”。大写日期未按要求规范填写的，银行可予受理；但由此造成损失的，由出票人自行承担。

2. 中文大写金额数字应用正楷或行书填写，不得自造简化字。如果金额数字书写中使用繁体字，也应受理。

3. 中文大写金额数字前应标明“人民币”字样，大写金额数字应紧接“人民币”字样填写，不得留有空白。

4. 中文大写金额数字到“元”为止的，在“元”之后应写“整”（或“正”）字，到“角”为止的，在“角”之后可以不写“整”（或“正”）字。大写金额数字有“分”的，“分”后面不写“整”（或“正”）字。

5. 阿拉伯小写金额数字前面，均应填写人民币符号“￥”。

6. 阿拉伯小写金额数字中有“0”的，中文大写应按照汉语语言规律、金额数字构成和防止涂改的要求进行书写。

票据和结算凭证的金额、出票或签发日期、收款人名称不得更改，更改的票据无效；更改的结算凭证，银行不予受理。

第三节　银行结算账户

一、银行结算账户的概念与分类

银行结算账户是指存款人在经办银行开立的办理资金收付结算的人民币活期存款账户。

银行结算账户的类别有：（1）基本存款账户；（2）一般存款账户；（3）专用存款账户；（4）临时存款账户；（5）个人银行结算账户；（6）异地银行结算账户。

二、银行结算账户管理的基本原则

银行结算账户管理的基本原则是：（1）一个基本账户原则；（2）自主选择原则；（3）守法合规原则；（4）存款信息保密原则。

三、银行结算账户的开立、变更与撤销

（一）银行结算账户的开立

存款人开立的银行结算账户，需要核准的，应及时报送中国人民银行当地分支行核准；不需要核准的，应在开户之后的法定期限内向中国人民银行当地分支行备案。

（二）银行结算账户的变更

存款人银行结算账户有法定变更事项的，应于5日内书面通知开户银行并提供有关证明；开户银行办理变更手续并于2日内向中国人民银行当地分支行报告。

（三）银行结算账户的撤销

存款人有以下情形之一的，应向开户银行提出撤销银行结算账户的申请：（1）被撤并、解

散、宣告破产或关闭的；(2)注销、被吊销营业执照的；(3)因迁址，需要变更开户银行的；(4)其他原因需要撤销银行结算账户的。

存款人有本条第(1)、(2)项情形的，应于5个工作日内向开户银行提出撤销银行结算账户的申请。

四、违反银行账户管理法律制度的法律责任

(一)存款人在开立、撤销银行结算账户时有法定违法行为时，非经营性的存款人，给予警告并处以1000元的罚款；经营性的存款人，给予警告并处以1万元以上3万元以下的罚款；构成犯罪的，移交司法机关依法追究刑事责任。

(二)存款人使用银行结算账户时，有违反规定将单位款项转入个人银行结算账户、支取现金、利用开立银行结算账户逃避银行债务、出租、出借银行结算账户、从基本存款账户之外的银行结算账户转账存入、将销货收入存入或现金存入单位信用卡账户等行为时，非经营性的存款人，给予警告并处以1000元罚款；经营性的存款人，给予警告并处以5000元以上3万元以下的罚款。存款人未在法定期限内将变更事项通知银行的，给予警告并处以1000元的罚款。

(三)伪造、变造、私自印制开户登记证的存款人，属非经营性的处以1000元罚款；属经营性的处以1万元以上3万元以下的罚款；构成犯罪的，移交司法机关依法追究刑事责任。

(四)银行在银行结算账户的开立中有法定违法行为时，给予警告，并处以5万元以上30万元以下的罚款；对该银行直接负责的高级管理人员、其他直接负责的主管人员、直接责任人员按规定给予纪律处分；情节严重的，中国人民银行有权停止对其开立基本存款账户的核准，责令该银行停业整顿或者吊销经营金融业务许可证；构成犯罪的，移交司法机关依法追究刑事责任。

(五)银行在银行结算账户的使用中有法定违法行为时，给予警告，并处以5000元以上3万元以下的罚款；对该银行直接负责的高级管理人员、其他直接负责的主管人员、直接责任人员按规定给予纪律处分；情节严重的，中国人民银行有权停止对其开立基本存款账户的核准，构成犯罪的，移交司法机关依法追究刑事责任。

第四节　票据结算方式

一、票据结算概述

(一)票据的概念与种类

票据是由出票人依法签发的，约定自己或者委托付款人在见票时或指定的日期向收款人或持票人无条件支付一定金额的有价证券。

在我国，票据主要包括银行汇票、商业汇票、银行本票和支票。

(二)票据的特征与功能

票据的特征有：(1)票据是债券凭证和金钱凭证；(2)票据是设权证券；(3)票据是文义证券。

票据的功能包括：(1)支付功能；(2)汇兑功能；(3)信用功能；(4)结算功能；(5)融资功能。

(三)票据行为

票据行为是指票据当事人以发生票据债务为目的的、以在票据上签名或盖章为权利与义务成立要件的法律行为，包括出票、背书、承兑和保证四种。

出票人在票据上的签章不符合《票据法》等规定的，票据无效；承兑人、保证人在票据上的签章不符合《票据法》等规定的，其签章无效，但不影响其他符合规定签章的效力；背书人在票据上的签章不符合《票据法》等规定的，其签章无效，但不影响其前手符合规定签章的效力。

背书按照目的不同分为转让背书和非转让背书。转让背书是以持票人将票据权利转让给他人为目的；非转让背书是将一定的票据权利授予他人行使，包括委托收款背书和质押背书。

（四）票据当事人

票据当事人可分为基本当事人和非基本当事人。基本当事人包括出票人、付款人和收款人。非基本当事人包括承兑人、背书人、被背书人、保证人等。

（五）票据权利与责任

票据权利是指票据持票人向票据债务人请求支付票据金额的权利，包括付款请求权和追索权。

票据责任是指票据债务人向持票人支付票据金额的责任。

二、支票

（一）支票的概念及适用范围

支票是指由出票人签发的、委托办理支票存款业务的银行在见票时无条件支付确定的金额给收款人或者持票人的票据。

单位和个人的各种款项结算，均可以使用支票。2007 年 7 月 8 日，中国人民银行宣布，支票可以实现全国范围内互通使用。

支票的基本当事人包括出票人、付款人和收款人。支票可以背书转让，但用于支取现金的支票不能背书转让。

（二）支票的种类

支票分为现金支票、转账支票和普通支票。现金支票只能用于支取现金；转账支票只能用于转账；普通支票可以用于支取现金，也可用于转账；在普通支票左上角划两条平行线的，为划线支票，划线支票只能用于转账，不能支取现金。

（三）支票的出票

1. 支票的绝对记载事项

支票的绝对记载事项有：（1）表明“支票”的字样；（2）无条件支付的委托；（3）确定的金额；（4）付款人名称；（5）出票日期；（6）出票人签章。其中支票的金额、收款人名称可以由出票人授权补记，未补记前不得背书转让和提示付款。

2. 支票的相对记载事项

支票的相对记载事项有：（1）付款地。支票上未记载付款地的，付款人的营业场所为付款地；（2）出票地。支票上未记载出票地的，出票人的营业场所、住所或者经常居住地为出票地。

此外，支票上可以记载非法定记载事项，但这些事项并不发生支票上的效力。

3. 出票的效力

出票人作成支票并交付之后，出票人必须在付款人处存有足够可处分的资金，以保证支票票款的支付；当付款人对支票拒绝付款或者超过支票付款提示期限的，出票人应向持票人承担付款责任。

（四）支票的付款

支票限于见票即付，不得另行记载付款日期，另行记载付款日期的，该记载无效。

1. 提示付款期限

支票的持票人应当自出票日起 10 日内提示付款；异地使用的支票，其提示付款的期限由中国人民银行另行规定。

2. 付款

出票人在付款人处的存款足以支付支票金额时，付款人应当在见票当日足额付款。

3. 付款责任的解除

付款人依法支付支票金额的，对出票人不再承担受委托付款的责任，对持票人不再承担付款的责任。但是，付款人以恶意或者有重大过失付款的除外。

（五）支票的办理要求

1. 签发支票的要求

（1）签发支票应当使用碳素墨水或墨汁填写，中国人民银行另有规定的除外。

（2）签发现金支票和用于支取现金的普通支票，必须符合国家现金管理的规定。

（3）支票的出票人签发支票的金额不得超过付款时在付款人处实有的存款金额。禁止签发空头支票。

（4）支票的出票人预留银行签章是银行审核支票付款的依据；银行也可以与出票人约定使用支付密码，作为银行审核支付支票金额的条件。

（5）出票人不得签发与其预留银行签章不符的支票；使用支付密码的，出票人不得签发支付密码错误的支票。

（6）出票人签发空头支票、签章与预留银行签章不符的支票，使用支付密码的地区，支付密码错误的支票，银行应予以退票，并按票面金额处以 5% 但不低于 1000 元的罚款；持票人有权要求出票人赔偿支票金额 2% 的赔偿金。对屡次签发的，银行应停止其签发支票。

2. 兑付支票的要求

（1）持票人可以委托开户银行收款或直接向付款人提示付款。用于支取现金的支票仅限于收款人向付款人提示付款。

（2）持票人委托开户银行收款时，应作委托收款背书，在支票背面背书人签章栏签章，记载“委托收款”字样、背书日期，在被背书人栏记载开户银行名称，并将支票和填制的进账单送交开户银行。

（3）持票人持用于转账的支票向付款人提示付款时，应在支票背面背书人签章栏签章，并将支票和填制的进账单交送出票人开户银行。

收款人持用于支取现金的支票向付款人提示付款时，应在支票背面“收款人签章”处签章，持票人为个人的，还需交验本人身份证件，并在支票背面注明证件名称、号码及发证机关。

三、商业汇票

（一）商业汇票的概念和种类

商业汇票是指由出票人签发的，委托付款人在指定日期无条件支付确定金额给收款人或者持票人的票据。商业汇票的付款期限，最长不得超过 6 个月。

根据承兑人不同，商业汇票分为商业承兑汇票和银行承兑汇票。商业承兑汇票由银行以外的付款人承兑，银行承兑汇票由银行承兑。商业汇票的付款人为承兑人。

（二）商业汇票的出票

1. 出票人的确定

商业汇票的出票人，为在银行开立存款账户的法人以及其他组织，与付款人具有真实的委托付款关系，具有支付汇票金额的可靠资金来源。

2. 商业汇票的绝对记载事项

签发商业汇票必须记载下列事项，欠缺记载下列事项之一的，商业汇票无效：(1)表明商业承兑汇票或银行承兑汇票的字样；(2)无条件支付的委托；(3)确定的金额；(4)付款人名称；(5)收款人名称；(6)出票日期；(7)出票人签章。

3. 商业汇票的相对记载事项

相对记载事项的内容主要包括：(1)汇票上未记载付款日期的，视为见票即付；(2)汇票上未记载付款地的，付款人的营业场所、住所或者经常居住地为付款地；(3)汇票上未记载出票地的，出票人的营业场所、住所或者经常居住地为出票地。

此外，汇票上可以记载非法定记载事项，但这些事项不具有汇票上的效力。

4. 商业汇票出票的效力

出票人依照《票据法》的规定完成出票行为之后，即产生票据上的效力。包括：

(1)对收款人的效力。收款人取得汇票后，即取得票据权利。

(2)对付款人的效力。付款人在对汇票承兑后，即成为汇票上的主债务人。

(3)对出票人的效力。出票人签发汇票后，即承担保证该汇票承兑和付款的责任。

(三)商业汇票的承兑

承兑是指汇票付款人承诺在汇票到期日支付汇票金额的票据行为。承兑是汇票特有的制度。商业承兑汇票可以由付款人签发并承兑，也可以由收款人签发交由付款人承兑。

1. 承兑的程序

(1)提示承兑

定日付款或者出票后定期付款的汇票，持票人应当在汇票到期日前向付款人提示承兑；见票后定期付款的汇票，持票人应当自出票日起 1 个月内向付款人提示承兑；汇票未按规定期限提示承兑的，持票人丧失对其前手的追索权；见票即付的汇票无需提示承兑。

(2)承兑成立

①承兑时间。付款人对向其提示承兑的汇票，应当自收到提示承兑的汇票之日起 3 日内承兑或者拒绝承兑。如果付款人在 3 日内不作承兑与否表示的，则应视为拒绝承兑。持票人可以请求其作出拒绝承兑证明，向其前手行使追索权。

②接受承兑。付款人收到持票人提示承兑的汇票时，应当向持票人签发收到汇票的回单。回单上应当记明汇票提示承兑日期并签章。回单是付款人向持票人出具的已收到请求承兑汇票的证明。

③承兑的格式。付款人承兑汇票的，应当在汇票正面记载“承兑”字样和承兑日期并签章；见票后定期付款的汇票，应当在承兑时记载付款日期。汇票上未记载承兑日期的，以 3 天承兑期的最后一日为承兑日期。上列应记载事项必须记载于汇票的正面。

④退回已承兑的汇票。付款人依承兑格式填写完毕应记载事项并将已承兑的汇票退回持票人后才产生承兑的效力。

2. 承兑的效力

(1)承兑人于汇票到期日必须向持票人无条件地支付汇票上的金额，否则其必须承担迟延付款责任;(2)承兑人必须对汇票上的一切权利人承担责任，该等权利人包括付款请求权人和追索权人;(3)承兑人不得以其与出票人之间的资金关系来对抗持票人，拒绝支付汇票金额;(4)承兑人的票据责任不因持票人未在法定期限提示付款而解除。

3. 承兑不得附有条件

付款人承兑商业汇票，不得附有条件;承兑附有条件的，视为拒绝承兑。银行承兑汇票的承兑银行，应当按照票面金额向出票人收取万分之五的手续费。

(四)商业汇票的付款

商业汇票的付款，是指付款人依据票据文义支付票据金额，以消灭票据关系的行为。

1. 提示付款

持票人应当按照下列法定期限提示付款:(1)见票即付的汇票，自出票日起1个月内向付款人提示付款。(2)定日付款、出票后定期付款或者见票后定期付款的汇票，自到期日起10日内向承兑人提示付款。持票人未按照上述规定期限提示付款的，在作出说明后，承兑人或者付款人仍应当继续对持票人承担付款责任。

2. 支付票款

持票人付款提示后，付款人依法审查无误后必须无条件地在当日按票据金额足额支付给持票人。否则，应承担迟延付款的责任。

3. 付款的效力

付款人依法足额付款后，全体汇票债务人的责任解除。

(五)商业汇票的背书

商业汇票的背书，是指以转让商业汇票权利或者将一定的商业汇票权利授予他人行使为目的，按照法定的事项和方式在商业汇票背面或者粘单上记载有关事项并签章的票据行为。出票人在汇票上记载“不得转让”字样，则该汇票不得转让。

(六)商业汇票的保证

1. 保证的当事人

保证的当事人为保证人与被保证人。保证应由汇票债务人以外的他人承担。

2. 保证的格式

保证人必须在汇票或粘单上记载下列事项:(1)表明“保证”的字样;(2)保证人名称和住所;(3)被保证人的名称;(4)保证日期;(5)保证人签章。

3. 保证的效力

(1)保证人的责任。被保证的汇票，保证人应当与被保证人对持票人承担连带责任。

(2)共同保证人的责任。保证人为两人以上的，保证人之间承担连带责任。

(3)保证人的追索权。保证人清偿汇票债务后，可以行使持票人对被保证人及其前手的追索权。

四、银行汇票

(一)银行汇票的概念和适用范围

银行汇票是由出票银行签发的，在见票时按照实际结算金额无条件支付给收款人或者持票人的票据。单位和个人在异地、同城或同一票据交换区域的各种款项结算，均可使用银行汇票。

(二)银行汇票的记载事项

银行汇票的记载事项有:(1)表明"银行汇票"的字样。(2)无条件支付的承诺;(3)确定的金额;(4)付款人名称;(5)收款人名称;(6)出票日期;(7)出票人签章。

汇票上未记载上述事项之一的,汇票无效。

(三)银行汇票的基本规定

1. 银行汇票可以用于转账,标明现金字样的"银行汇票"也可以提取现金。

2. 银行汇票的付款人为银行汇票的出票银行,银行汇票的付款地为代理付款人或出票人所在地。

3. 银行汇票的出票人在票据上的签章,应为经中国人民银行批准使用的该银行汇票专用章加其法定代表人或其授权经办人的签名或者盖章。

4. 银行汇票的提示付款期限自出票日起一个月内。持票人超过付款期限提示付款的,代理付款人(银行)不予受理。

5. 银行汇票可以背书转让,但填明"现金"字样的银行汇票不得背书转让。银行汇票的背书转让以不超过出票金额的实际结算金额为准。未填写实际结算金额或实际结算金额超过出票金额的银行汇票不得背书转让。

6. 填明"现金"字样和代理付款人的银行汇票丧失,可以由失票人通知付款人或者代理付款人挂失止付。

7. 银行汇票丧失,失票人可以凭人民法院出具的其享有票据权利的证明,向出票银行请求付款或退款。

(四)银行汇票申办和兑付的基本规定

收款人受理银行汇票依法审查无误后,应在出票金额以内,根据实际需要的款项办理结算,并将实际结算金额和多余金额填入银行汇票和解讫通知的有关栏内。未填明实际结算金额和多余金额或实际结算金额超过出票金额的,银行不予受理。银行汇票的实际结算金额不得更改,更改实际结算金额的银行汇票无效。

持票人向银行提示付款时,必须同时提交银行汇票和解讫通知,缺少任何一联,银行不予受理。

持票人超过提示付款期限向代理付款银行提示付款不获付款的,必须在票据权利时效内向出票银行作出说明,并提供本人身份证件或单位证明,持银行汇票和解讫通知向出票银行请求付款。

五、银行本票

(一)银行本票的概念

银行本票是出票人签发的,承诺自己在见票时无条件支付确定的金额给收款人或者持票人的票据。

(二)银行本票的适用范围

单位和个人在同一票据交换区域需要支付的各种款项,均可以使用银行本票。银行本票可以用于转账,注明"现金"字样的银行本票可以用于支取现金。

(三)银行本票的记载事项

银行本票必须记载下列事项:表明"银行本票"的字样;无条件支付的承诺;确定的金额;收款人名称;出票日期;出票人签章。

申请人或收款人为单位的，不得申请签发现金银行本票。

（四）银行本票的提示付款期限

银行本票的提示付款期限自出票日起最长不得超过2个月。持票人超过付款期限提示付款的，代理付款人不予受理。

本票的持票人未按照规定期限提示见票的，丧失对出票人以外的前手的追索权。

第五节 银行卡

一、银行卡的概念与分类

（一）银行卡的概念

银行卡是指经批准由商业银行（含邮政金融机构）向社会发行的具有消费信用、转账结算、存取现金等全部或部分功能的信用支付工具。

（二）银行卡的分类

1. 按照发行主体是否在境内分为境内卡和境外卡。

2. 按照是否给予持卡人授信额度分为信用卡和借记卡。

3. 按照账户币种的不同分为人民币卡、外币卡和双币种卡。

4. 按信息载体不同分为磁条卡和芯片卡。

二、银行卡账户与交易

（一）银行卡交易的基本规定

1. 单位人民币卡可办理商品交易和劳务供应款项的结算，但不得透支。单位卡不得支取现金。

2. 发卡银行对贷记卡的取现应当每笔进行授权，每卡每日累计取现不得超过限定额度。

3. 发卡银行应当依照法律规定遵守信用卡业务风险控制指标。

4. 准贷记卡的透支期限最长为60天。贷记卡的首月最低还款额不得低于其当月透支余额的10%。

5. 发卡银行通过下列途径追偿透支款项和诈骗款项：扣减持卡人保证金、依法处理抵押物和质押物；向保证人追索透支款项；通过司法机关的诉讼程序进行追偿。

（二）银行卡的资金来源

单位卡账户的资金，一律从其基本存款账户转账存入，不得交存现金，不得将销货收入的款项存入其账户。

个人卡在使用过程中，需要向其账户续存资金的，只限于其持有的现金存入和工资性款项以及属于个人的劳务报酬收入转账存入。严禁将单位的款项存入个人卡账户。

（三）银行卡的计息和收费

1. 计息

（1）发卡银行对准贷记卡及借记卡（不含储值卡）账户内的存款，按照中国人民银行规定的同期同档次存款利率及计息办法计付利息。

（2）发卡银行对贷记卡账户的存款、储值卡（含IC卡的电子钱包）内的币值不计付利息。

（3）贷记卡持卡人非现金交易享受如下优惠条件：

第一，免息还款期待遇。银行记账日至发卡行规定的到期还款日之间为免息还款期。最长为60天。

第二，最低还款额待遇。持卡人在到期还款日前偿还所使用全部银行款项有困难的，可按发卡行规定的最低还款额还款。

贷记卡选择最低还款或超过批准的信用额度用卡，不得享受免息还款期待遇。贷记卡支取现金、准贷记卡透支，不享受免息还款期和最低还款额待遇。贷记卡透支按月计收复利，准贷记卡按月计收单利。透支利率为日利率0.05%。

2. 收费

收费是指商业银行办理银行卡收单业务向商户收取结算手续费。

（四）银行卡申领、注销和挂失

1. 银行卡的申领

凡在中国境内金融机构开立基本存款账户的单位，可凭中国人民银行核发的开户许可证申领单位卡。单位卡可申领若干张，持卡人资格由申领单位法定代表人或其委托的代理人书面指定和注销。凡具有完全民事行为能力的公民，可凭本人有效身份证件及发卡银行规定的相关证明文件申领个人卡。个人卡的主卡持卡人，可为其配偶及年满18周岁的亲属申领附属卡，申领的附属卡最多不得超过两张，也有权要求注销其附属卡。

2. 银行卡的注销

持卡人在还清全部交易款项、透支本息和有关费用后，有下列情形之一的，可申请办理销户：(1)信用卡有效期满45天后，持卡人不更换新卡的；(2)信用卡挂失满45天后，没有附属卡又不更换新卡的；(3)信用卡被列入止付名单，发卡银行已收回其信用卡45天的；(4)持卡人死亡，发卡银行已收回其信用卡45天的；(5)持卡人要求销户或担保人撤销担保，并已交回全部信用卡45天的；(6)信用卡账户两年（含）以上未发生交易的；(7)持卡人违反其他规定，发卡银行认为应该取消资格的。

销户时，单位卡账户余额转入其基本存款账户，不得提取现金；个人卡账户可以转账结清，也可以提取现金。

3. 银行卡的挂失

持卡人丧失银行卡，应立即持本人身份证件或其他有效证明，并按规定提供有关情况，向发卡银行或代办银行申请挂失。

第六节　其他结算方式

一、汇兑

（一）汇兑的概念和分类

汇兑是汇款人委托银行将其款项支付给收款人的结算方式。汇兑分为电汇和信汇两种。

汇兑结算适用于各种经济内容的异地提现和结算。

（二）办理汇兑的程序

1. 签发汇兑凭证

签发汇兑凭证必须记载下列事项：(1)表明“信汇”或“电汇”的字样；(2)无条件支付的委托；(3)确定的金额；(4)收款人名称；(5)汇款人名称；(6)汇入地点、汇入行名称；(7)汇出地点、汇出行名称；(8)委托日期；(9)汇款人签章。

汇款人和收款人均为个人，需要在汇入银行支取现金的，应在信、电汇凭证的汇款金额大写栏，先填写“现金”字样，后填写汇款金额。

2. 银行受理

汇出银行受理汇款人签发的汇兑凭证，经审查无误后，应及时向汇入银行办理汇款，并向汇款人签发汇款回单。汇款回单只能作为汇出银行受理汇款的依据，不能作为该笔汇款已转入收款人账户的证明。

3. 汇入处理

汇入银行对开立存款账户的收款人，应将汇入款项直接转入收款人账户，并向其发出收账通知。收账通知是银行将款项确已收入收款人账户的凭据。

（三）汇兑的撤销和退汇

1. 汇兑的撤销

汇款人对汇出银行尚未汇出的款项可以申请撤销。

2. 汇兑的退汇

汇款人对汇出银行已经汇出的款项可以申请退汇。转汇银行不得受理汇款人或汇出银行对汇款的撤销或退汇。

对在汇入银行开立存款账户的收款人，由汇款人与收款人自行联系退汇；对未在汇入银行开立存款账户的收款人，汇款人应出具正式函件或本人身份证件以及原信、电汇回单，由汇出银行通知汇入银行，经汇入银行核实汇款确未支付，并将款项退回汇出银行，方可办理退汇。汇入银行对于收款人拒绝接受的汇款，应即办理退汇。汇入银行对于向收款人发出取款通知，经过2个月无法交付的汇款，应主动办理退汇。

二、委托收款

（一）委托收款的概念

委托收款是指收款人委托银行向付款人收取款项的结算方式。单位和个人凭已承兑的商业汇票、债券、存单等付款人债务证明办理款项的结算，均可以使用委托收款结算方式，委托收款在同城、异地均可以使用，其结算款项的划回方式分为邮寄和电报两种，由收款人选用。

（二）委托收款的记载事项

委托收款的记载事项包括：(1)表明“委托收款”的字样；(2)确定的金额；(3)付款人名称；(4)收款人名称；(5)委托收款凭据名称及附寄单证张数；(6)委托日期；(7)收款人签章。

（三）委托收款的结算规定

1. 委托收款办理方法

(1)以银行为付款人的，银行应在当日将款项主动支付给收款人。

(2)以单位为付款人的，银行通知付款人后，付款人应于接到通知当日书面通知银行付款。

银行在办理划款时，付款人存款账户不能足额支付的，应通过被委托银行向收款人发出未付款项通知书。

2. 委托收款的注意事项

(1)付款人审查有关债务证明后，对收款人委托收取的款项需要拒绝付款的，有权提出拒绝付款。

(2)收款人收取公用事业费，必须具有收付双方事先签订的经济合同，由付款人向开户银行授权，并经开户银行同意，报经中国人民银行当地分支行批准，可以使用同城特约委托收款。

三、托收承付

（一）托收承付的概念

托收承付是指根据购销合同由收款人发货后委托银行向异地付款人收取款项，由付款人向银行承付的结算方式。

使用托收承付结算方式的收款单位和付款单位，必须是国有企业、供销合作社以及经营管理较好，并经开户银行审查同意的城乡集体所有制工业企业。

办理托收承付结算的款项，必须是商品交易以及因商品交易而产生的劳务供应的款项。代销、寄销、赊销商品的款项不得办理托收承付结算。

托收承付结算每笔的金额起点为 1 万元，新华书店系统每笔的金额起点为 1 千元。

（二）托收承付的结算规定

托收承付凭证记载事项有：(1)表明“托收承付”的字样；(2)确定的金额；(3)付款人的名称和账号；(4)收款人的名称和账号；(5)付款人的开户银行名称；(6)收款人的开户银行名称；(7)托收附寄单证张数或册数；(8)合同名称、号码；(9)委托日期；(10)收款人签章。

收付双方使用托收承付结算方式必须签有符合《合同法》的购销合同，并在合同上订明使用托收承付结算款项的划回方法，分为邮寄和电报，由收款人选用。

（三）托收承付的办理方法

1. 托收

收款人按照签订的购销合同发货后，应将托收凭证并附发运凭证或其他符合托收承付结算的有关证明和交易单证送交银行。

2. 承付

购货单位承付货款有验单承付和验货承付两种方式。验单承付期为 3 天，从购货单位开户银行发出通知的次日算起（承付期内遇法定节假日顺延）。验货付款的承付期为 10 天，从运输部门向付款人发出提货通知的次日算起，付款人在承付期内，未向银行表示拒绝付款，银行即视作承付，在承付期满的次日上午将款项划给收款人。

四、国内信用证

（一）国内信用证的概念

国内信用证（简称信用证）是适用于国内贸易的一种支付结算方式，是开证银行依照申请人（购货方）的申请向受益人（销货方）开出的有一定金额、在一定期限内凭信用证规定的单据支付款项的书面承诺。

（二）国内信用证的结算方式

国内信用证结算方式只适用于国内企业之间商品交易产生的货款结算，并且只能用于转账结算，不得支取现金。

（三）国内信用证的办理基本程序

1. 开证

开证行决定受理开证业务时，应向申请人收取不低于开证金额 20% 的保证金，并可根据申请人资信情况要求其提供抵押、质押或由其他金融机构出具保函。

2. 通知

通知行收到信用证审核无误后，应填制信用证通知书，连同信用证交付受益人。

3. 议付

议付，是指信用证指定的议付行在单证相符条件下，扣除议付利息后向受益人给付对价的行为。议付行必须是开证行指定的受益人开户行。议付仅限于延期付款信用证。

议付行议付后，应将单据寄开证行索偿资金。议付行议付信用证后，对受益人具有追索权。到期不获付款的，议付行可从受益人账户收取议付金额。

4. 付款

开证行对议付行寄交的凭证、单据等审核无误后，对即期付款信用证，从申请人账户收取款项支付给受益人；对延期付款信用证，应向议付行或受益人发出到期付款确认书，并于到期日从申请人账户收取款项支付给议付行或受益人。

申请人交存的保证金和其存款账户余额不足支付的，开证行仍应在规定的付款时间内进行付款。对不足支付的部分作逾期贷款处理。

第三章　税收法律制度

【基本要求】

1. 了解税收的概念及其分类

2. 了解税法及其构成要素

3. 熟悉税收征管的具体规定，包括税务登记管理、发票的要求、纳税申报及方式、税款征收方式等规定

4. 掌握增值税、营业税、消费税、企业所得税和个人所得税的相关原理及应纳税额的计算

5. 掌握营业税改征增值税试点方案的具体政策

【考试内容】

第一节　税收概述

一、税收的概念与分类

（一）税收概念与作用

1. 税收的概念

税收是国家为了满足一般的社会共同需要，凭借政治的权力，按照国家法律规定的标准，强制地、无偿地取得财政收入的一种分配形式。

2. 税收的作用

税收的作用有：(1) 税收是国家组织财政收入的主要形式和工具；(2) 税收是国家调控经济运行的重要手段；(3) 税收具有维护国家政权的作用；(4) 税收是国际经济交往中维护国家利益的可靠保证。

（二）税收的特征

税收的特征有：(1) 强制性；(2) 无偿性；(3) 固定性。

（三）税收的分类

1. 按征税对象分类，可将全部税收划分为流转税、所得税、财产税、资源税和行为税五种类型。

(1) 流转税

流转税是指以货物或劳务的流转额为征税对象的一类税收。我国现行的增值税、消费税、营业税和关税等都属于流转税类。

(2)所得税

所得税也称收益税，是指以纳税人的各种所得额为课税对象的一类税收。现阶段，我国所得税类主要包括企业所得税、个人所得税等。

(3)财产税

财产税是以纳税人所拥有或支配的特定财产为征税对象的一类税收。我国现行的房产税、车船使用税等属于财产税类。

(4)资源税

资源税是以自然资源和某些社会资源作为征税对象的一类税收。我国现行的资源税、土地增值税和城镇土地使用税等属于此类。

(5)行为税

行为税也称特定目的税，是指国家为了实现特定目的，以纳税人的某些特定行为为征税对象的一类税收。车辆购置税、城市维护建设税等属于此类税收。

2. 按征收管理的分工体系分类，可分为工商税类、关税类。

(1)工商税类

工商税类由税务机关负责征收管理，是我国现行税制的主体部分。

(2)关税类

关税类是国家授权海关对出入关境的货物和物品为征税对象的一类税收。

3. 按照税收征收权限和收入支配权限分类，可分为中央税、地方税和中央地方共享税。

(1)中央税

中央税是指由中央政府征收和管理使用或者地方政府征税后全部划解中央，由中央所有和支配的税收。消费税(含进口环节由海关代征的部分)、关税、海关代征的进口环节增值税等为中央税。

(2)地方税

地方税是由地方政府征收、管理和支配的一类税收。地方税主要包括城镇土地使用税、耕地占用税、土地增值税、房产税、车船使用税、契税等。

(3)中央与地方共享税

中央与地方共享税是指税收收入由中央和地方政府按比例分享的税收。如增值税、营业税、企业所得税和个人所得税等。

4. 按照计税标准不同分类，可分为从价税、从量税和复合税。

(1)从价税

从价税是以课税对象的价格作为计税依据，一般实行比例税率和累进税率，税收负担比较合理。如我国现行的增值税、营业税、企业所得税、个人所得税等税种。

(2)从量税

从量税是以课税对象的实物量作为计税依据征收的一种税，一般采用定额税率。如我国现行的车船使用税、土地使用税、消费税中的啤酒和黄酒等。

(3)复合税

复合税是指对征税对象采用从价和从量相结合的计税方法征收的一种税，如我国现行的消费税中对卷烟、白酒等征收的消费税。

二、税法及其构成要素

（一）税法的概念

税法是指税收法律制度，是国家权力机关和行政机关制定的用以调整国家与纳税人之间在税收征纳方面的权利与义务关系的法律规范的总称，是国家法律的重要组成部分。

（二）税法的分类

1. 按税法的功能作用不同，分为税收实体法和税收程序法。

（1）税收实体法是规定税收法律关系主体的实体权利、义务的法律规范总称。税收实体法具体规定了各种税种的征收对象、征收范围、税目、税率等。如《企业所得税法》、《个人所得税法》就属于实体法。

（2）税收程序法是税务管理方面的法律规范。税收程序法主要包括税收管理法、纳税程序法、发票管理法、税务机关组织法、税务争议处理法等。

2. 按照主权国家行使税收管辖权不同，分为国内税法、国际税法、外国税法。

（1）国内税法是指一国在其税收管辖权范围内，调整国家与纳税人之间权利义务关系的法律规范的总称，是由国家立法机关和经由授权或依法律规定的国家行政机关制定的法律、法规和规范性文件。

（2）国际税法是指两个或两个以上的课税权主体对跨国纳税人的跨国所得或财产征税形成的分配关系，并由此形成国与国之间的税收分配形式，主要包括双边或多边国家间的税收协定、条约和国际惯例。

（3）外国税法是指外国各个国家制定的税收法律制度。

3. 按税法法律级次不同，分为税收法律、税收行政法规、税收行政规章和税收规范性文件。

（1）税收法律（狭义的税法），由全国人民代表大会及其常务委员会制定。如《企业所得税法》、《个人所得税法》、《税收征收管理法》。

（2）税收行政法规，由国务院制定的有关税收方面的行政法规和规范性文件。

（3）税收规章和税收规范性文件——由国务院财税主管部门（财政部、国家税务总局、海关总署和国务院关税税则委员会）根据法律和国务院行政法规或者规范性文件的要求，在本部门权限范围内发布的有关税收事项的规章和规范性文件，包括命令、通知、公告、通告、批复、意见、函等文件形式。

（三）税法的构成要素

税法的构成要素，是指各种单行税法具有的共同的基本要素的总称。一般包括征税人、纳税义务人、征税对象、税目、税率、计税依据、纳税环节、纳税期限、纳税地点、减免税和法律责任等项目。其中，纳税义务人、征税对象、税率是构成税法的三个最基本的要素。

第二节　主要税种

一、增值税

（一）增值税的概念与分类

增值税是以商品（含应税劳务）在流转过程中产生的增值额作为计税依据而征收的一种流转税。

增值税可分为：（1）生产型增值税；（2）收入型增值税；（3）消费型增值税。

我国自1979年开始试行增值税，分别于1984年、1993年、2009年和2012年进行了四次重要改革。

（二）增值税的征税范围

1. 征税范围的基本规定

(1)销售或者进口的货物货物

是指有形动产，包括电力、热力、气体在内。销售货物是指有偿转让货物的所有权。

(2)提供的加工、修理修配劳务

提供加工、修理修配劳务是指有偿提供加工、修理修配劳务，但单位或个体经营者聘用的员工为本单位或雇主提供加工、修理修配劳务，不包括在内。

(3)提供的应税服务

应税服务是指陆路运输服务、水路运输服务、航空运输服务、管道运输服务、邮政普通服务、邮政特殊服务、邮政其他服务、研发和技术服务、信息技术服务、文化创意服务、物流辅助服务、有形动产租赁服务、鉴证咨询服务、广播影视服务等。

提供应税服务是指有偿提供应税服务，但不包括非营业活动中提供的应税服务。

2. 应税服务的具体内容

(1)交通运输业

交通运输业是指使用运输工具将货物或者旅客送达目的地，使其空间位置得到转移的业务活动。包括陆路运输服务、水路运输服务、航空运输服务和管道运输服务。

(2)邮政业

邮政业，是指中国邮政集团公司及其所属邮政行业提供邮件寄递、邮政汇兑机要通信和邮政代理等邮政基本服务的业务活动。包括邮政普通服务、邮政特殊服务和其他邮政服务。邮政储蓄业务按照金融、保险业税目征收营业税。

(3)部分现代服务业

部分现代服务业是指围绕制造业、文化产业、现代物流产业等提供技术性、知识性服务的业务活动。具体包括:研发和技术服务、信息技术服务、文化创意服务、物流辅助服务、有形动产租赁服务、鉴证咨询服务、广播影视服务。

3. 征收范围的特殊规定

(1)视同销售货物

单位或个体经营者的下列行为，视同销售货物:

①将货物交付其他单位或者个人代销;

②销售代销货物;

③设有两个以上机构并实行统一核算的纳税人，将货物从一个机构移送其他机构用于销售，但相关机构设在同一县(市)的除外;

④将自产、委托加工的货物用于非增值税应税项目;

⑤将自产、委托加工的货物用于集体福利或个人消费;

⑥将自产、委托加工或购进的货物作为投资，提供给其他单位或个体工商户;

⑦将自产、委托加工或购进的货物分配给股东或投资者;

⑧将自产、委托加工或购进的货物无偿赠送其他单位或个人。

上述第⑤项所称“集体福利或个人消费”是指企业内部设置的供职工使用的食堂、浴室、理发室、宿舍、幼儿园等福利设施及设备、物品等，或者以福利、奖励、津贴等形式发放给职工个人的物品。

(2)视同提供应税服务

单位和个体工商户的下列情形，视同提供应税服务：

①向其他单位或者个人无偿提供交通运输业和部分现代服务业服务，但以公益活动为目的或者以社会公众为对象的除外。

②财政部和国家税务总局规定的其他情形。

(3)混合销售

混合销售是指一项销售行为既涉及货物销售又涉及提供非增值税应税劳务的销售行为。

(4)兼营非应税劳务

兼营非应税劳务是指纳税人的经营范围既包括销售货物和应税劳务，又包括提供非应税劳务。与混合销售行为不同的是，兼营非应税劳务是指销售货物或应税劳务与提供非应税劳务不同时发生在同一购买者身上，也不发生在同一项销售行为中。

(5)混业经营

纳税人兼有不同税率或者征收率的销售货物、提供加工修理修配劳务或者应税服务的，应当分别核算适用不同税率或征收率的销售额，未分别核算销售额的，从高适用税率或征收率。

(三)增值税的纳税人

增值税纳税人是指税法规定负有缴纳增值税义务的单位和个人。在我国境内销售、进口货物或者提供加工、修理、修配劳务以及应税服务的单位和个人，为增值税纳税人。按照经营规模的大小和会计核算健全与否等标准，增值税纳税人可分为一般纳税人和小规模纳税人。

1. 增值税一般纳税人

(1)一般纳税人是指年应征增值税销售额(以下简称“年应税销售额”，包括一个公历年度内的全部应税销售额)超过《增值税暂行条例实施细则》规定的小规模纳税人标准的企业和企业性单位。一般纳税人的特点是增值税进项税额可以抵扣销项税额。

下列纳税人不属于一般纳税人：

①年应税销售额未超过小规模纳税人标准的企业；

②除个体经营者以外的其他个人；

③非企业性单位；

④不经常发生增值税应税行为的企业。

(2)小规模纳税人

小规模纳税人是指年销售额在规定标准以下，并且会计核算不健全，不能按规定报送有关税务资料的增值税纳税人。小规模纳税人的认定标准是：

①从事货物生产或者提供应税劳务的纳税人，以及以从事货物生产或者提供应税劳务为主，并兼营货物批发或者零售的纳税人，年应税销售额在50万元以下(含本数，下同)的：“以从事货物生产或者提供应税劳务为主”是指纳税人的年货物生产或提供应税劳务的销售额占全年应税销售额的比重在50%。

②对上述规定以外的纳税人，年应税销售额在80万元以下的。

③对提供应税服务的，年应税服务销售额在500万元以下的。

④年应税销售额超过小规模纳税人标准的其他个人按小规模纳税人纳税。

⑤非企业性单位、不经常发生应税行为的企业可选择按小规模纳税人纳税。

小规模纳税人会计核算健全，能够提供准确税务资料的，可以向主管税务机关申请一般纳税人资格认定，成为一般纳税人。

除国家税务总局另有规定外，一经认定为一般纳税人后，不得转为小规模纳税人。

(四)增值税的扣缴义务人

中华人民共和国境外(以下简称境外)的单位或者个人在境内提供应税服务，在境内未设有经营机构的，以其代理人为增值税扣缴义务人；在境内没有代理人的，以接受方为增值税扣缴义务人。

境外单位或者个人在境内提供应税服务，在境内未设有经营机构的，扣缴义务人按照下列公式计算应扣缴税额：应扣缴税额 = 接受方支付的价款 ÷ (1 + 税率) × 税率

(五)增值税税率

1. 基本税率

增值税的基本税率为17%。

2. 低税率

除基本税率以外，下列货物按照低税率征收增值税：

(1)下列应税货物按照13%的低税率征收增值税：

①粮食、食用植物油；

②自来水、暖气、冷气、热水、煤气、石油液化气、天然气、沼气、居民用煤炭制品；

③图书、报纸、杂志；

④饲料、化肥、农药、农机(不包括农机零部件)、农膜；

⑤国务院规定的其他货物。

(2)下列应税服务按照低税率征收增值税：

①提供交通运输业服务、邮政业服务，税率为11%。

②提供现代服务业服务(有形动产租赁服务除外)，税率为6%。

3. 零税率

(1)纳税人出口货物，一般适用零税率，国务院另有规定的除外；

(2)单位和个人提供的国际运输服务、向境外单位提供的研发服务和设计服务以及财政部和国家税务总局规定的其他应税服务，税率为零。

4. 征收率

自2009年1月1日起，小规模纳税人增值税征收率调整为3%。纳税人提供适用不同税率或者征收率的应税服务，应当分别核算适用不同税率或者征收率的销售额；未分别核算的，从高适用税率。

(六)增值税一般纳税人应纳税额的计算

我国增值税实行扣税法。一般纳税人凭增值税专用发票及其他合法扣税凭证注明税款进行抵扣，其应纳增值税的计算公式为：

应纳税额 = 当期销项税额 - 当期进项税额

= 当期销售额 × 适用税率 - 当期进项税额

(七)增值税小规模纳税人应纳税额的计算

小规模纳税人销售货物、提供应税劳务或者服务，实行按照销售额和征收率计算应纳税额的简易办法，并不得抵扣进项税额。其应纳税额计算公式为：

应纳税额 = 销售额 × 征收率

(八)增值税的征收管理

1. 纳税义务的发生时间

(1)采用直接收款方式销售货物，不论货物是否发出，均为收到销售款或者取得索取销售款凭证的当天；先开具发票的，为开具发票的当天。纳税人提供应税服务的，为收讫销售款或者取得销售款项凭据的当天；先开具发票的，为开具发票的当天。

收讫销售款项是指纳税人提供应税服务过程中或者完成后收到款项。

取得索取销售款项凭证的当天，是指书面合同确定的付款日期；未签订书面合同或者书面合同未确定付款日期的，为应税服务完成的当天。

(2)采取托收承付和委托银行收款方式销售货物，为发出货物并办妥托收手续的当天。

(3)采取赊销和分期收款方式销售货物，为书面合同约定的收款当天，无书面合同或者书面合同没有约定收款日期的，为货物发出的当天。

(4)采取预收货款方式销售货物，为货物发出的当天；但生产销售生产工期超过 12 个月的大型机械设备、船舶、飞机等货物，为收到预收款或者书面合同约定的收款日期的当天。

纳税人提供有形动产租赁服务采取预收款方式的，其纳税义务发生时间为收到预收款的当天。

(5)委托其他纳税人代销货物，为收到代销单位的代销清单或者收到全部或者部分货款的当天。未收到代销清单及货款的，为发出代销货物满 180 天的当天。

(6)销售应税劳务，为提供劳务同时收讫销售款或者取得索取销售款的凭据的当天。

(7)纳税人发生视同销售货物行为，为货物移送的当天。纳税人发生视同提供应税服务行为的，其纳税义务发生时间为应税服务完成的当天。

(8)纳税人进口货物，纳税义务发生时间为报关进口的当天。

(9)增值税扣缴义务发生时间为纳税人增值税纳税义务发生的当天。

2. 纳税期限

增值税的纳税期限分别为 1 日、3 日、5 日、10 日、15 日、1 个月或者 1 个季度，纳税人的具体纳税期限，由主管税务机关根据纳税人应纳税额的大小分别核定；以 1 个季度为纳税期限的规定适用于小规模纳税人以及财政部和国家税务总局规定的其他纳税人；不能按照固定期限纳税的，可以按次纳税。

纳税人以 1 个月或者 1 个季度为 1 个纳税期的，自纳税期满之日起 15 日内申报纳税；以 1 日、3 日、5 日、10 日或者 15 日为 1 个纳税期的，自期满之日起 5 日内预缴税款，于次月 1 日起 15 日内申报纳税并结清上月应纳税款。

纳税人进口货物，应当自海关填发税款缴纳书之日起 15 日内缴纳税款。

3. 纳税地点

固定业户应当向其机构所在地的主管税务机构申报纳税。固定业户到外县(市)销售货物或者应税劳务，应当向其机构所在地主管税务机关申请开具《外出经营活动税收管理证明》，并向其机构所在地主管税务机关申报纳税。未开具该证明的，应当向销售地或者劳务发生地的主管税务机关申报纳税。

非固定业户销售货物或者提供应税劳务，应当向销售地或者劳务发生地的主管税务机关申报纳税。进口货物向报关地海关申报纳税。

扣缴义务人应当向其机构所在地或者居住地主管税务机关申报缴纳其扣缴的税款。

二、营业税

（一）营业税的概念

营业税是对在我国境内提供应税劳务、转让无形资产或销售不动产的单位和个人，就其所取得的营业额征收的一种税。

（二）营业税的纳税人与扣缴义务人

营业税的纳税人是指在中华人民共和国境内提供应税劳务、转让无形资产或者销售不动产的单位和个人。

境外单位或者个人在境内提供应税劳务、转让无形资产或者销售不动产的，在境内未设有经营机构的，以境内代理人为营业税扣缴义务人；没有代理人的，以受让方或购买方为营业税扣缴义务人。

（三）营业税的税目和税率

1. 营业税共有九个税目：交通运输业、建筑业、邮电通信业、文化体育业、金融保险业、服务业、转让无形资产、销售不动产、娱乐业。

2013 年 8 月 1 日起，将交通运输业（铁路运输业除外）和部分现代服务业营业税改征增值税（以下简称营改增）试点在全国范围内推开；2014 年 1 月 1 日起，将铁路运输业和邮政服务业纳入“营改增”试点。至此，交通运输业已全部纳入“营改增”范围。

2. 营业税税率

营业税按照行业和经济业务的类别不同，分别采用不同的比例税率：

（1）建筑业、电信业、文化体育业的税率为 3%。

（2）金融保险业、服务业、转让无形资产、销售不动产的税率为 5%。

（3）娱乐业的税率为 5% ~20%，纳税人经营娱乐业具体适用的税率，由省、自治区、直辖市人民政府在《营业税暂行条例实施细则》规定的幅度内决定。

已纳入“营改增”范围的部分现代服务业，执行增值税税率。

（四）营业税应纳税额

1. 营业税的计税依据

营业税的计税依据是营业额。营业额是指纳税人提供应税劳务、转让无形资产或者销售不动产向对方收取的全部价款和价外费用。价外费用包括向对方收取的手续费、基金、集资费、代收款项、代垫款项以及其他各种性质的价外收费。

营业税应纳税额的计算公式为：

应纳税额 = 营业额 × 税率

2. 对于纳税人提供劳务、转让无形资产或销售不动产价格明显偏低而无正当理由的，或者视同发生应税行为而无营业额的，税务机关可按下列顺序确定其营业额：

（1）按纳税人最近时期发生同类应税行为的平均价格核定；

（2）按其他纳税人最近时期发生同类应税行为的平均价格核定；

（3）按下列公式核定：

营业额 = 营业成本或者工程成本 ×（1 + 成本利润率）÷（1 − 营业税税率）

公式中的成本利润率，由省、自治区、直辖市税务局确定。

（五）营业税征收管理

1. 纳税义务发生时间，即业务发生并收讫款项或者取得索取款项凭据的当天。对某些具体情况规定如下：

(1)纳税人转让土地使用权、销售不动产、提供建筑业或者租赁业劳务，采用预收款方式的，其纳税义务发生时间为收到预收款的当天。

(2)纳税人新建建筑物后销售，其自建行为的纳税义务发生时间，为其销售自建建筑物并收讫营业收入款项或者取得索取营业收入款项凭据的当天。

(3)纳税人将不动产或者土地使用权无偿赠与他人，其纳税义务发生时间为不动产所有权或者土地使用权转移的当天。

2. 营业税的纳税期限

营业税的纳税期限，分别为5日、10日、15日、1个月或1个季度。纳税人的具体纳税期限，由主管税务机关根据纳税人应纳税额的大小分别核定；不能按照固定期限纳税的，可以按次纳税。

纳税人以1个月或1个季度为一期纳税的，自期满之日起15日内申报纳税；以5日、10日或者15日为一期纳税的，自期满之日起5日内预缴税款，于次月1日起15日内申报纳税并结清上月应纳税款。

银行、财务公司、信托投资公司、信用社、外国企业常驻代表机构的纳税期限为1个季度，自纳税期满之日起15日内申报纳税。保险业的纳税期限为1个月。

3. 营业税纳税地点

(1)纳税人提供应税劳务，应当向其机构所在地或者居住地的主管税务机关申报纳税，但建筑业劳务应向应税劳务发生地主管税务机关申报纳税。

(2)纳税人出租、转让土地使用权，应当向土地所在地主管税务机关申报纳税；纳税人转让其他无形资产，应当向其机构所在地主管税务机关申报纳税。

(3)纳税人出租、销售不动产，应当向不动产所在地主管税务机关申报纳税。

三、消费税

(一)消费税的概念

消费税是对在我国境内从事生产、委托加工和进口应税消费品的单位和个人征收的一种流转税，是对特定的消费品和消费行为在特定的环节征收的一种流转税。

(二)消费税的征税范围

1. 生产应税消费品

生产应税消费品在生产销售环节征税。纳税人将生产的应税消费品换取生产资料、消费资料、投资入股、偿还债务，以及用于继续生产应税消费品以外的其他方面都应缴纳消费税。

2. 委托加工应税消费品

委托加工应税消费品是指委托方提供原料和主要材料，受托方只收取加工费和代垫部分辅助材料加工的应税消费品。由受托方提供原材料或其他情形的一律不能视同加工应税消费品。

委托加工的应税消费品，除受托方为个人外，由受托方向委托方交货时代收代缴税款；委托个人加工的应税消费品，由委托方收回后缴纳消费税。

委托加工的应税消费品，委托方用于连续生产应税消费品的，所纳税款准予按规定抵扣；直接出售的，不再缴纳消费税。委托方将收回的应税消费品，以不高于受托方的计税价格出售的，为直接出售，不再缴纳消费税；委托方以高于受托方的计税价格出售的，不属于直接出售，需按照规定申报缴纳消费税，在计税时准予扣除受托方已代收代缴的消费税。

3. 进口应税消费品

单位和个人进口应税消费品，于报关进口时由海关代征消费税。

4. 批发、零售应税消费品

经国务院批准，自1995年1月1日起，金银首饰消费税由生产销售环节征收改为零售环节征收。改在零售环节征收消费税的金银首饰仅限于金基、银基合金首饰以及金、银和金基、银基合金的镶嵌首饰，适用税率为5%，其计税依据是不含增值税的销售额。

对既销售金银首饰，又销售非金银首饰的生产、经营单位，应将两类商品划分清楚，分别核算销售额。凡划分不清楚或不能分别核算的，在生产环节销售的，一律从高适用税率征收消费税；在零售环节销售的，一律按金银首饰征收消费税。金银首饰与其他产品组成成套消费品销售的，应按销售额全额征收消费税。

金银首饰连同包装物一起销售的，无论包装物是否单独计价，也无论会计上如何核算，均应并入金银首饰的销售额，计征消费税。

带料加工的金银首饰，应按受托方销售的同类金银首饰的销售价格确定计税依据征收消费税。没有同类金银首饰销售价格的，按照组成计税价格计算纳税。

纳税人采用以旧换新（含翻新改制）方式销售的金银首饰，应按实际收取的不含增值税的全部价款确定计税依据征收消费税。

（三）消费税纳税人

消费税纳税人是指在中华人民共和国境内（起运地或者所在地在境内）生产、委托加工和进口《消费税暂行条例》规定的消费品的单位和个人，以及国务院确定的销售《消费税暂行条例》规定的消费品的其他单位和个人。

（四）消费税的税目与税率

我国消费税的税目共有14个，分别是：（1）烟；（2）酒及酒精；（3）化妆品；（4）贵重首饰及珠宝玉石；（5）鞭炮、焰火；（6）成品油；（7）汽车轮胎；（8）摩托车；（9）小汽车；（10）高尔夫球及球具；（11）高档手表；（12）游艇；（13）木制一次性筷子；（14）实木地板。其中，有些还包括若干子目。

消费税的税率包括比例税率和定额税率两类。根据不同的税目或子目，应税消费品的税率不同。

（五）消费税应纳税额

1. 从价定率征收，即根据不同的应税消费品确定不同的比例税率。

应纳税额＝应税消费品的销售额×比例税率

2. 从量定额征收，即根据不同的应税消费品确定不同的单位税额。

应纳税额＝应税消费品的销售数量×单位税额

3. 从价定率和从量定额复合征收，即以两种方法计算的应纳税额之和为该应税消费品的应纳税额。我国目前只对卷烟和白酒采用复合征收方法。

应纳税额＝应税消费品的销售额×比例税率＋应税消费品的销售数量×单位税额

4. 应税消费品已纳税款的扣除

应税消费品若是用外购已缴纳消费税的应税消费品连续生产出来的，在对这些连续生产出来的应税消费品征税时，按当期生产领用数量计算准予扣除的外购应税消费品已缴纳的消费税税款。

5. 自产自用应税消费品应纳税额

纳税人自产自用应税消费品用于连续生产应税消费品的，不纳税；凡用于其他方面的，应按照纳税人生产的同类消费品的销售价格计算纳税，没有同类消费品销售价格的，按照组成计税价格计算纳税。

实行从价定率办法计算纳税的组成计税价格计算公式：

组成计税价格 =（成本 + 利润）÷（1 – 比例税率）

实行复合计税办法计算纳税的组成计税价格计算公式：

组成计税价格 =（成本 + 利润 + 自产自用数量 × 定额税率）÷（1 – 比例税率）

6. 委托加工应税消费品应纳税额

委托加工的应税消费品，按照受托方的同类消费品的销售价格计算纳税；没有同类消费品销售价格的，按照组成计税价格计算纳税。

实行从价定率办法计算纳税的组成计税价格计算公式：

组成计税价格 =（材料成本 + 加工费）÷（1 – 比例税率）

实行复合计税办法计算纳税的组成计税价格计算公式：

组成计税价格 =（材料成本 + 加工费 + 委托加工数量 × 定额税率）÷（1 – 比例税率）

（六）消费税征收管理

1. 纳税义务发生时间（货款结算方式或行为发生时间）

（1）纳税人销售应税消费品的，按不同的销售结算方式分别为：

①采取赊销和分期收款结算方式的，为书面合同约定的收款日期的当天，书面合同没有约定收款日期或者无书面合同的，为发出应税消费品的当天；

②采取预收货款结算方式的，为发出应税消费品的当天；

③采取托收承付和委托银行收款方式的，为发出应税消费品并办妥托收手续的当天；

④采取其他结算方式的，为收讫销售款或者取得索取销售款凭据的当天。

（2）纳税人自产自用应税消费品的，为移送使用的当天。

（3）纳税人委托加工应税消费品的，为纳税人提货的当天。

（4）纳税人进口应税消费品的，为报关进口的当天。

2. 消费税纳税期限

消费税纳税期限分别为 1 日、3 日、5 日、10 日、15 日、1 个月或者 1 个季度。纳税人的具体纳税期限，由主管税务机关根据纳税人应纳税额的大小分别核定，不能按照固定期限纳税的，可以按次纳税。

纳税人以 1 个月或者 1 个季度为一期纳税的，自期满之日起 15 日内申报纳税；纳税人以 1 日、3 日、5 日、10 日、15 日为一期的，自期满之日起 5 日内预缴税款，于次月 1 日起 15 日内申报纳税并结清上月应纳税款。进口货物自海关填发税收专用缴款书之日起 15 日内缴纳。

3. 消费税纳税地点

（1）纳税人销售的应税消费品，以及自产自用的应税消费品，除国务院财政、税务主管部门另有规定外，应当向纳税人机构所在地或者居住地的主管税务机关申报纳税。

（2）委托加工的应税消费品，除受托方为个人外，由受托方向机构所在地或居住地主管税务机关解缴消费税税款；委托个人加工的应税消费品，由委托方向其机构所在地或者居住地主管税务机关申报纳税。

（3）进口的应税消费品，由进口人或者其代理人向报关地海关申报纳税。

(4)纳税人到外县(市)销售或者委托外县(市)代销自产应税消费品的，于应税消费品销售后，向机构所在地或居住地主管税务机关申报纳税。

(5)纳税销售的应税消费品，如因质量等原因，由购买者退回时，经由所在地主管税务机关审核批准后，可退还已征收的消费税税款，但不能自行直接抵减应纳税税款。

四、企业所得税

(一)企业所得税的概念

企业所得税是对我国企业和其他组织的生产经营所得和其他所得征收的一种税。企业分为居民企业和非居民企业。居民企业是指依法在中国境内成立，或者依照外国(地区)法律成立但实际管理机构在中国境内的企业。非居民企业是指依照外国(地区)法律成立且实际管理机构不在中国境内，但在中国境内设立机构、场所的，或者在中国境内未设立机构、场所，但有来源于中国境内所得的企业。

(二)企业所得税的征税对象

居民企业应就来源于中国境内、境外的所得作为征税对象。

非居民企业在中国境内设立机构、场所的，应当就其所设机构、场所取得的来源于中国境内的所得，以及发生在中国境外但与其所设机构、场所有实际联系的所得，缴纳企业所得税。

(三)企业所得税的税率

1. 基本税率为25%。适用于居民企业和在中国境内设有机构、场所且所得与机构、场所有关联的非居民企业。

2. 优惠税率。对符合条件的小型微利企业，减按20%的税率征收企业所得税;对国家需要重点扶持的高新技术企业，减按15%的税率征收企业所得税。

(四)企业所得税应纳税所得额

企业所得税应纳税所得额是企业所得税的计税依据。应纳税所得额为企业每一个纳税年度的收入总额减去不征税收入、免税收入、各项扣除，以及弥补以前年度的亏损之后的余额，应纳税所得额有两种计算方法:

直接计算法下的计算公式为:

应纳税所得额 = 收入总额 - 不征税收入额 - 免税收入额 - 各项扣除额 - 准予弥补的以前年度亏损额

间接计算法下的计算公式为:

应纳税所得额 = 利润总额 + 纳税调整项目金额

1. 收入总额

企业以货币形式和非货币形式从各种来源取得的收入，为收入总额，包括销售货物收入，提供劳务收入，转让财产收入，股息、红利等权益性投资收益，利息收入，租金收入，特许权使用费收入，接受捐赠收入，其他收入。

2. 不征税收入

不征税收入是指从性质和根源上不属于企业营利性活动带来的经济利益、不负有纳税义务并不作为应纳税所得额组成部分的收入。如财政拨款、依法收取并纳入财政管理的行政事业性收费、政府性基金以及其他不征税收入。

3. 免税收入

免税收入是指属于企业的应税所得但按照税法规定免予征收企业所得税的收入。免税收入包括国债利息收入，符合条件的居民企业之间的股息、红利收入，在中国境内设立机构、场所的非居民企业从居民企业取得与该机构、场所有实际联系的股息、红利收入，符合条件的非营利组织的收入等。

4. 准予扣除项目

企业实际发生的与取得收入有关的、合理的支出，包括成本、费用、税金、损失和其他支出等，准予在计算应纳税所得额时扣除。

5. 不得扣除项目

(1)向投资者支付的股息、红利等权益性投资收益款项；

(2)企业所得税税款；

(3)税收滞纳金；

(4)罚金、罚款和被没收财物的损失；

(5)企业发生的公益性捐赠支出以外的捐赠支出。企业发生的公益性捐赠支出，在年度利润总额12%以内的部分，准予在计算应纳税所得额时扣除；

(6)赞助支出，是指企业发生的与生产经营活动无关的各种非广告性支出；

(7)企业之间支付的管理费、企业内营业机构之间支付的租金和特许权使用费，以及非银行企业内营业机构之间支付的利息；

(8)与取得收入无关的其他支出。

6. 职工福利费、工会经费和职工教育经费支出的税前扣除

(1)企业发生的职工福利费支出，不超过工资薪金总额14%的部分，准予扣除；

(2)企业拨缴的工会经费，不超过工资薪金总额2%的部分，准予扣除；

(3)除国务院财政、税务主管部门另有规定外，企业发生的职工教育经费支出，不超过工资薪金总额2.5%的部分，准予扣除；超过部分，准予在以后纳税年度结转扣除。

7. 亏损弥补

纳税人发生年度亏损的，可以用下一纳税年度的所得弥补；下一纳税年度的所得不足弥补的，可以逐年延续弥补，但是延续弥补期最长不得超过5年。

(五)企业所得税征收管理

1. 纳税地点

居民企业一般以企业登记注册地为纳税地点，但登记注册地在境外的，以企业实际管理机构所在地为纳税地点。

居民企业在中国境内设立的不具有法人资格的分支或营业机构，由该居民企业汇总计算并缴纳企业所得税。

2. 纳税期限

企业所得税实行按年(自公历1月1日起到12月31日止)计算，分月或分季预缴，年终汇算清缴(年终后5个月内进行)、多退少补的征纳方法。

纳税人在一个年度中间开业，或者由于合并、关闭等原因，使该纳税年度的实际经营期不足12个月的，应当以其实际经营期为一个纳税年度。

3. 纳税申报

按月或按季预缴的，应当自月份或季度终了之日起15日内，向税务机关报送预缴企业所得税纳税申报表，预缴税款。

五、个人所得税

(一)个人所得税的概念

个人所得税是以个人(自然人)取得的各项应税所得为征税对象所征收的一种税。

(二)个人所得税的纳税义务人

个人所得税的纳税义务人，以住所和居住时间为标准分为居民纳税义务人和非居民纳税义务人。

1. 居民纳税义务人

居民纳税义务人是指在中国境内有住所，或者无住所但在中国境内居住满 1 年的个人。居民纳税义务人负有无限纳税义务，其从中国境内和境外取得的所得，都要在中国缴纳个人所得税。

2. 非居民纳税义务人

非居民纳税义务人是指在中国境内无住所又不居住，或者无住所而在中国境内居住不满 1 年的个人。非居民纳税义务人承担有限纳税义务，仅就其从中国境内取得的所得，在中国缴纳个人所得税。

(三)个人所得税的应税项目和税率

1. 个人所得税的应税项目

现行个人所得税共有 11 个应税项目:(1)工资、薪金所得;(2)个体工商户的生产、经营所得;(3)企事业单位的承包经营、承租经营所得;(4)劳务报酬所得;(5)稿酬所得;(6)特许权使用费所得;(7)利息、股息、红利所得;(8)财产租赁所得;(9)财产转让所得(指个人转让有价证券、股票、建筑物、土地使用权、机器设备、车船以及其他财产取得的所得);(10)偶然所得(指个人得奖、中奖、中彩以及其他偶然性质的所得);(11)经国务院财政部门确定征税的其他所得。

2. 个人所得税税率

(1)工资、薪金所得，适用3% ~45% 的超额累进税率。

(2)个体工商户的生产、经营所得和对企事业单位的承包经营、承租经营所得，适用 5% ~35% 的超额累进税率。

3. 稿酬所得适用比例税率，税率为 20% ,并按应纳税额减征 30% ,故其实际税率为 14% 。

4. 劳务报酬所得适用比例税率，税率为 20% 。对劳务报酬所得一次收入畸高的，可以实行加成征收。

5. 特许权使用费所得，利息、股息、红利所得，财产转让所得，偶然所得和其他所得，适用比例税率，税率为 20% 。

(四)个人所得税应纳税额的计算

1. 工资、薪金所得，以每月收入额减除费用 3500 元后的余额，为应纳税所得额。

应纳税额 = 应纳税所得额 × 适用税率 - 速算扣除数

=(每月收入额 -3500 元) × 适用税率 - 速算扣除数

2. 个体工商户的生产、经营所得，以每一纳税年度的收入总额减除成本、费用及损失后的余额，为应纳税所得额。

应纳税额 = 应纳税所得额 × 适用税率 - 速算扣除数

=(收入总额 - 成本、费用以及损失等) × 适用税率 - 速算扣除数

3. 对企事业单位的承包经营、承租经营所得，以每一纳税年度的收入总额，减除必要的

费用后的余额，为应纳税所得额。减除必要费用，是指按月减除3500元。

应纳税额 = 应纳税所得额 × 适用税率 − 速算扣除数

= (纳税年度收入总额 − 必要费用) × 适用税率 − 速算扣除数

4. 劳务报酬所得应纳税所得额的计算公式：

(1) 每次收入不足4000元的，应纳税额 = (每次收入额 − 800) × 20%

(2) 每次收入超过4000元的，应纳税额 = 每次收入额 × (1 − 20%) × 20%

(3) 每次收入的应纳税所得额超过20000元的，应纳税额 = 每次收入额 × (1 − 20%) × 适用税率 − 速算扣除数

5. 稿酬所得应纳税额的计算公式为：

(1) 每次收入不足4000元的，应纳税额 = (每次收入额 − 800) × 20% × (1 − 30%)

(2) 每次收入在4000元以上的，应纳税额 = 每次收入额 × (1 − 20%) × 20% × (1 − 30%)

6. 财产转让所得应纳税额的计算公式为：

应纳税额 = 应纳税所得额 × 适用税率 = (收入总额 − 财产原值 − 合理税费) × 20%

7. 利息、股息、红利所得应纳税额的计算公式为：

应纳税额 = 应纳税所得额 × 适用税率 = 每次收入额 × 20%

(五) 个人所得税征收管理

1. 自行申报

自行申报是由纳税人自行在税法规定的纳税期限内，向税务机关申报取得的应税所得项目和数额，如实填写个人所得税纳税申报表，并按照税法规定计算应纳税额，据此缴纳个人所得税的一种方法。

下列人员为自行申报纳税的纳税义务人：

(1) 年所得12万元以上的。

(2) 从中国境内两处或者两处以上取得工资、薪金所得的。

(3) 从中国境外取得所得的。

(4) 取得应纳税所得，没有扣缴义务人的。

(5) 国务院规定的其他情形。

2. 代扣代缴

代扣代缴是指按照税法规定负有扣缴税款义务的单位或个人，在向个人支付应纳税所得时，应计算应纳税额，从其所得中扣除并缴入国库，同时向税务机关报送扣缴个人所得税报告表。

凡支付个人应纳税所得的企业、事业单位、社会团体、军队、驻华机构(不含依法享有外交特权和豁免的驻华使领馆、联合国及其国际组织驻华机构)、个体户等单位或者个人，为个人所得税的扣缴义务人。

第三节　税收征收管理

一、税务登记

税务登记是税务机关依据税法规定，对纳税人的生产、经营活动进行登记管理的一项法定制度，也是纳税人依法履行纳税义务的法定手续。税务登记是整个税收征收管理的起点。

二、发票开具与管理

（一）发票的种类

发票是指在购销商品、提供劳务或接受劳务、服务以及从事其他经营活动，所提供给对方的收付款的凭证。较为常见的发票有：(1)增值税专用发票；(2)普通发票；(3)专业发票。

（二）发票的开具要求

1. 单位和个人应在发生经营业务、确认营业收入时，才能开具发票。

2. 单位和个人开具发票时应按号码顺序填开，填写项目齐全、内容真实、字迹清楚、全部联次一次性复写或打印，内容完全一致，并在发票联和抵扣联加盖单位财务印章或者发票专用章。

3. 填写发票应当使用中文。民族自治地区可以同时使用当地通用的一种民族文字；外商投资企业和外资企业可以同时使用一种外国文字。

4. 使用电子计算机开具发票必须报主管税务机关批准，并使用税务机关统一监制的机打发票。

5. 开具发票时限、地点应符合规定。

6. 任何单位和个人不得转借、转让、代开发票；未经税务机关批准，不得拆本使用发票；不得自行扩大专业发票适用范围。

三、纳税申报

纳税申报是指纳税人、扣缴义务人按照税法规定的期限和内容向税务机关提交有关纳税事项书面报告的法律行为，是纳税人履行纳税义务、承担法律责任的主要依据，是税务机关税收管理信息的主要来源和税务管理的一项重要制度。

纳税人办理纳税申报主要采取方式有：(1)直接申报；(2)邮寄申报；(3)；数据电文；(4)简易申报。

四、税款征收

税款征收是税务机关依照税收法律、法规的规定，将纳税人应当缴纳的税款组织入库的一系列活动的总称。税款征收的方式主要有九种：(1)查账征收；(2)查定征收；(3)查验征收；(4)定期定额征收；(5)核定征收；(6)代扣代缴；(7)代收代缴；(8)委托代征税款；(9)其他方式。

五、税务代理

税务代理指代理人接受纳税主体的委托，在法定的代理范围内依法代其办理相关税务事宜的行为。税务代理人在其权限内，以纳税人（含扣缴义务人）的名义代为办理纳税申报，申办、变更、注销税务登记证，申请减免税，设置保管账簿凭证，进行税务行政复议和诉讼等纳税事项的服务活动。

六、税务检查

税务检查是税务机关根据税收法律、行政法规的规定，对纳税人、扣缴义务人履行纳税义务、扣缴义务及其他有关业务事项进行审查、核实、监督活动的总称。

七、税收法律责任

税收法律责任，是指税收法律关系的主体因违反税收法律规范所应承担的法律后果。税收法律责任可分为行政责任和刑事责任。

八、税务行政复议

税务行政复议是指当事人(纳税人、扣缴义务人、纳税担保人及其他税务当事人)对税务机关及其工作人员作出的税务具体行政行为不服，依法向上一级税务机关(复议机关)提出申请，复议机关对具体行政行为的合法性、合理性作出裁决。

第四章　财政法律制度

【基本要求】

1. 了解预算法律制度的构成

2. 了解国库集中支付制度的概念

3. 了解政府采购法律制度的构成和原则

4. 掌握国家预算的级次划分和构成、预算管理的职权、预算组织的程序以及预决算的监督

5. 掌握政府采购的执行模式和方式

6. 掌握国库单一账户体系的构成及财政收支的方式

【考试内容】

第一节　预算法律制度

一、预算法律制度的构成

预算法律制度是指国家经过法定程序制定的，用以调整国家预算关系的法律、行政法规和相关规章制度。我国预算法律制度由《预算法》、《预算法实施条例》以及有关国家预算管理的其他法规制度构成。

二、国家预算概述

(一)国家预算的概念

国家预算也称政府预算，是政府的基本财政收支计划，即经法定程序批准的国家年度财政收支计划。国家预算是实现财政职能的基本手段，反映国家的施政方针和社会经济政策，规定政府活动的范围和方向。

(二)国家预算的作用

国家预算的作用有:财力保证作用、调节制约作用和反映监督作用。

(三)国家预算级次的划分

根据国家政权结构、行政区域划分和财政管理体制的要求，按照一级政府设立一级预算的原则，我国国家预算共分为五级预算，具体包括:中央预算、省级(省、自治区、直辖市)预算、地市级(设区的市、自治州)预算、县市级(县、自治县、不设区的市、市辖区)预算和乡镇级(乡、民族乡、镇)预算。其中，对于不具备设立预算条件的乡、民族乡、镇，经省、自治区、直辖市政府确定，可以暂不设立预算。

(四)国家预算的构成

国家预算按照政府级次可分为中央预算和地方预算，按照收支管理范围可分为总预算和部门单位预算。

三、预算管理的职权

(一)各级人民代表大会及其常务委员会的职权

1. 全国人民代表大会及其常务委员会的职权

全国人民代表大会审查中央和地方预算草案及中央和地方预算执行情况的报告;批准中央预算和中央预算执行情况的报告;改变或者撤销全国人民代表大会常务委员会关于预算、决

算的不适当的决议。

全国人民代表大会常务委员会监督中央和地方预算的执行；审查和批准中央预算的调整方案；审查和批准中央决算；撤销国务院制定的同宪法、法律相抵触的关于预算、决算的行政法规、决定和命令；撤销省、自治区、直辖市人民代表大会及其常务委员会制定的同宪法、法律和行政法规相抵触的关于预算、决算的地方性法规和决议。

2. 县级以上地方各级人民代表大会及其常务委员会的职权

县级以上地方各级人民代表大会审查本级总预算草案及本级总预算执行情况的报告；批准本级预算和本级预算执行情况的报告；改变或者撤销本级人民代表大会常务委员会关于预算、决算的不适当的决议；撤销本级政府关于预算、决算的不适当的决定和命令。

县级以上地方各级人民代表大会常务委员会监督本级总预算的执行；审查和批准本级预算的调整方案；审查和批准本级政府决算（以下简称本级决算）；撤销本级政府和下一级人民代表大会及其常务委员会关于预算、决算的不适当的决定、命令和决议。

3. 乡、民族乡、镇的人民代表大会的职权

设立预算的乡、民族乡、镇的人民代表大会审查和批准本级预算和本级预算执行情况的报告；监督本级预算的执行；审查和批准本级预算的调整方案；审查和批准本级决算；撤销本级政府关于预算、决算的不适当的决定和命令。

（二）各级财政部门的职权

1. 国务院财政部门的职权

国务院财政部门具体编制中央预算、决算草案；具体组织中央和地方预算的执行；提出中央预算预备费动用方案；具体编制中央预算的调整方案；定期向国务院报告中央和地方预算的执行情况。

2. 地方各级政府财政部门的职权

地方各级政府财政部门具体编制本级预算、决算草案；具体组织本级总预算的执行；提出本级预算预备费动用方案；具体编制本级预算的调整方案；定期向本级政府和上一级政府财政部门报告本级总预算的执行情况。

（三）各部门、各单位的职权

1. 各部门的职权

各部门具体负责编制本部门预算、决算草案；组织和监督本部门预算的执行；定期向本级政府财政部门报告预算的执行情况。

2. 各单位的职权

各单位负责编制本单位预算、决算草案；按照国家规定上缴预算收入，安排预算支出，并接受国家有关部门的监督。

四、预算收入与预算支出

预算收入按来源可分为税收收入、国有资产收益、专项收入和其他收入；按归属可分为中央预算收入、地方预算收入、中央和地方预算共享收入。

预算支出按内容可分为经济建设支出、事业发展支出、国家管理费用支出、国防支出、各项补贴支出和其他支出；按主体可分为中央预算支出和地方预算支出。

五、预算组织程序

预算组织程序包括预算的编制、审批、执行和调整。

六、决算

决算包括决算草案的编制、决算草案的审批和决算的批复。

七、预决算的监督

预决算的监督包括:国家权力机关的监督、各级政府的监督、各级政府财政部门的监督和各级政府审计部门的监督。

第二节 政府采购法律制度

一、政府采购法律制度的构成

我国的政府采购法律制度由《中华人民共和国政府采购法》、国务院各部门特别是财政部颁布的一系列部门规章以及地方性法规和政府规章组成。

二、政府采购的概念与原则

(一)政府采购的概念

政府采购,是指各级国家机关、事业单位和团体组织,使用财政性资金采购依法制定的集中采购目录以内的或者采购限额标准以上的货物、工程和服务的行为。

(二)政府采购的原则

1. 公开透明原则

2. 公平竞争原则

3. 公正原则

4. 诚实信用原则

三、政府采购的功能与执行模式

(一)政府采购的功能

1. 节约财政支出,提高采购资金的使用效益

2. 强化宏观调控

3. 活跃市场经济

4. 推进反腐倡廉

5. 保护民族产业

(二)政府采购的执行模式

政府采购的执行模式有集中采购和分散采购两种模式。

四、政府采购当事人

政府采购当事人是指在政府采购活动中享有权利和承担义务的各类主体,包括采购人、供应商和采购代理机构等。

五、政府采购方式

政府采购方式有:公开招标、邀请招标、竞争性谈判、单一来源采购、询价采购。

六、政府采购的监督检查

(一)政府采购监督管理部门的监督

政府采购监督管理部门应当加强对政府采购活动及集中采购机构的监督检查。

(二)集中采购机构的内部监督

集中采购机构应当建立健全内部监督管理制度。采购活动的决策和执行程序应当明确,并相互监督、相互制约。

(三)采购人的内部监督

采购人必须按照《政府采购法》规定的采购方式和采购程序进行采购。政府采购项目的采购标准和采购结果应当公开。

(四)政府其他有关部门的监督

依照法律、行政法规的规定对政府采购负有行政监督职责的政府部门，应当按照其职责分工，加强对政府采购活动的监督。

(五)政府采购活动的社会监督

任何单位和个人对政府采购活动中的违法行为，有权控告和检举，有关部门、机关依照各自职责及时处理。

第三节 国库集中收付制度

一、国库集中收付制度的概念

国库集中收付制度一般也称为国库单一账户制度，包括国库集中支付制度和收入收缴管理制度，是指由财政部门代表政府设置国库单一账户体系，所有的财政性资金均纳入国库单一账户体系收缴、支付和管理的制度。

二、国库单一账户体系

(一)国库单一账户体系的概念

国库单一账户体系是指以财政国库存款账户为核心的各类财政性资金账户的集合。所有财政性资金的收入、支付、存储及资金清算活动均在该账户体系运行。

(二)国库单一账户体系

国库单一账户体系包括:国库单一账户、财政部门零余额账户、预算单位零余额账户、预算外资金财政专户和特设专户。

三、财政收支的方式

财政收入收缴方式有:直接缴库和集中汇缴。财政支出支付方式有:财政直接支付和财政授权支付。

第五章 会计职业道德

【基本要求】

1. 了解会计职业道德的功能
2. 熟悉会计职业道德的含义
3. 熟悉加强会计职业道德教育的途径
4. 掌握会计职业道德规范的主要内容

【考试内容】

第一节 会计职业道德概述

一、职业道德的特征与作用

(一)职业道德的概念

职业道德是指在一定职业活动中应遵循的、体现一定职业特征的、调整一定职业关系的职业行为准则和规范。

(二)职业道德的特征

职业道德具有职业性(行业性)、实践性、继承性和多样性等特征。

(三)职业道德的作用

职业道德的作用主要有:促进职业活动的有序进行、对社会道德风尚会产生积极的影响。

二、会计职业道德的概念与特征

(一)会计职业道德的概念

会计职业道德是指在会计职业活动中应当遵循的、体现会计职业特征的、调整会计职业关系的职业行为准则和规范。

会计职业道德是调整会计职业活动中各种利益关系的手段，会计职业道德具有相对稳定性和广泛的社会性。

(二)会计职业道德的特征

会计作为社会经济活动中的一种特殊职业，除具有职业道德的一般特征外，还具有一定的强制性和较多关注公众利益的特征。

三、会计职业道德的功能与作用

(一)会计职业道德的功能

会计职业道德的功能主要有:指导功能、评价功能、教化功能。

(二)会计职业道德的作用

会计职业道德的作用主要有:(1)是规范会计行为的基础;(2)是实现会计目标的重要保证;(3)是对会计法律制度的重要补充;(4)是提高会计人员职业素养的内在要求。

四、会计职业道德与会计法律制度的关系

(一)会计职业道德与会计法律制度的联系

会计职业道德与会计法律制度的联系主要有:(1)在作用上相互补充、相互协调;(2)在内容上相互借鉴，相互吸收。

(二)会计职业道德与会计法律制度的区别

会计职业道德与会计法律制度的区别有:(1)两者的性质不同;(2)两者作用范围不同;(3)两者表现形式不同;(4)实施保障机制不同;(5)两者的评价标准不同。

第二节　会计职业道德规范的主要内容

一、爱岗敬业

爱岗敬业是指忠于职守的事业精神，这是会计职业道德的基础。

爱岗敬业的基本要求有:(1)正确认识会计职业，树立职业荣誉感;(2)热爱会计工作，敬重会计职业;(3)安心工作，任劳任怨;(4)严肃认真，一丝不苟;(5)忠于职守，尽职尽责。

二、诚实守信

诚实是指言行思想一致，不弄虚作假、不欺上瞒下，做老实人，说老实话，办老实事。守信就是遵守自己所作出的承诺，讲信用，重信用，信守诺言，保守秘密。诚实守信是做人的基本准则，也是会计职业道德的精髓。

诚实守信的基本要求有:(1)做老实人，说老实话，办老实事，不搞虚假;(2)保密守信，不为利益所诱惑;(3)执业谨慎，信誉至上。

三、廉洁自律

廉洁就是不贪污钱财，不收受贿赂，保持清白。自律是指自律主体按照一定的标准，自己约束自己、自己控制自己的言行和思想的过程。廉洁自律是会计职业道德的前提，也是会计职业道德的内在要求。

廉洁自律的基本要求有:(1)树立正确的人生观和价值观;(2)公私分明,不贪不占;(3)遵纪守法,一身正气。

四、客观公正

客观是指按事物的本来面目去反映,不掺杂个人的主观意愿,也不为他人意见所左右。公正就是平等、公平、正直,没有偏失。客观公正是会计职业道德所追求的理想目标。

客观公正的基本要求有:(1)依法办事;(2)实事求是;(3)如实反映。

五、坚持准则

坚持准则是指会计人员在处理业务过程中,要严格按照会计法律制度办事,不为主观或他人意志左右。

坚持准则的基本要求有:(1)熟悉准则;(2)遵循准则;(3)敢于同违法行为作斗争。

六、提高技能

提高技能是指会计人员通过学习,培训和实践等途径,持续提高会计职业技能,以达到和维持足够的专业胜任能力的活动。作为一名会计工作者必须不断地提高其职业技能,这既是会计人员的义务,也是在职业活动中做到客观公正、坚持准则的基础,是参与管理的前提。

提高技能的基本要求有:(1)具有不断提高会计专业技能的意识和愿望;(2)具有勤学苦练的精神和科学的学习方法。

七、参与管理

参与管理是指间接参加管理活动,为管理者当参谋,为管理活动服务。

参与管理的基本要求有:(1)努力钻研业务,熟悉财经法规和相关制度,提高业务技能,为参与管理打下坚实的基础;(2)熟悉服务对象的经营活动和业务流程,使管理活动更具针对性和有效性。

八、强化服务

强化服务就是要求会计人员具有文明的服务态度、强烈的服务意识和优良的服务质量。

强化服务的基本要求有:(1)强化服务意识;(2)提高服务质量。

第三节　会计职业道德教育

一、会计职业道德教育的含义

会计职业道德教育是指根据会计工作的特点,有目的、有组织、有计划地对会计人员施加系统的会计职业道德影响,促使会计人员形成会计职业道德品质,履行会计职业道德义务的活动。

二、会计职业道德教育的形式

会计职业道德教育的形式有:(1)接受教育(外在教育);(2)自我修养(内在教育)。

三、会计职业道德教育的内容

会计职业道德教育内容包括:(1)会计职业道德观念教育;(2)会计职业道德规范教育;(3)会计职业道德警示教育;(4)其他教育。

四、会计职业道德教育的途径

(一)接受教育的途径

接受教育的途径主要有:(1)岗前职业道德教育;(2)岗位职业道德继续教育。

(二)自我修养的途径

自我修养的途径主要有:(1)慎独慎欲;(2)慎省慎微;(3)自警自励。

第四节　会计职业道德建设组织与实施

一、财政部门的组织推动

各级财政部门应当负起组织和推动本地区会计职业道德建设的责任，把会计职业道德建设与会计法制建设紧密结合起来。

二、会计行业的自律

充分发挥协会等会计职业组织的作用，改革和完善会计职业组织自律机制，有效发挥自律机制在会计职业道德建设中的促进作用。

三、企事业单位的内部监督

形成内部约束机制，防范舞弊和经营风险，支持并督促会计人员遵循会计职业道德，依法开展会计工作。

四、社会各界的监督与配合

加强会计职业道德建设，既是提高广大会计人员素质的一项基础性工作，又是一项复杂的社会系统工程;不仅是某一个单位、某一个部门的任务，也是各地区、各部门、各单位的共同责任。

广泛开展会计职业道德的宣传教育，加强舆论监督，在全社会会计人员中倡导诚信为荣、失信为耻的职业道德意识，引导会计人员加强职业修养。

第五节　会计职业道德的检查与奖惩

一、会计职业道德检查与奖惩的意义

会计职业道德检查与奖惩的意义主要有:(1)具有促使会计人员遵守职业道德规范的作用;(2)裁决与教育作用;(3)有利于形成抑恶扬善的社会环境。

二、会计职业道德检查与奖惩机制

会计职业道德检查与奖惩机制包括:(1)财政部门的监督检查;(2)会计行业组织的自律管理与约束;(3)激励机制的建立。

参考文献

[1]江苏省会计从业资格研究编审组，财经法规与会计职业道德[M]. 经济科学出版社，2012

[2]河北省会计从业资格无纸化考试培训教材编审组，财经法规与会计职业道德[M]. 经济科学出版社,2012

[3]（北京）会计从业资格考试教材编委会，财经法规与会计职业道德[M]. 中国财政经济出版社,2013

读者反馈意见

亲爱的读者：

感谢您对《财经法规与会计职业道德》的支持和热爱，为了今后为您提供更好的服务，请您抽出宝贵的时间来填写下面的意见反馈表，以便我们更好地对本教材做进一步改进，同时如果您在使用本教材的过程中遇到了什么问题，或者有什么好的建议，也请您来信、来电告诉我们。

地址：北京市丰台区科学城南极星大厦 108 室

电话：010 - 61229894/83794403

电子邮箱：2568858787@qq.com　QQ：649319527　QQ：1694299827

教材名称：《财经法规与会计职业道德》

个人资料：

姓名：________ 年龄：________ 所在院校/专业________

文化程度：________ 通讯地址：________

联系电话：________ 电子信箱：________

您使用本书是作为：□指定教材□选用教材□辅导教材

您对封面设计的满意度：

□很满意□满意□一般□不满意□改进建议________

您对本书印刷质量的满意度：

□很满意□满意□一般□不满意□改进建议________

您对本书的总体满意度：

从语言质量角度看□很满意□满意□一般□不满意□

从科技含量角度看□很满意□满意□一般□不满意□

本书最令您满意的是：

□指导明确□内容充实□讲解详尽□实例丰富

您认为本书在哪些地方应进行修改？（可附页）

____

____

您希望本书在哪些方面可进行改进？（可附页）

____

____